Winter

Texte aus der Weltliteratur

manesse im dtv

Winter
Texte aus der Weltliteratur

Herausgegeben
von Anne Marie Fröhlich

Mit 21 Illustrationen

Deutscher Taschenbuch Verlag
Manesse Verlag

Oktober 1995
Deutscher Taschenbuch Verlag GmbH & Co. KG,
München

Gestaltungskonzept: Max Bartholl
Umschlagbild: ‹Piette's House at Montfoucault
(Snow)›, 1874
von Camille Pissarro (1830–1903)
Gesamtherstellung: C. H. Beck'sche Buchdruckerei,
Nördlingen
Printed in Germany · ISBN 3-423-24049-0

WINTER

Hiver
Kupferstich von Perelle

ROBERT WALSER

1878–1956

Die kleine Schneelandschaft

Gestern haben wir Schnee bekommen, und heute in der Morgenfrühe ging ich hinaus zur sorgsamen und ruhigen Besichtigung der Schneelandschaft. Niedlich, wie ein artiges Kätzchen, das sich geputzt hat, liegt jetzt das reiche, liebliche Land da. Jedes Kind, sollte ich meinen, kann die Schönheit einer Schneelandschaft im Herzen verstehen, das feine saubere Weiß ist so leicht verständlich, ist so kindlich. Etwas Engelhaftes liegt jetzt über der Erde, und eine süße, reizvolle Unschuld liegt weißlich und grünlich ausgebreitet da. Ich freute mich über meine Aufgabe, über das Amt, über die angenehme Pflicht, die mir vorschrieb, sorgfältig und aufmerksam Notiz vom Schnee und seinen Reizen zu nehmen. Wunderbare Feinheit und Schönheit lag darin, daß das Gras so artig und mit so zarten Spitzen aus der Schneefläche herausschaute. Ich ging wieder zu meinem alten unverwüstlichen, gütigen Zauberer, zum Wald, und zum Wald wie im Traum wieder hinaus, und da lag es da, das Kinderland in seiner Kinderfarbe. Die Bäumchen und Bäume schienen einen graziösen Tanz auf dem weißen Felde aufzuführen, und die Häuser hatten weiße Mützen, Kappen, Kopfbedeckungen oder Dächer. Es sah so appetitlich, so lockig, so lustig und so lieb aus, ganz wie das zarte, süße Kunstwerk eines geschickten Zuckerbäckers. Noch ein Morgenlicht leuchtete in einem Fenster, und ein anmutig Haus stand in einiger Entfernung, das hatte Fenster wie Augen, welche fröhlich und listig blinzelten. Das Haus war wie ein Gesicht, und die fünf grünen Fenster waren wie seine Augen. Geh doch hin, lieber Leser, noch steht das zauberische Landbild da, mit Schnee auf seinem lieblichen Antlitz. Man darf nur nie zu träge sein und sich vor ein paar hundert Schritten nicht fürchten, zeitig aus dem Faulenzerbett aufstehen, sich auf die Glieder stellen und nur ein wenig hinauswandern, so sieht sich das Auge satt, und das freiheitsbedürftige Herz kann aufatmen. Geh hin zu der artigen Schneelandschaft, welche dich wie mit einem schönen freundschaftlichen Munde anlächelt. Lächle auch du sie an und grüße sie von mir.

THOMAS CAMPION

1567–1620

Winter Nights

Now winter nights enlarge
  The number of their hours,
And clouds their storms discharge
  Upon the airy towers.
Let now the chimneys blaze
  And cups o'erflow with wine;
Let well-tuned words amaze
  With harmony divine.
Now yellow waxen lights
  Shall wait on honey love,
While youthful revels, masks, and
                    courtly sights
  Sleep's leaden spells remove.

This time doth well dispense
  With lover's long discourse;
Much speech hath some defense,
  Though beauty no remorse.
All do not all things well;
  Some measures comely tread,
Some knotted riddles tell,
  Some poems smoothly read.
The summer hath his joys,
  And winter his delights;
Though love and all his pleasures
                    are but toys,
  They shorten tedious nights.

THOMAS CAMPION

1567–1620

Winternächte

Nun Winternacht verlängert
der dunklen Stunden Zahl,
nun Wolken sturmgeschwängert
auf Zinnen zuckt der Strahl.
Nun laßt die Becher schäumen
am flackernden Kamin,
nun laßt die Lieder träumen
von Himmels Harmonien.
Die wächsern gelbe Kerze
der Honig-Liebe leucht',
wenn höfisch Spiel von Mummenschanz
und -scherze
Schlafs blei'rnen Bann verscheucht.

Die Zeit wird hoch geschätzt
für länglich Liebesplaudern,
gar klug manch einer schwätzt,
wo streng die Schönen zaudern.
Nicht jeder weiß das gleiche;
der – Tanzes kundig ist;
der – kennt viel Schnurrn und Streiche;
der – zart Gedichte liest.
Hat Sommer Freuden viel,
hat Winter seine Würzen;
zumindst kann Lieb', ist alles auch
nur Spiel,
manch öde Nacht verkürzen.

BURKHART VON HOHENFELS

1212–1242 urkundlich belegt

Wir sun den winder in stuben enpfâhen,
wol ûf, ir kinder, ze tanz sun wir gâhen!
volgent ir mir,
sô sun wir smieren und zwinken
  und zwieren nâch lieplîcher gir.

BURKHART VON HOHENFELS

1212–1242 urkundlich belegt

Wir wollen den Winter in der Stube feiern,
wohlan, ihr Kinder, zum Tanz laßt uns eilen.
Folget ihr mir,
so wollen wir lächeln und zwinkern
und äugeln in lieber Begier.

BARTHOLD HEINRICH BROCKES

1680–1747

Winter-Vergnügen im Zimmer

Wann draussen die erstarrte Welt,
Mit scharfem Frost, der dunckle Winter schrecket,
Wenn schroffes Eis das harte Feld,
Mit rauhen Schollen, drückt und decket,
Vergönnet mir des Schöpfers Güte,
Daß, mit Bequemlichkeit und ruhigem Gemüthe,
Ich ein vergnüglich Feur, in meinem Zimmer,
Den wärmenden Camin mit Lust erleuchten seh'.
Es steigt der regen Flammen Schimmer
Roth, gelb und weiß zugleich, hell-lodernd in die Höh;
Wovon durch jeden Sinn, der ihre Kraft verspüret,
Ich Freuden-voll erquickt werd' und gerühret.
Ich sehe die getheilten Spitzen,
Um für den scharfen Frost mich gleichsam zu beschützen,
Mit reger Aemsigkeit sich aufwerts schwingen.
Ich fühle durch die starre Brust
Ein sanftes Wohl, und eine laue Lust
In meinen gantzen Cörper dringen,
Und, was durch Kälte starr, erfrischen.
Ich hör' ein muntres Rauschen zischen,
Ein durch die schnelle Loh erregtes Schallen,
Mit oftmahls unterbrochnem Knallen,
Der in dem Holtz verschränckt- und schnell-befreyten Luft,

Fühlt ihr itzt in warmen Zimmern mancherley Bequehmlichkeit,
Denckt: Es gönnt uns Gott Vergnügen, auch zur rauhen Winters Zeit.

Radierung von Christian Fritsch (1695–1769).
Aus Brockes' «Auszug der vornehmsten Gedichte aus den ‹Irdischen Vergnügen in Gott›», Hamburg 1738

Wodurch, bald hier bald dort, gesprengte
Ich rieche den gesunden Duft [Funcken fliegen.
Der fetten Fichten mit Vergnügen.
Es schmeckt bey dieser Zeit das holde Kraut, der
Thee,
Den ich in grüner Farb' in feinen Schälchen seh',
Den kalten Lippen wohl. Bald wärmt ein heisser
Wein,
Voll süsser Säurlichkeit und Lust, Hand, Mund
und Magen.
Man sieht mit Lust zu Tische tragen
Castanien, die süsse Winterkost;
Und was der Anmuth mehr, die auch im
strengen Frost
Uns unser GOTT, der liebe Vater, schencket.

Die Kinder stehen auch, vergnüget durch den
Schein,
Und halten gegen's Feur, von ihrer kalten Hand
Die kleinen Finger, ausgespannt;
Wobey sie sich denn sonderlich ergetzen,
Wenn sie, mit kindischem Gewühl,
Ein Aepfelchen ans Feur zu braten setzen.

Wenn ich sodann durchs Fenster seh',
Wie draussen alles voller Schnee,
Wie schwartz die Luft, wie scharf und kalt,
Und dencke, wie bequem und gut der
Aufenthalt,
Den mir des Schöpfers Güte gönnet;
So danck' ich Ihm mit Recht. Ich denck' auch
öfters nach,
Wie wahr es sey, was jener sprach,

Von einer warmen Stub' in kalter Winters-Zeit:
Daß bloß ein Scheiben-Glas der Unterscheid,
Der gleichsam Africa von Nowa Zembla trennet.

GOtt gieb daß, so von mir, als meiner kleinen Heerde,
Dein' Allmacht, wie gefühlt, auch so erkennet werde!
Und laß uns doch davor, o Vater! Dir allein
In öfterer Betrachtung danckbar seyn!

CONRAD AIKEN

1889–1973

Leiser Schnee, heimlicher Schnee

I

Weshalb es eigentlich geschah oder weshalb es gerade dann geschehen mußte, wenn es geschah – das konnte er natürlich nicht wissen; auch wäre es ihm vielleicht nicht einmal in den Sinn gekommen, sich die Frage zu stellen. Vor allem war es ein Geheimnis, etwas, das sorgsam vor Vater und Mutter gehütet werden mußte, und eben dieser Tatsache verdankte es einen großen Teil seiner Köstlichkeit. Es war wie ein besonderer Schatz, den man heimlich in der Hosentasche herumträgt, eine seltene Briefmarke, eine alte Münze, ein paar winzige goldene Kettenglieder, die man zertreten auf dem Parkweg gefunden hat, ein Stückchen Karneol, eine Meermuschel, die sich vor allen andern durch einen ungewöhnlichen Fleck oder Streifen unterschied – als ob es etwas Derartiges sei, trug er überall ein warmes und dauerhaftes und immer schöner werdendes Besitzgefühl mit sich herum. Und es war nicht nur ein Besitzgefühl – es war auch ein Schutzgefühl. Es war, als ob er auf wundervolle Art in seinem Geheimnis eine Festung und einen Schutzwall besitze, hinter den er sich in heimliche Abgeschiedenheit zurückziehen könne. Es war beinahe das erste, was ihm daran aufgefallen war – abgesehen von der Eigentümlichkeit an sich –, und gerade das verspürte er jetzt wohl schon das fünfzigste Mal, als er in dem kleinen Schulzimmer saß. Es war in der Geographiestunde. Miss Buell setzte einen riesigen Erdglobus, der auf ihr Pult gestellt worden war, mit einem Finger langsam in kreisende Bewegung. Die grünen und gelben Kontinente kamen und gingen, und Fragen wurden gestellt und beantwortet, und nun erhob sich Deirdre, das kleine Mädchen vor ihm, das auf dem Nacken ein komisches kleines Sternbild aus Sommersprossen trug, genau wie der Große Bär sah es aus, und antwortete auf Miss Buells Frage, der Äquator sei eine Linie, die rings um die Mitte der Erde laufe.

Miss Buells Gesicht, das alt und blaßgrau und freundlich war, mit steifen grauen Löckchen an den Ohren, und mit Augen, die so hell wie Fischchen hinter den dicken Brillengläsern schwammen, Miss Buells Gesicht verzog sich zu einem schalkhaften Fältchengewirr.

«Aha, ich verstehe! Die Erde trägt einen Gürtel oder eine Schärpe. Oder hat ihr jemand eine Linie eingeritzt?»

«Nein, nicht so – so hab' ich's nicht gemeint ...»

In das allgemeine Gelächter stimmte er nicht – oder nur ganz wenig – ein. Er dachte an die Nordpol- und Südpolzonen, die auf dem Globus natürlich weiß waren. Miss Buell erzählte ihnen jetzt von den Tropen, vom Dschungel, von der Bruthitze in den Sümpfen am Äquator, in denen es Vögel und Schmetterlinge und sogar Schlangen gab, die wie lebendige Edelsteine aussahen. Während er all das hörte, richtete er bereits mit dem angenehmen Gefühl einer nur lässigen Anstrengung sein Geheimnis zwischen sich und den Worten auf. War es überhaupt eine Anstrengung? Denn Anstrengung bedeutete: etwas wollen, vielleicht nicht einmal sehr gern wollen; während das hier ausgesprochen angenehm war und fast ganz von selbst kam. Er brauchte weiter nichts zu tun, als an jenen Morgen zu denken, den allerersten, und dann an alle andern ...

Aber es war alles so verrückt einfach. Im Grunde war es so wenig. Es war nichts, nur eine Vorstellung – und weshalb es nun gerade so wunderbar und so von Dauer geworden war, das blieb ein Rätsel, ein sehr angenehmes, gewiß, aber auch – auf lustige Art – etwas närrisch. Dennoch wollte er sich jetzt – und obschon er weiterhin Miss Buell zuhörte, die zur nördlichen Zone aufgerückt war – ganz bewußt jenes ersten Morgens erinnern. Es war nur ein paar Augenblicke nach dem Aufwachen gewesen, vielleicht sogar im gleichen Augenblick. Aber konnte man, genau genommen, von einem Augenblick sprechen? War man plötzlich hellwach? Oder wachte man allmählich auf? Jedenfalls war es, nachdem er mit der Hand faul ans Kopfende gefaßt und gegähnt und sich dann unter der warmen Decke geräkelt hatte, die man an einem Dezembermorgen um so mehr genießt – da also war es geschehen. Plötzlich und ganz ohne Grund hatte er an den Briefträger gedacht, war ihm der Briefträger eingefallen. Vielleicht war das nicht weiter seltsam. Schließlich hörte er den Briefträger fast jeden Morgen; man konnte ihn gut hören, wie er mit klobigen Stiefeln oben am Ende der gepflasterten kleinen Bergstraße um die Ecke stampfte und wie es dann allmählich näher kam und lauter wurde, das zweifache Anklopfen an jede Tür, das Überqueren der Straße und das Wiederzurückkommen, bis endlich die schweren Schritte auf die eigene Haustür zustolperten und bis von dem mächtigen Pochen das ganze Haus bebte.

(Miss Buell sagte: «Endlose Weizenfelder in Nordamerika und Sibirien.»)

Deirdre hatte gerade ihre linke Hand auf den Nacken gelegt.

Aber an jenem besonderen Morgen, jenem ersten Morgen, hatte er, als er mit geschlossenen Augen dalag, aus irgendeinem Grunde auf den Briefträger *gewartet*. Er hatte hören wollen, wie er um die Ecke kam. Und das war nun gerade der Witz: er kam nicht. Der Briefträger kam nicht um die Ecke. Er war nie wieder – *um die Ecke* gekommen. Denn als dann endlich die Schritte zu hören waren, kamen sie, das wußte er ganz bestimmt, schon ein bißchen weiter unten auf das erste Haus zu. Und auch sonst waren die Schritte so merkwürdig anders – sie waren leiser, sie hatten etwas ganz Neues, Heimliches an sich; sie klangen gedämpft und undeutlich; und wenn ihr Rhythmus auch derselbe war, er kündete jetzt etwas Neues – er kündete Frieden, kündete Abgeschiedenheit, kündete Kälte, kündete Schlaf. Und er hatte die Sachlage sogleich begriffen – wie leicht erklärlich es doch war –, über Nacht hatte es geschneit, wie er sich's den ganzen Winter schon ersehnt hatte; und das war's gewesen, was die ersten Schritte des Briefträgers unhörbar und die folgenden so leise gemacht hatte. Natürlich! Wie schön! Und sogar jetzt mußte es wohl schneien – es würde ein Schneetag werden –, die langen, ausgefransten weißen Striche trieben und siebten über die Straße, über die Gesichter der alten Häuser, tuschelten und beschwichtigten, bildeten vor den Ecken der Pflastersteine kleine weiße Dreiecke und stoben ein wenig auf, wenn der Wind sie über den Damm in eine Schneewehe fegte; und so würde es den ganzen Tag sein, immer tieferer Schnee, immer leiser und leiser.

(Miss Buell sagte gerade: «Im Lande des ewigen Schnees.»)

Die ganze Zeit über, während er im Bette lag, hatte er natürlich die Augen geschlossen und lauschte auf das Näherkommen des Briefträgers und die gedämpften Schritte, die über die schneebedeckten Pflastersteine trappten und glitten; und alle andern Geräusche – das zweifache Anpochen, in der Ferne eine frostige Stimme oder auch zwei, eine Glocke, die dünn und leise wie unter einer Eisdecke läutete – waren von der gleichen, leicht entrückten Art, als seien sie um einen Grad von der Wirklichkeit losgelöst – als habe der Schnee all und jedes in der Welt isoliert. Doch als er endlich erfreut die Augen öffnete und sie dem Fenster zuwandte, um das so lange ersehnte und nun so deutlich ausgemalte Wunder zu betrachten – da sah er statt dessen strahlenden Sonnenschein auf einem Dach; und als er überrascht aus dem Bette sprang und auf die Straße hinunterblickte und erwartete, daß die Pflastersteine unter dem Schnee versteckt seien, sah er nichts als unverhüllte, glänzende Steine.

Seltsam, was für eine Wirkung diese große Überraschung auf ihn ausgeübt hatte – noch den ganzen Vormittag hatte er ständig das Gefühl, als falle Schnee rings um ihn nieder, eine heimliche Schutzwand frischen Schnees zwischen ihm und der Welt. Wenn er es nicht geträumt hatte – und wie hätte er es träumen können, da er doch wach lag? –, wie konnte man es sich dann erklären? Jedenfalls war die Täuschung so lebhaft gewesen, daß sie sein ganzes Benehmen beeinflußte. Er konnte sich jetzt nicht mehr erinnern, ob es am ersten oder zweiten Morgen war – oder war's gar der dritte gewesen? –, als seine Mutter auf etwas Sonderbares in seinem Wesen aufmerksam wurde.

«Aber Liebling», hatte sie am Frühstückstisch gerufen, «was ist denn nur mit dir? Mir scheint, du hörst gar nicht zu...»

Und wie oft hatte sich gerade das seither genau so wiederholt.

(Miss Buell fragte jetzt, ob jemand den Unterschied zwischen dem Nordpol und dem magnetischen Pol kenne. Deirdre hielt ihre braungesprenkelte Hand hoch, und er konnte die vier weißen Grübchen über den Knöcheln erkennen.)

Vielleicht war es weder der zweite noch der dritte Morgen gewesen, und nicht einmal der vierte oder der fünfte. Wie konnte er das genau wissen? Wie konnte er genau wissen, wann er die herrliche *Veränderung* bemerkt hatte? Wann sie wirklich *begonnen* hatte? Was dazwischenlag, war nicht sehr deutlich... Alles, was er jetzt wußte, war nur, daß er irgendwann, vielleicht am zweiten, vielleicht am sechsten Tag, bemerkt hatte, wie das

Vorhandensein des Schnees etwas eindringlicher, seine Laute etwas deutlicher wurden; und die Schritte des Briefträgers andrerseits klangen etwas undeutlicher. Nicht bloß, daß er die Schritte nicht um die Ecke kommen hörte – er konnte sie nicht einmal mehr am ersten Haus hören. Erst unterhalb des ersten Hauses hörte er sie; und dann, ein paar Tage drauf, hörte er sie erst unterhalb des zweiten Hauses, und noch ein paar Tage später unterhalb des dritten Hauses. Allmählich, ganz allmählich wurde der Schneefall dichter, rauschte das Niederstieben lauter, wurden die Pflastersteine stummer. Wenn er allmorgendlich nach dem Ritual des Lauschens ans Fenster trat und entdeckte, daß Dächer und Pflastersteine so kahl wie immer waren, dann machte es nichts weiter aus. Schließlich hatte er es ja nur erwartet. Es war ihm sogar Freude und Lohn: das Erlebnis war sein eigen, es gehörte niemand anders. Keiner wußte darum, nicht einmal sein Vater und seine Mutter. Dort draußen waren die kahlen Pflastersteine, und hier drinnen war der Schnee. Schnee, der von Tag zu Tag dichter wurde, die Welt verhüllte, das Häßliche verbarg und – vor allem – die Schritte des Briefträgers immer mehr erstickte.

«Aber Liebling», hatte sie beim Mittagessen gesagt, «was ist denn nur mit dir los? Du hörst ja gar nicht, wenn man mit dir spricht! Jetzt habe ich dich dreimal gebeten, mir deinen Teller zu geben ...»

Wie sollte man es der Mutter, dem Vater erklären? Natürlich war da nichts zu machen: gar nichts! Höchstens konnte man verlegen lachen, sich entschuldigen, tun, als ob man sich ein bißchen schämte, und ein unvermitteltes und nicht ganz aufrichtiges Interesse an dem bekunden, was gerade gesagt oder getan wurde. Die Katze war über Nacht nicht nach Hause gekommen. Sie hatte eine merkwürdige Schwellung am Kopf, auf der linken Seite: vielleicht hatte jemand sie getreten oder mit einem Stein nach ihr geworfen. Mrs. Kempton kam – oder kam nicht – zum Tee. Das Großreinemachen oder «Putzen» sollte am Mittwoch anstatt am Freitag vor sich gehen. Eine neue Lampe sollte für seine abendlichen Schularbeiten angeschafft werden – vielleicht war es eine Überanstrengung der Augen, von der seine neue und so eigentümliche Geistesabwesenheit herrührte –, seine Mutter sah ihn vergnügt an, als sie es sagte, aber es lag auch noch etwas anderes in ihrem Blick. Eine neue Lampe? Eine neue Lampe. Nein, Mutter. Ja, Mutter. Mit der Schule klappt alles, Geometrie ist sehr leicht, Geschichte ist sehr langweilig, Geographie ist sehr interessant – besonders, was man da vom Nordpol erfährt. Weshalb vom Nordpol? Ach, es müsse doch Spaß machen, Forschungsreisender zu sein. Wie Peary* oder Scott oder Shackleton. Und dann plötzlich merkte er, wie sein Interesse am Gespräch jäh abbrach, und er starrte den Pudding auf seinem Teller an und lauschte und wartete und

* Der amerikanische Nordpolforscher R. E. Peary gelangte 1909 als erster in unmittelbare Nähe des Pols. Robert Falcon Scott, britischer Antarktisforscher; er starb 1912 auf der Expedition der «Discovery». Sir Ernest Shackleton nahm an Scotts Unternehmen teil und leitete 1907/8 eine eigene Expedition.

fing wieder einmal an – ach, wie himmlisch auch diese ersten Anfänge! –, ihn zu hören oder zu spüren – denn konnte er ihn wirklich hören? –, den leisen Schnee, den heimlichen Schnee.

(Miss Buell erzählte ihnen von der Suche nach der Nordwestpassage, von Henry Hudson* und seinem Segler, dem «Half Moon».)

Das war wirklich die einzige betrübliche Seite an seinem neuen Erlebnis: daß es ihn immer mehr in ein stummes Mißverständnis oder sogar in Konflikte mit seinem Vater und seiner Mutter brachte. Es war, als versuche er, ein Doppelleben zu führen. Einerseits mußte er Paul Hasleman sein und den Anschein wahren, dieser Junge zu sein – sich anziehen, sich waschen und auf Fragen vernünftige Antworten geben –, andrerseits mußte er diese neue Welt erforschen, die sich vor ihm aufgetan hatte. Auch bestand kein Zweifel – nicht der geringste –, daß die neue Welt die tiefere, die wundersamere von beiden war. Sie war unwiderstehlich. Sie war zauberhaft. Ihre Schönheit ging weit über alles hinaus, lag jenseits von Sprechen und Denken, war auf keine Art mitteilbar. Doch wie sollte er dann zwischen diesen zwei Welten, die er ständig um sich spürte, das Gleichgewicht halten? Man mußte aufstehen, mußte frühstücken, mußte mit der Mutter sprechen, zur Schule gehen, Schularbeiten machen – und sich bemühen, bei alledem nicht gar zu wunderlich zu erscheinen. Wenn man aber außerdem dauernd versuchte, alle Herrlich-

* Henry Hudson fuhr, auf der Suche nach der Nordwestpassage, 240 Kilometer den später nach ihm benannten Hudson hinauf.

keit der anderen, ganz davon getrennten Welt auszukosten, jener Welt, von der man nicht ohne weiteres (falls überhaupt) sprechen konnte – wie sollte man das anstellen? Wie sollte man sie erklären? Wäre es nicht riskant, sie zu erklären? Wäre es absurd? Würde es nur bedeuten, daß man dann in unbekannte Schwierigkeiten verstrickt würde?

Diese Gedanken kamen und gingen, kamen und gingen, so leise und heimlich wie der Schnee; sie waren nicht lästig, vielleicht waren sie sogar angenehm; er hatte es gern, wenn sie kamen; sie waren fast greifbar gegenwärtig, man hätte sie fast mit der Hand streicheln können, ohne die Augen zu schließen und ohne aufzuhören, Miss Buell und das Klassenzimmer und den Globus und die Sommersprossen auf Deirdres Nacken zu sehen; trotzdem hörte er in gewissem Sinne auf, etwas zu sehen, die sichtbare Welt zu sehen, und ersetzte diese Vision durch die Vision des Schnees, durch den Laut des Schnees und das langsame, jetzt fast geräuschlose Nahen des Briefträgers. Gestern war der Briefträger erst am sechsten Haus zu hören gewesen; der Schnee lag jetzt viel höher, er fiel schneller und dichter, im Niederstieben rauschte er deutlicher, beruhigender, anhaltender. Und heute früh war es, soweit er das abschätzen konnte, gerade oberhalb des siebenten Hauses gewesen, vielleicht nur ein oder zwei Schritte oberhalb, denn er hatte höchstens zwei, drei Schritte gehört, ehe das Anpochen ertönte … Und es war seltsam, wie sehr mit jedem Engerwerden der Umwelt, mit jedem Näherrükken der Grenzlinie, an welcher er den Briefträger zum erstenmal hörte, die Fülle der inneren Vision zunahm und wieviel mehr dieser Fülle in das gewöhnliche Alltagsleben hineingetragen werden mußte. Mit jedem Tage wurde es schwerer, aufzustehen, ans Fenster zu treten und auf die stets vollkommen leere und schneefreie Straße zu blikken. Mit jedem Tag wurde es schwieriger, die Routine des Alltags zu befolgen: Vater und Mutter beim Frühstück zu begrüßen, auf ihre Fragen zu antworten, die Bücher zusammenzupacken und zur Schule zu gehen. Und in der Schule, wie außerordentlich schwer wurde es da, gleichzeitig das äußere Leben zu führen – und das Leben, das sein Geheimnis war. Es kamen Augenblicke, wo er sich sehnte, ja förmlich danach lechzte, allen davon zu erzählen, es rückhaltlos preiszugeben – nur, um fast sofort daran gehindert zu werden durch eine leise Ahnung wie von etwas beinahe Verrücktem, das ihm anzuhaften schien –, aber *war* es denn verrückt? – und erst recht durch das Gefühl rätselhafter Macht, die er sich gerade durch das Geheimhalten erwarb. Ja, er mußte es geheimhalten. Das wurde ihm immer klarer. Einerlei, was es ihn kosten, einerlei, wie sehr es andere schmerzen mochte...

(Miss Buell richtete den Blick auf ihn, lächelte und sagte: «Vielleicht fragen wir Paul. Sicher gibt Paul seine Träumereien so lange auf, daß er es uns sagen kann. Nicht wahr, Paul?» Langsam erhob er sich von seinem Platz, stützte die eine Hand auf das blankpolierte Pult und starrte angespannt durch den Schnee auf die Wandtafel. Es war eine Anstrengung, aber sie machte ihm Spaß. «Ja», sagte er langsam, «es war der Wasserlauf, den wir heute den

Hudson nennen. Den hielt er für die Nordwestpassage. Er hatte sich getäuscht.» Er setzte sich wieder, und während er es tat, drehte sich Deirdre auf ihrem Platz halb um und lächelte ihm scheu und voller Anerkennung und Bewunderung zu.)

Wie sehr es andere schmerzen mochte...

Das war ein Punkt, der ihm sehr zu denken gab. Seine Mutter war sehr nett, und auch sein Vater. Ja, das stimmte schon. Er wollte gerne nett zu ihnen sein, ihnen alles erzählen – und trotzdem: war es denn wirklich unrecht, daß er ein Geheimnis für sich allein behalten wollte?

Als er gestern abend zu Bette ging, hatte seine Mutter gesagt: «Wenn das so weitergeht, mein Junge, müssen wir wohl mit einem Doktor darüber reden! Ja, ja! Wir können unsern Jungen doch nicht» – was hatte sie denn eigentlich gesagt? – «in einer andern Welt leben lassen?... so fern von uns leben lassen?» Das Wort «fern» war dabeigewesen, bestimmt, und dann hatte seine Mutter wieder die Zeitschrift zur Hand genommen und ein bißchen gelacht – aber mit einer Miene, die nicht fröhlich gewesen war. Sie hatte ihm leid getan...

Es läutete. Die Schule war aus. Der Ton drang durch lange, parallele Kurven fallenden Schnees zu ihm. Er sah Deirdre aufstehen und hatte sich fast ebenso schnell – doch nicht ganz so schnell – wie sie erhoben.

II

Auf dem Heimweg, der außerhalb aller Zeit war, machte es ihm Vergnügen, die Einzelheiten der Außenwelt mit dem Schnee als Begleitung oder

Kontrapunkt zu registrieren. Auf den Bürgersteigen waren die verschiedensten Arten von Steinen in den verschiedensten Mustern angeordnet. Auch die Garteneinfriedungen waren verschieden: manchmal waren es Holzzäune, manche waren aus Stuck, und manche waren aus Stein. Aus dem Gebüsch hingen Zweige über die Mauern, die kleinen, harten grünen Winterknospen des Flieders saßen fest verpackt und prall auf grauen Ästen; andere Zweige waren sehr dünn und fein und schwarz und ohne Saft. Schmutzige Spatzen duckten sich in den Büschen und waren von Farbe so langweilig stumpf wie die toten Früchte, die an entlaubten Bäumen hängenbleiben. Ein Stärling quarrte einsam auf einer Wetterfahne. Im Rinnstein hatte sich vor dem Abflußloch in einem Delta aus Schmutz ein zerfetztes und besudeltes Zeitungsblatt verfangen: das Wort «Ekzem» stand in großen Buchstaben darauf, und dann hieß es in einem Brief von einer Mrs. Amelia D. Cravath, 2100, Pine Street, Fort Worth, Florida, daß sie nach jahrelangem Leiden durch Caleys Salbe geheilt worden sei. In dem kleinen Delta neben dem fächerförmigen und tief eingefurchten Schwemmland aus braunem Schlamm steckten verirrte Ästchen, die von ihren elterlichen Bäumen herabgefallen waren, und ein Stückchen braune Kastanienrinde, eine kleine Anhäufung von glitzerndem Kies dicht an der Kante des Abflußloches, ein Restchen Eierschale und ein Streifen gelbes Sägemehl, das feucht gewesen und jetzt trocken und klumpig war, ein braunes Steinchen und eine zerknickte Feder. Danach kam ein zementierter Bürgersteig mit geometrisch genau eingeritzten Vierecken und einer Messingplatte in der einen Ecke, die den Namen der Baufirma bekanntgab, die den Zementsteig gelegt hatte; auf halbem Wege waren, hier und da verstreut, die Fußspuren eines Hundes in den künstlichen Steinplatten verewigt worden. Er kannte sie gut und trat stets darauf: es war ein merkwürdiger Spaß, die kleinen Vertiefungen mit seinem eigenen Fuß zu bedecken; heute tat er es ebenfalls, aber nur flüchtig und geistesabwesend, denn er dachte dabei ständig an anderes. Sie rührten von einem Hund her, der vor langer Zeit einmal aus Versehen über den nassen Zement gelaufen war. Vermutlich hatte er mit dem Schwanz gewedelt, aber das war nicht im Zement verewigt worden. Jetzt überquerte Paul Hasleman, zwölf Jahre alt, auf dem Heimweg von der Schule den gleichen Fluß, der inzwischen zu Stein erstarrt war. Heimwärts durch den Schnee, der bei strahlendem Sonnenschein niederfiel. Heimwärts?

Dann kam der Torweg mit den zwei von eiförmigen Steinen gekrönten Pfosten, die kunstfertig wie von Kolumbus persönlich auf die Spitze gestellt und eingemörtelt worden waren, als sie sich genau im Gleichgewicht befanden: eine Quelle steten Staunens. An die Backsteinmauer gleich dahinter war der Buchstabe H gekritzelt worden – wahrscheinlich mit irgendeiner Absicht. H? H.

Der grüne Hydrant mit der kleinen, grün angestrichenen Kette, die an der Messingverschlußkappe hing.

Die Ulme mit der großen, nierenförmigen grauen Wunde in der Rinde, auf die er immer die Hand legte – um das kalte, aber lebende Holz zu fühlen. Die Verletzung rührte bestimmt vom Knabbern eines Pferdes her, das einmal hier angebunden stand. Doch jetzt erntete die Ulme nur eine darüber hinstreifende Hand und einen rücksichtsvollen Blick. Es gab Wichtigeres. Wunder. Das übertraf die Gedanken an Bäume, an nichts als Ulmen. Das übertraf den Gedanken an Bürgersteige, die bloß Stein, bloß Klinker, bloß Zement waren. Das übertraf sogar noch den Gedanken an seine Schuhe, die gehorsam auf die Bürgersteige traten und – hoch darüber – eine Last trugen, die Last eines komplizierten Geheimnisses. Er betrachtete sie; sie waren nicht sehr gut geputzt worden. Er hatte sie mit gutem Grunde vernachlässigt: sie bildeten einen Teil der stets zunehmenden Schwierigkeit seiner täglichen Rückkehr ins Alltagsleben und seines allmorgendlichen Kampfes. Aufstehen, nachdem man endlich die Augen geöffnet hatte, ans Fenster treten und keinen Schnee erblicken, sich waschen und anziehen, zum Frühstück die Kurven der Treppen hinuntergehen...

Wie sehr es andere auch schmerzen mochte, man mußte trotzdem allein ausharren, da die Unmöglichkeit, das Erlebnis mitzuteilen, es so verlangte. Natürlich war es wünschenswert, zu Vater und Mutter freundlich zu sein, vor allem, weil sie sich Sorgen machten, aber es war auch wünschenswert, fest zu bleiben. Sollten sie sich entschließen – und alles deutete darauf hin –, den Arzt, Doktor Howells, zu konsultieren und Paul untersuchen zu lassen, wobei man ihm mittels einer Art von Diktaphon Herz, Lunge und Magen belauschen würde, gut denn, mochte es so sein. Er würde es über sich ergehen lassen. Er würde auch Antworten auf jede Frage geben – solche Antworten vielleicht, die sie nicht erwartet hatten? Nein. Das ging nicht an. Denn die geheime Welt mußte um jeden Preis behütet werden.

Das Vogelhäuschen im Apfelbaum war leer. Es war für Zaunkönige nicht die rechte Jahreszeit. Aus dem kleinen, runden schwarzen Flugloch war alle Fröhlichkeit entschwunden. Die Zaunkönige ergötzten sich in andern Häusern, in andern Nestern, in fernen Bäumen. Doch auch das war eine Vorstellung, die er nur lau und flüchtig streifte – als ob er im Moment nur an ihren Rand rührte; denn etwas anderes lag voraus, das schon heftigere Bedeutung annahm, das sich schon in seinen Gesichtskreis drängte, wie es auch den Hintergrund seines Denkens bestürmte. Es war komisch, daß er es so sehr herbeiwünschte, so sehr erwartete, und doch die flüchtige Tändelei mit dem Vogelhäuschen genoß – als ein absichtliches Hinauszögern – und dadurch eine Steigerung – des nahenden Glücks. Er war sich dieses Aufschiebens, dieses lächelnden und überlegenen und nun schon fast verständnislosen Blickes auf das Vogelhäuschen wohl bewußt: er wußte, was er als nächstes schauen würde: die kleine gepflasterte Bergstraße, sein Elternhaus, den Bach am Fuß des Hügels, den Kaufladen mit dem Reklamemännchen im Fenster – und wie er jetzt an all das dachte, wandte er, noch immer lächelnd, den Kopf und blickte rasch rechts und links durch den schneeverhängten Sonnenschein.

Wie er es vorausgesehen hatte, lag der Schneedunst noch über allem: ein geisterhafter Schnee fiel bei strahlendem Sonnenschein, leise und stetig schwebte er nieder und drehte sich und zauderte und traf lautlos auf den Schnee, der wie in durchsichtiger Luftspiegelung die kahlen, hellen Pflastersteine deckte. Er labte sich daran – er blieb stehen und labte sich daran! Diese Schönheit war bestrickend – über alle Worte, jede Erfahrung, jeden Traum hinaus. Kein Märchen, das er je gelesen, konnte damit verglichen werden, keines verschaffte ihm je solch erstaunliches Erleben überirdischer Schönheit, verbunden mit etwas anderem, etwas Unnennbarem, das ihm ganz leise und berückend ein Grauen einflößte. Was war es? Als er daran dachte, blickte er zu seinem eigenen Schlafzimmerfenster auf, das offenstand – und es war, als blicke er geradenwegs ins Zimmer hinein und sähe sich selbst halbwach auf seinem Bette liegen. Dort lag er – in diesem nämlichen Augenblick war er vielleicht noch wirklicher dort, viel wirklicher dort als hier am Rande der Bergstraße, wo er stand und eine Hand hob, um die Augen vor der Schneesonne zu schützen. Hatte er in all der Zeit überhaupt jemals sein Zimmer verlassen? Jemals seit jenem ersten Morgen? Spielte sich der ganze Vorgang noch immer dort ab, war es noch der gleiche Morgen und er selbst noch nicht ganz erwacht? Und war der Briefträger noch immer nicht um die Ecke gekommen, selbst jetzt noch nicht?...

Diese Vorstellung belustigte ihn, und mechanisch wandte er den Kopf und blickte die Anhöhe hinauf. Natürlich war nichts da, nichts – kein

Mensch. Die Straße war leer und ruhig. Und gerade deshalb, weil sie so leer war, kam es ihm in den Sinn, die Häuser zu zählen – woran er seltsamerweise vorher noch nie gedacht hatte. Natürlich hatte er gewußt, daß es nicht viele waren, das heißt, auf seiner Straßenseite nicht viele, die eben beim Nahen des Briefträgers eine Rolle spielten – und dennoch bedeutete es fast einen Schlag für ihn, als er feststellte, daß oberhalb seines Hauses genau sechs Häuser lagen: sein eigenes Haus war das siebente!

Sechs!

Erstaunt blickte er auf sein Haus, auf die Tür mit der Hausnummer dreizehn, und begriff dann: das alles war ja gerade auf absurd folgerichtige Art genau das, was er sich hätte denken können. Trotzdem fühlte er sich durch diese Erkenntnis plötzlich und sogar mit leisem Erschrecken irgendwie gehetzt. Er wurde gehetzt, er wurde vorangetrieben. Denn – er zog die Brauen zusammen – er konnte sich nicht täuschen: es war gleich oberhalb des *siebenten*, seines *eigenen* Hauses, wo der Briefträger heute früh zuerst zu hören gewesen war. In dem Falle aber – in dem Falle bedeutete es wohl, daß er morgen nichts hören würde? Das Anpochen, das er gehört hatte, mußte das Anpochen an die eigene Tür gewesen sein. Bedeutete es nun – und dieser Gedanke verblüffte ihn wirklich über die Maßen –, daß er den Briefträger niemals wieder hören würde? Daß der Briefträger morgen früh schon am Hause vorübergegangen sein würde, und in einem dann so tiefen Schnee, daß seine Schritte völlig unhörbar wären? Daß er sich auf der tiefverschnei-

Hiems

Radierung von Gérard de Lairesse (1641–1711)

ten Straße so lautlos, so heimlich genähert hätte, daß er, Paul Hasleman, der oben im Bett lag, nicht rechtzeitig erwachen würde oder erwacht wäre, aber nichts gehört hätte?

Aber wie könnte so etwas geschehen? Doch nur, wenn auch der Türklopfer in Schnee eingehüllt oder vielleicht festgefroren war? ... In dem Falle jedoch ...

Ein unbestimmtes Gefühl der Enttäuschung überfiel ihn, eine unbestimmte Trauer, als habe man ihn um etwas gebracht, auf das er sich schon lange gefreut, das er sehr geschätzt hatte. Nach alledem, nach der ganzen herrlichen Entwicklung, dem langsamen, köstlichen Näherrücken des Briefträgers im leisen und heimlichen Schnee, wobei das Pochen tagtäglich näherkroch und die Schritte näher klangen, der hörbare Umkreis der Welt also dadurch täglich enger und enger und enger wurde, je mehr der Schnee beschwichtigend und herrlich immer weiter um sich griff und stieg und stieg – nach alledem sollte er nun um das eine geprellt werden, das er so heiß begehrt hatte, nämlich: die sozusagen letzten zwei oder drei feierlichen Schritte zählen zu können, wenn sie sich endlich der eigenen Türe näherten? Sollte zum Schluß alles so plötzlich geschehen – oder vielmehr, war es bereits geschehen? Ohne jene langsamen und feinen Stufen der Bedrohung, in denen er genießerisch schwelgen konnte?

Er starrte wieder nach oben, zu seinem eigenen Fenster hinauf, das in der Sonne blinkte: und diesmal hatte er fast ein Gefühl, als wäre es besser, wenn er wirklich noch in jenem Zimmer im Bett läge, denn dann müßte dies noch der erste Morgen sein, und sechs weitere würden folgen, oder in diesem Falle auch sieben oder acht oder neun – wie konnte er das wissen –, oder sogar noch mehr?

III

Nach dem Abendessen begann die Untersuchung. Er stand vor dem Arzt unter der Lampe und fügte sich stumm in das übliche Abklopfen.

«So, und nun sag bitte ‹Ah!›»

«Ah!»

«Noch einmal bitte, ja?»

«Ah!»

«Nun langsam und ohne aufzuhören, wenn's geht!»

«A–h–h–h–h!»

«Gut.»

Wie albern das alles war! Als ob es mit seinem Hals zu tun hätte! Oder mit dem Herzen oder der Lunge!

Er schloß den Mund, der sich nach dem verrückten Mundaufreißen verzerrt anfühlte, wich den Blicken des Arztes aus und starrte ins Kaminfeuer, an den Füßen seiner Mutter vorbei, die (in grauen Pantoffeln) vom grünen Sessel vorragten, und an seines Vaters Füßen vorbei, die (in braunen Pantoffeln) ordentlich nebeneinander auf dem Kaminvorleger standen.

«Hm! Da ist bestimmt alles in Ordnung.»

Er fühlte den Blick des Arztes auf sich geheftet und erwiderte ihn rein aus Höflichkeit, doch mit einem Gefühl, als sei ein Ausweichen gerechtfertigt.

«Sag mal, mein Junge – fühlst du dich wohl?»

«Ja, Herr Doktor.»

«Kein Kopfweh, kein Schwindelgefühl?»

«Nein.»

«Wollen mal sehen! Könnte ich vielleicht ein Buch haben? Ja, danke, das tut's. – Und jetzt, Paul, fang mal an zu lesen, und halte es so, wie du es immer beim Lesen hältst!»

Er nahm das Buch und las: «Und noch ein Lob habe ich zu spenden dieser unsrer Stadt und Mutter, die Gabe eines großen Gottes, des Landes höchsten Ruhm; die Kraft der Rosse, die Kraft der jungen Rosse, die Macht der Meere ... denn du, Sohn des Kronon, Herrscher Poseidon, hast diesen Stolz auf den Thron erhoben, da du in unsern Straßen zuerst den Zaum wiesest, der den Grimm der Streitrosse bändigt. Und das wohlgestalte Ruder, Männerhänden angemessen, hat eine wundersame Schnelligkeit auf der salzigen See, wenn es folgt den Nereiden, den hundertfüßigen ... O Land, das da gepriesen wird vor allen andern Ländern, nun ist es an dir, das herrliche Lob in Taten erstrahlen zu lassen.»

Er hielt fragend inne und ließ das schwere Buch sinken.

«Tja, wie ich's mir dachte: auf den ersten Blick handelt es sich bestimmt nicht um eine Überanstrengung der Augen.»

Schweigen senkte sich beklemmend auf das Zimmer, und er spürte, wie die Blicke der drei Menschen vor ihm ihn forschend musterten.

«Wir könnten die Augen gründlich untersuchen lassen – aber ich glaube, es ist etwas anderes.»

«Was könnte es sein?» klang seines Vaters Stimme.

«Es ist eben die sonderbare Geistesabwesenheit...» Das war seiner Mutter Stimme.

Vor dem Arzt kamen sie ihm beide aufreizend demütig vor.

«Ich glaube, es ist etwas anderes. – Paul, ich möchte dir gern ein paar Fragen stellen. Du beantwortest sie mir, nicht wahr? Weißt ja, daß ich ein guter alter Freund von dir bin, nicht? Recht so!»

Die fette Faust des Arztes klopfte ihm zweimal auf den Rücken – dann grinste ihn der Doktor mit verlogener Leutseligkeit an und kratzte dabei mit dem Fingernagel über den obersten Knopf seiner Weste. Hinter der Schulter des Arztes sah er das Kaminfeuer; die Flammenfinger flackerten in leisem Gaukelspiel über die rußige Kaminwand, und kein andrer Laut war zu hören als ihr unruhiges Flackern.

«Ich möchte gerne wissen – ängstigt dich irgend etwas?»

Der Doktor lächelte wieder. Seine Lippen hingen tief über den kleinen schwarzen Pupillen, deren jede zwei winzige weiße Lichtblüten aufwies. Warum sollte er ihm antworten? Warum sollte er überhaupt antworten? «Wie sehr es die andern auch schmerzen mochte...» Aber es war alles so lästig: diese Notwendigkeit, Widerstand zu leisten, diese Notwendigkeit, aufmerksam zu sein. Ihm war, als sei er auf eine strahlend beleuchtete Bühne in den großen runden Lichtkreis eines Scheinwerfers gestellt worden; als sei er nur eine dressierte Robbe oder ein abgerichteter Hund oder ein Fisch, den man aus dem Aquarium geholt hatte und am Schwanz hochhielt. Es geschähe ihnen ganz recht, wenn er nur bellte oder knurrte. Und inzwischen sollte er diese letzten kostbaren Stunden versäumen, Stunden, von denen jede Minute schöner und drohender als die vorhergehende war? Er sah noch immer wie aus großer Entfernung auf die Lichtblüten in den Augen des Doktors, auf das starre, verlogene Lächeln, und dann wieder weiter hinten auf seiner Mutter Pantoffeln, auf die seines Vaters, auf das sanfte Flackern des Feuers. Selbst hier, selbst inmitten dieser feindlichen Mächte und in diesem bannenden Licht konnte er den Schnee sehen, konnte er ihn hören; er lag in den Ecken des Zimmers, wo der Schatten am tiefsten war, und unter dem Sofa und hinter der halb geöffneten Tür, die ins Eßzimmer führte. Er war hier weicher, war sanfter, sein Rauschen war das leiseste Geflüster, als wolle er sich aus Hochachtung vor einem Salon eines guten Benehmens befleißigen; er hielt sich aus dem Blickfeld, löschte sich aus, doch mit deutlicher Gebärde: «Oh, warte nur ab! Warte nur, bis wir beide allein sind! Dann will ich dir von etwas Neuem erzählen! Von etwas Weißem, etwas Kaltem, etwas Einschläferndem! Etwas von Stillstand und Frieden, von der langen, strahlenden Kurve des Raumes. Sag ihnen, sie sollen gehen! Verscheuche sie! Weigere dich, zu sprechen! Verlasse sie! Geh in dein Zimmer hinauf, schalte das Licht aus und geh zu Bett! Ich will mit dir gehen, ich will auf dich warten, ich will dir eine schönere Geschichte erzählen als die vom kleinen Kay mit seinen Schlittschuhen oder als die vom Schneegeist. Ich will dein Bett einfriedigen, ich will die Fenster schließen, ich will eine tiefe Schneewehe vor die Tür schichten, so daß nie wieder jemand eintreten kann! Zu ihnen sprechen? ...» Es schien, als käme die leise, zischende Stimme aus einer langsamen weißen Spirale sinkender Flocken in der Ecke neben dem Fenster – aber er konnte es nicht genau feststellen.

Er spürte, wie er lächelte, und sagte zum Doktor, ohne ihn jedoch anzusehen, mit noch immer an ihm vorbeischweifendem Blick: «O nein, ich glaube nicht.»

«Aber weißt du es auch sicher, mein Junge?»

Dann drang seines Vaters Stimme leise und kühl herüber, die ihm vertraute Stimme samtweicher Warnung ...

«Du brauchst nicht sofort zu antworten, Paul ... bedenke, daß wir dir helfen wollen ... denke nach, bis du es ganz sicher weißt, ja?»

Er spürte, wie er bei der Vorstellung, er solle es ganz sicher wissen, lächeln mußte. Was für ein Witz! Wußte er es nicht so sicher, daß Vergewisserung unnötig und das ganze Kreuzverhör eine lächerliche Farce, eine groteske Posse war? Was konnten *die* schon darüber wissen? Die mit ihrem plumpen Verstand und faden Gemüt, die sich ans Gewohnte, Gewöhnliche klammerten? Unmöglich, ihnen davon zu erzählen! Denn selbst jetzt, wo der Beweis so überwältigend, so furchtbar, so drohend nahe, so erschreckend gegenwärtig hier im gleichen Zimmer war – konnten sie es da glauben? Konnte wenigstens seine Mutter es glauben? Nein, es war nur zu offensichtlich: wenn er etwas darüber sagen würde, wenn er ihnen auch nur den leisesten Wink gäbe, dann würden sie ungläubig sein, würden lachen, würden «verrückt» sagen und Dinge von ihm denken, die nicht stimmten.

«Nein, ich ängstige mich nicht – weshalb sollte ich denn?»

Er sah dem Doktor jetzt fest in die Augen mit den tiefhängenden Lidern, blickte von einem Auge zum andern, von einem Lichtblütchen zum andern und ließ ein leises Lachen hören.

Das schien den Arzt aus der Fassung zu bringen. Er rückte etwas von ihm ab und stützte eine fette weiße Hand auf je ein Knie. Das Lächeln wich langsam aus seinem Gesicht.

«Hör mal, Paul», sagte er und machte eine feierliche Pause, «ich fürchte, du nimmst es nicht ernst genug. Du begreifst vielleicht nicht... begreifst vielleicht nicht ganz...» Er holte tief und hastig Atem und wandte sich wie hilflos und um Worte verlegen an die andern. Doch Vater und Mutter schwiegen beide – von ihnen kam keine Hilfe.

«Du wirst doch sicherlich wissen und es bemerkt haben, daß du in der letzten Zeit nicht ganz der alte warst? Weißt du das?»

Es war lustig zu beobachten, wie der Doktor zu einem neuen Lächeln ansetzen wollte und dabei einen seltsam unruhigen Blick hatte, als sei er insgeheim sehr verlegen.

«Es geht mir sehr gut, Herr Doktor», sagte er und ließ wieder das leise Lachen hören.

«Und wir bemühen uns, dir zu helfen!» Der Ton des Doktors klang schärfer.

«Ja, ich weiß. Aber warum? Es geht mir gut. Ich *denke* nur, das ist alles.»

Seine Mutter beugte sich rasch vor und stützte die eine Hand auf die Rückenlehne von des Doktors Stuhl.

«Du denkst?» fragte sie. «Aber mein Junge, woran denkst du denn?»

Das war eine offene Herausforderung – man mußte ihr offen entgegentreten. Doch ehe er es tat, blickte er wieder in die Ecke neben der Tür, wie um sich zu vergewissern. Er lächelte über das, was er sah, was er hörte. Die kleine Spirale war noch dort, kreiselte noch leise umher, wie ein weißes Spukkätzchen, das einen weißen Spukschwanz erhaschen will und dabei das leiseste Wispern hören läßt. Es war alles gut. Wenn er nur festbleiben konnte, dann würde alles gut werden!

«Oh, an nichts, an gar nichts. Du weißt doch, wie das ist!»

«Meinst du, wenn man vor sich hinträumt?»

«O nein – ich *denke!*»

«Aber an *was* denkst du?»

«An alles!»

Er lachte zum drittenmal – doch diesmal, als er zufällig hochblickte und seiner Mutter Gesicht sah, war er entsetzt über die Wirkung, die sein Lachen auf sie auszuüben schien. Ihr Mund hatte sich geöffnet – wie von Grauen überwältigt. Das war schlimm! Das war schrecklich! Er hatte natürlich gewußt, daß es Schmerz verursachen würde – doch hatte er nicht erwartet, daß es gar so schlimm werden könne. Sollte er – sollte er ihnen vielleicht einen winzigen Schimmer eines Hinweises geben?

«An den Schnee», sagte er.

«Was nicht noch alles!» Das war seines Vaters Stimme. Die braunen Pantoffeln auf dem Kaminteppich rückten ein Stück näher heran.

«Aber Kindchen, was meinst du damit?» Das war seiner Mutter Stimme.

Der Doktor riß nur die Augen auf.

«Einfach Schnee, sonst nichts. Ich denke gern an Schnee.»

«Erzähle uns mal darüber, mein Junge!»

«Aber das ist alles. Es ist nichts weiter zu erzählen. Du wirst doch wissen, was Schnee ist?»

Er rief es fast ärgerlich, denn er fühlte, daß sie ihn in die Enge treiben wollten. Er drehte sich auf die Seite, damit er nicht länger den Doktor anzublicken brauchte, sondern um so besser den zollbreiten Spalt Finsternis zwischen dem Fensterbrett und dem hinuntergezogenen Vorhang sah: ein kalter Streifen verheißungsvoller, köstlicher Nacht. Sofort war ihm wohler und sicherer zumute.

«Mutter, darf ich jetzt bitte zu Bett gehen? Ich habe Kopfweh.»

«Aber vorhin hast du doch gesagt ...»

«Es kam eben erst ... von all den Fragen ... Darf ich, Mutter?»

«Du darfst gehen, sobald der Doktor fertig ist.»

«Findest du nicht, man sollte der Sache auf den Grund gehen, und zwar sofort?» Das war seines Vaters Stimme. Die braunen Pantoffeln kamen wieder einen Schritt näher, die Stimme war die wohlbekannte «Züchtigungsstimme» – dunkel und grausam war sie.

«Aber es hat doch keinen Zweck, Norman ...»

Ganz plötzlich waren sie alle verstummt. Und obwohl er sie nicht richtig ansah, gewahrte er doch, daß sie ihn alle mit merkwürdiger Gespanntheit beobachteten und ihn streng anstarrten, als habe er etwas Ungeheuerliches verbrochen oder als sei er selbst ein Ungeheuer. Er konnte das sanfte, unregelmäßige Flackern der Flammen hören, das Tick-tack-tick-tack der Uhr; weit weg, und leise, drang zweimal Gelächter aus der Küche – und brach so schnell ab, wie es begonnen hatte; Wasser kluckerte in den Rohren, und dann fing die Stille an, sich zu vertiefen, sich auszubreiten, weltenweit und weltengroß zu werden, zeitlos und gestaltlos zu werden, und sich unbeirrbar und eindeutig, mit leiser und schläfriger, aber ungeheurer Ansammlung aller Kraft auf das Beginnen eines neuen Tones zu konzentrieren. Wie dieser neue Ton sein würde, das wußte er ganz genau. Er mochte mit einem Rauschen beginnen, aber enden würde er mit einem Brüllen – es war keine Zeit mehr zu verlieren – er mußte flüchten. Hier durfte es nicht geschehen...

Ohne ein weiteres Wort drehte er sich um und rannte nach oben.

IV

Es war keine Sekunde zu früh. Die Dunkelheit kam in langen weißen Wogen daher. Ein anhaltendes Zischen erfüllte die Nacht – ein großes, uferloses Rauschen wie von wildem Zufluß brach jäh darüber herein –, ein kaltes, tiefes Summen ließ die Fenster erbeben. Er schloß die Tür und riß sich im Dunkeln die Kleider vom Leibe. Der kahle schwarze Fußboden war wie ein kleines Floß, das von Schneewogen umhergeschleudert wurde, nun fast darunter begraben und weiß überflutet, nun wieder emporgetragen, erstickt unter flaumigen Sturzwellen. Der Schnee lachte; er redete von allen Seiten zugleich: er drängte sich dichter an ihn, als er aufs Bett zulief und triumphierend hineinsprang.

«Hör uns zu!» sagte der Schnee. «Hör uns zu! Wir sind da, dir die Geschichte zu erzählen, von der wir sprachen. Weißt du noch? Leg dich hin! Schließe jetzt die Augen ... du kannst nicht mehr viel sehen ... wer könnte, wer wollte auch sehen in diesem weißen Dunkel? Wir drängen alles beiseite und nehmen seinen Platz ein ... Höre zu ...»

Ein herrlicher, wechselvoller Schneeflockentanz begann vorne im Zimmer, kam näher und zog sich wieder zurück, legte sich flach auf den Boden und schoß springbrunnengleich zur Decke empor, schwankte, ergänzte sich aus neuem Flockengestöber, das lachend durch das summende Fenster hereinquoll, rückte wieder vor, hob lange weiße Arme auf. Es kündete Frieden, es kündete Abgeschiedenheit, es kündete Kälte, es kündete ...

Doch da klaffte aus der sich öffnenden Tür ein Strahl grellen Lichtes brutal durchs Zimmer – der Schnee zog sich zischend zurück –, etwas Fremdes war ins Zimmer gekommen, etwas Feindseliges. Das Etwas stürzte auf ihn zu, packte ihn, schüttelte ihn – und er war nicht nur entsetzt, sondern ein unbekannter, wütender Widerwille erfüllte ihn. Was war das? Diese grausame Störung? Diese Tat voller Zorn und Haß? Es war, als müsse er, um zu verstehen, eine Hand nach oben strecken, einer andern Welt entgegen – eine Anstrengung, deren er nur eben gerade fähig war. Doch konnte er sich noch so weit an diese andere Welt erinnern, um die ächtenden Worte auszustoßen. Sie rangen sich plötzlich aus seinem andern Dasein: «Mutter! Mutter! Geh weg! Ich hasse dich!»

Und mit dieser Anstrengung löste sich alles, wurde alles klar: das uferlose Rauschen rückte wieder näher, die langen, schwankenden weißen Streifen hoben und senkten sich wie ungeheure, flüsternde Meereswogen, das Flüstern wurde lauter, das Gelächter erklang auf allen Seiten.

«Höre!» sagte es. «Wir wollen dir die letzte, die schönste und heimlichste Geschichte erzählen – schließ die Augen – es ist eine sehr kleine Geschichte – es ist eine Geschichte, die kleiner und kleiner wird – die sich nach innen wendet, anstatt sich wie eine Blüte zu entfalten – eine Blüte, die zum Samenkorn wird – ein kleines, kaltes Samenkorn – hörst du? Wir neigen uns noch näher zu dir...»

Das Rauschen wurde jetzt zu einem Brüllen – die ganze Welt war ein endloser, wehender Schneeschleier –, doch selbst jetzt noch kündete er Frieden, kündete Abgeschiedenheit, kündete Kälte, kündete Schlaf.

ALBIN ZOLLINGER

1895–1941

Schneedunkel

Kindheitsdinge duften aus dem Schnee.
Unaussprechlich wird dem Herzen weh.
Nachtete der Abend flaumig zu,
Stapft' ich noch in meinem nassen Schuh,
Klingelte es pelzvermummt vorbei,
Sank vom Turm der dunkle Vogelschrei.
Immer roch es irgendwo nach Feuer,
Süß nach Milch und Heu und Holz und
Schneit es leise mit Konfetti ein, [Scheuer.
Narrenfrühling, ferner Veilchenschein?
Aller Tannenwald war lauschend nah,
Kuckucksuhr und Försterpfeife da.
Alte, bange Nebel Traumes schlichen.
Wunderlich ist mir die Welt entwichen!
Langverwehte Spur im Abendschnee,
Die ich ging und weiter geh und geh,
Manchmal ist mir, alles irrt im Kreis,
Plötzlich wird es wieder weiß und leis.
Wie der Ort, wo die Planeten enden,
Fremde Höhe, da die Sterne länden.
Abertausend Jahre liegt das Stück
Tiefverschneiten Dämmerwegs zurück.
Sternenhöhe, Menschendämmergang,
Ufern unbegriffner Nacht entlang:
Tödlich will das Grauen uns umringen,
Tröste uns mit deinen leisen Dingen.
Wenn es mütterlich im Stalle ruht:
Unaussprechlich wird dem Herzen gut!

VLADIMIR NABOKOV

1899–1977

Schnee

Oh, dieser Laut! Durch Schnee hin –
harsch, harsch, harsch –
geht wer in Stiefeln aus Filz.

Dickes gedrehtes Eis,
vom First hing es spitzig herab.
Schnee, der harscht und der blinkt.
(Oh, dieser Laut!)

Mein Schlitten: mir auf den Fersen, er
gleitet allein, zieht sich selbst.

Setz' mich und fahre
übern Hang, übers glatte Feld:
Beine gespreizt,
die Leine nur, die mich hält.

Wenn in Schlaf ich fall,
denke ich jedesmal:
Vielleicht weckt sie mich heute nacht
mit ihrem Besuch,
warm eingekleidet und starr, bewegungslos,
Kindheit, die war.

XAVIER VILLAURRUTIA

1903–1950

Sehnsucht nach dem Schnee

Fiel' doch die Nacht über den Schnee!
Alle dachten wir einmal,
irgendwer – ich selber – denke es jetzt
für die, die es schon dachten:
die Schatten, daraus die Nächte gewoben,
fallend schweigend, fallen heimlich aus
den Himmeln.
Flocken von Schatten, schwarzer Schnee
wie alle plötzliche Stille.

Fiel' doch der Schnee über die Nacht!
Daß doch das Licht,
in der Dämmerung zu feinstem Staube
zerrieben,
lässig und lau und voller Geheimnisse,
künde den Schnee!

Wie auf unsichtbaren Fäden gezogen,
im Äther schmelzend,
fallen endlich die Flocken aus Schaum.
Und von fern her ein Traum der Kindheit,
sanft, ohne Ängste,
ganz zärtlich trägt
eine vergessene Wonne herbei:
in der Nacht fallen
die schweigsamen Schatten
wirklichen Schnees.

JUAN DAVALOS

1887–1959

Der weiße Wind der Anden

Antenor Sanchez befahl: «Halt!»

Durch einen Marsch von sechs Tagen und fünf Nächten an Gehorsam gewöhnt, blieben die Tiere zu gleicher Zeit mit den Treibern stehen. Mit dem Patron waren es vier Männer, gerade genug, die hundert Stiere zu überwachen, die den Trupp bildeten.

Am ersten Tag, wenn die Herde nach dem Beschlagen der Hufe aus dem Lermatal aufbricht, ist das Treiben schwierig. Dann sind die Stiere in der Fülle ihrer Kraft, mutwillig, strotzend von dem Klee der Weidegüter, an dem sie sich monatelang gütlich getan haben.

Sind sie aber erst in die Totoschlucht eingezogen, so beginnen sie langsam und geordnet einherzutrotten, und die Ausbruchsversuche und schwerfälligen Sprünge und das Gelüsten, auf eigene Faust zwischen den Ginsterbüschen zu weiden, hören auf dem rauhen, steinigen Boden ganz von selbst auf.

Jetzt hält die Herde an einem Grasstreifen hinter Cauchari im Andenterritorium. Langsam rücken die Tiere ans Wasser heran. Die Hufe versinken im glühenden Sand des Weges. Die Kehlen sind ausgetrocknet, die Flanken eingeschnurrt. Die Augen tränen, der Nacken ist zur Erde gebeugt.

Es ist ein heller Sonnentag Ende Juli.

Winterszeit auf der Andenhochebene. Erst jetzt, gegen zwei Uhr mittags, taut das Ichogras ab, springen Quellen klaren Wassers auf.

«Ein schöner Lagerplatz!» sagte Sanchez und stieg mit seinen Leuten ab. Dann hob jeder seinen Proviantsack vom Sattel, schnallte die Wasserflasche los, lockerte den Sattelgurt, nahm den Maultieren Zaum und Zügel ab und fesselte die Reittiere. Schließlich setzten sie sich zusammen, um die Mahlzeit zu bereiten.

«Was meinst du, Loreto?» fragte Sanchez. «Kommt der Braune noch bis Catua?»

Er nahm ein paar Löffel Zucker aus dem Sack, tat sie in den Kochtopf, fügte Wasser und gebranntes Mehl hinzu und rührte alles sorgfältig um.

«Er muß, ob er will oder nicht!»

Die Männer sprachen ernst und langsam. Sie überlegten die Fragen und dachten über die Antworten nach. Als zwänge sie ihre anstrengende Lebensweise, mit ihren Kräften hauszuhalten, waren sie karg in ihren Bewegungen und nüchtern in Denkweise und Rede. Während sie sich den Mehlbrei schmecken ließen, zerstreuten sich die Stiere. Einige tranken aus den sumpfigen Lachen, andere suchten sich einen Platz zum Ausruhen.

«Ein gescheites Tier, Ihre Mula, Patron!» bemerkte ein Treiber. «Sie macht sich das Futtern bequem.»

«Sie ist schon das zwölfte Mal mit mir unterwegs und weiß sich durchzuschlagen», erwiderte Sanchez und sah zu, wie seine Maultierstute an den Ichograsbüscheln herumscharrte und sie mit der

Wurzel ausgrub, um sie ohne viel Zupfen und Zerren verspeisen zu können.

Die Luft war klar und hell wie an einem schönen Sommertag. Daß jetzt Winter war, merkte man eigentlich nur an der gelblichen Farbe des Grases auf den nahen Bergen und an dem Schnee, der nach Westen hin die höchsten Spitzen der Kordilleren bedeckte.

Über den besonnten Sandhalden zitterte die Luft wie Flammenhauch, obwohl im Schatten noch Reif lag. Dann und wann strich ein leichter kalter Wind von den Gipfeln herab, und es flog wie ein leises Erschauern über die weite Fläche.

Zarter Duft stieg auf. Er kam von den Tarillabäumen und Tolasträuchern, die dürstend am Rande des Grasstreifens in die trockene Luft ragten.

Die Rast dauerte eine Stunde. Dann setzte sich der erste Stier auf die Spur, andere folgten, und unter lauten Rufen der Treiber kam nach und nach der ganze Trupp in Bewegung.

Die Tiere trotteten in regelmäßigen Reihen, setzten bedächtig die Füße und hielten Abstand voneinander, um sich nicht mit den Hörnern zu belästigen. Die Männer ritten an ihren gewohnten Plätzen: einer vornweg, zwei nebenher und zum Schluß der Patron.

In bestimmten Pausen erscholl der langgedehnte Ruf «Spuur!» und trieb die gleichmütige Schar weiter. Längs des ungeheuren Gefildes zog sich das braune Band des Weges hin und verlor sich nach sanftem Anstieg weit in der Ferne in einem Einschnitt zwischen flachen, rötlichen Hügeln.

Hin und wieder sahen die Treiber am Horizont Wölkchen aufstäuben. Rudel wilder Lamas jagten in eiliger Flucht davon.

Sanchez dachte an die Jagdzüge, die er früher während der Karwoche in den Anden unternommen hatte. Zuweilen begleiteten ihn ein paar Freunde, wenn er einen Gipfel nach dem andern erstieg und nach Tagen mit zwanzig, dreißig Fellen auf sein kleines Gut zurückkehrte. Auf tausend Meter traf er im Gebirge unfehlbar sein Ziel. Aber wenn man mit Vieh unterwegs ist, darf man keine Zeit verlieren und nimmt auch kein Gewehr mit.

Vorwärts, vorwärts! Tag und Nacht drängt der Treiber; denn von Meile zu Meile verringert sich das Gewicht der Tiere, und sie müssen in Chile in dem Zustand ankommen, der im Lieferungsvertrag festgesetzt ist.

Bei Anbruch des Abends wurde in einer Geländewelle haltgemacht. Da es bitter kalt war, wurde mit Ziegenhornholz, das die Männer in den Packtaschen hatten, ein Feuer angezündet.

Fabian Martinez achtete auf die Tiere, Anastasio Cruz kochte Mehlsuppe mit Dörrfleisch. Sanchez hockte auf dem Erdboden und hielt mit dem Poncho den Wind vom Feuer ab. Loreto Penaloza saß noch immer im Sattel.

«Was ist dir?» fragte Sanchez. «Du siehst ja wie ein Gespenst aus!»

«Das Fieber hat mich am Kragen!» antwortete Loreto mit zitternder Stimme und klapperte mit den Zähnen. Frost schüttelte ihn.

«Steig ab, leg dich eine Weile ans Feuer!»

«Es geht schon vorüber. Wenn ich mich hinlege, wird's nur noch schlimmer. Aber wenn Sie ‹Medizin› haben ...»

«Ja. Ich habe Chinin.»

Sanchez gab ihm eine Tablette und kochte ihm Glühwein. Der Kranke goß ihn rasch hinunter, blieb regungslos sitzen und schien einzuschlummern. Die andern lagen im Sande, aßen Suppe und Hartzwieback und tranken einen Schluck Wein und einen Becher Kaffee.

Sie schwiegen, sahen zerstreut ins Feuer, wärmten sich die Hände und hielten abwechselnd die Waden, Fußsohlen und beide Körperseiten an die Flammen. Nach der Mahlzeit schoben sie sich ein paar Kokakugeln in den Mund, rollten sich eine Zigarette und rauchten bedächtig. Dann legten sich Anastasio und Fabian nebeneinander, duckten sich wie zwei Hunde unter ihre Ponchos und schliefen ein.

Auch Sanchez ruhte kurze Zeit. Aber bald erhob er sich wieder und umschritt die Herde. Trotz aller Decken fror er an den Füßen und konnte nicht schlafen.

Er fand Loreto, den Rücken gegen den Wind, noch auf dem alten Platz.

«Wie geht's?» fragte er.

«Etwas besser, Patron!»

«Hat dir der Wein gutgetan?»

«Ich habe mächtig geschwitzt. Geschlafen habe ich auch ein bißchen.»

«Willst du einen Chilcatee?»

«Machen Sie sich keine Mühe! Ich steige gleich ab und koche mir selber einen.»

«Freut mich, daß du dich leichter fühlst!»

Antenor Sanchez war bei seinen Leuten beliebt, denn er behandelte sie als seinesgleichen und sorgte für sie. Sie hatten Respekt vor ihm, weil er der Tüchtigste war, und bewunderten ihn wegen seiner grundanständigen Gesinnung.

Der Abstammung nach Spanier, war er durch Erziehung und Gewöhnung ein echter Gaucho geworden. Ohne die ererbten Rasseeigenschaften zu verlieren, hatte er sich alle körperlichen und geistigen Fähigkeiten der Einheimischen angeeignet. Gelassen und abgehärtet gleich einem Indio, kannte er wie ein solcher den Camp und das Campleben.

Am nächsten Tag kam der Trupp nach Catua.

Ein Peon blieb bei den Tieren, während Sanchez mit den anderen auf das Haus zuging, das sich kaum von seiner Umgebung abhob und so niedrig war, daß es eher im Boden zu versinken als sich über ihm zu erheben schien. Die Bauart entsprach dem rauhen Klima. Das Haus lag an einer Quelle. Senkrechte Bergwände schützten es vor Sturm und Schneewehen.

Sporenklirrend betrat Sanchez den Hof. Aus der Küchentür drangen dichter Rauch und Duft nach Churrasco, dem in glühender Asche gebratenen Fleisch.

Wenn man dreißig Meilen durch die Anden gezogen ist, ohne einem lebenden Wesen zu begegnen, erquickt es, auf die Weiden von Catua zu kommen und mit ihren einfachen, gastfreien Bewohnern auf die sattgrünen Fluren, die duftenden Tolasträucher und die munteren Ziegenherden zu schauen, die den meist kahlen Bergen Farbe verleihen.

«Holla!» rief Sanchez und klatschte in die Hände. «Wo ist der Wirt?»

Daraufhin öffnete sich die aus löcherigem, aber eisenhartem Kandelaberkaktus gezimmerte Tür. In dem winzigen Rahmen erschien gebückt die kräftige Gestalt des Hausherrn.

«Da ist ja der dicke Calloja!» rief Sanchez.

«Sieh mal an, der gute Sanchez!»

Der Mann warf mit linkischer Bewegung den Poncho zurück und ging dem Gast lächelnd entgegen. Die Freunde umarmten sich herzlich und klopften einander nach heimischer Sitte kräftig auf den Rücken. Dann traten sie in den Lagerraum.

Darin standen ein Ladentisch und ein Gestell mit Zaumzeug, Barchentröcken, Reitstiefeln, Strümpfen und Wämsern aus Lamawolle, Büchsenkonserven, Streichhölzern, Zigaretten, einer runden Blechschachtel mit Koka, einem Knoblauchzopf und einem weißen, runden Mädchenhut mit rosa Tüllschleier.

Auf dem Boden waren Sättel, Sattelkissen, gesalzene Häute, Fuchs- und Lamafelle aufgestapelt. An den erdbraunen Wänden hingen von hölzernen Pflöcken starke Riemen, Sattelgurte, eine Gitarre und ein paar Wollmaus- und Chinchillafelle herab.

Dem ganzen Haufen sauberer und schmutziger, alter und neuer Sachen entströmte bei der herrschenden Trockenheit ein Mischdunst, der jeden anderen als einen Viehtreiber schon beim Eintritt zurückgescheucht hätte.

Neujahrsblatt für das Jahr 1779
der «Musik-Gesellschaft ab der Teutschen Schul», Zürich.
Radierung von Johann Rudolf Holzhalb (1723–1806)

Aber Sanchez sagte behaglich: «Hier ist es gut sein!»

«Es ist der geschützteste Raum des Hauses.»

Calloja trank mit seinem Gast ein paar Piscoschnäpse aus einer Flasche, die er sorglich in einer Wandnische versteckt hatte. Dann befahl er seinen Töchtern, Kaffee zu kochen, schenkte den Peonen einen frischen Rindermagen zum Frühstück und versorgte die Mula seines Freundes mit einem Korb Mais.

Die Bewohner von Catua vertrieben sich im Winter die Zeit mit Churrascoessen. Alle Stiere, die in der Nähe an Kälte oder Bergkrankheit zugrunde gingen, blieben für Calloja liegen, während der übrige Trupp die Reise fortsetzte. Im Austausch gegen diese wertvollen, wenn auch unfreiwilligen Gaben leistete der Mann den Treibern Führerdienste.

Er wohnte seit langen Jahren in Catua, wo alle Reisenden, Schmuggler, Jäger und Bergleute unfehlbar Station machen. Da die Jagd damals noch ergiebig und erlaubt war, umfaßte Callojas Geschäft auch so wichtige Artikel wie Chinchilla- und Vicunafelle.

Auf zahllosen Jagden hatte der Mann die Kordilleren auf zwanzig Meilen im Umkreis wie seine eigene Hosentasche kennengelernt. Mit großer Sicherheit sagte er jeden Witterungswechsel voraus. Nur er wußte den Weg zu finden, wenn der Schnee alle Spuren bedeckte und den gewohnten Anblick des Geländes vollständig veränderte. Auf Callojas Vorschlag hatte sich Sanchez eine Weile im Zimmer seines Wirtes niedergelegt.

Nach der Avezeit weckte ihn Calloja und bot ihm einen Spießbraten an. Man brachte einen Tisch herbei und stellte eine emaillierte Pfanne darauf, in der ein prächtig duftendes Rippenstück brutzelte. Es wurde mit einer scharfen Brühe verzehrt und mit einigen Bechern ausgezeichneten Rotweins hinuntergespült.

Als Sanchez den Peonen befahl, sich zum Weitermarsch fertig zu machen, riet Calloja ab.

«Bleiben Sie bis morgen, Don Antenor!»

«Kann ich nicht, Kamerad. Montag muß ich in San Pedro de Atacama sein.»

«Ja, aber haben Sie nicht die Kordilleren angesehen?»

«Das Wetter ist doch ganz schön!»

«Ja, aber wir haben heute Mondwechsel. Der neue Monat kommt, und es hat immer noch nicht geschneit.»

«Wenn wir schnell über die Lariplatte hinwegkommen, tut uns der Schnee nichts. Ich ziehe nicht zum erstenmal durch die Kordilleren.»

«Dann ist's gut. Aber mit den Kordilleren ist nicht zu spaßen!»

Die Peone zogen nun bereits mit der Herde am Haus vorüber. Man hörte Getrappel und Zurufe: «Aiooo! Arre! ... Spuur!»

«Was macht der Braune?» fragte Sanchez laut und schloß sich dem Zuge an.

«Er war ziemlich lahm, aber wir haben ihn frisch beschlagen», sagte eine Stimme. «Jetzt geht's!»

«Spuuur! ... Spuuur!»

Langsam zogen sie weiter in die düstere Einöde

hinein, während in unermeßlicher Höhe die Sterne wie lichtfunkelnde Schneeblumen zitterten.

Mit wenigen Pausen marschierten sie die ganze Nacht. Beim Morgengrauen lagerten sie sich am Fuße eines Berghanges neben einem Bach, wo die Tiere gutes Wasser und reiche Weide hatten.

Jetzt waren sie im Engpaß von Huaitiquine, einem tiefen Einschnitt zwischen Rotsandsteinbergen, die ihre zerklüfteten Gipfel dem Himmel wiesen.

Nicht weit vom Bach hatten sich die Männer in Felshöhlungen auf ihren Sätteln zum Schlafen niedergelegt.

Die Stiere zerstreuten sich. Einige ließen sich ruhig nieder, um wiederzukäuen und zu schlafen, anderen schien es ein Genuß zu sein, die Beine in den bereiften Schlamm am Bachufer zu stecken.

Zwei alte Bullen standen sich gegenüber und glotzten einander stumm und hartnäckig an.

Ein mächtiger Ochse aus dem Chaco pflanzte sich mitten auf dem Wege auf, reckte das geiferbedeckte Maul in den Wind und stieß ein lautes, klagendes Gebrüll aus – einen schmerzlich-wilden Aufschrei, mit dem die Seele des Tieres nach der fernen Heimat verlangte.

Die Strahlen der Sonne drangen noch nicht in die Tiefe der Schlucht, die Gipfel aber begannen sich kräftig orangerot zu färben. Eine Stunde später zog der Trupp mühsam den Berg hinan.

In kurzen Abständen mußte er haltmachen. Dann war er völlig in den warmen Dunst eingehüllt, den die wie Blasebälge arbeitenden, keuchenden Lungen in der riesigen Höhe ausstießen.

Nun kam ein sechstägiger Marsch durch chilenisches Gebiet ohne einen einzigen Grashalm, ohne Wasser, ohne Rastort. Die Einöde der Felswelt und die eisige Wildnis der Hochanden drohten mit Vernichtung.

Gegen Mittag langten sie auf der Lariplatte an, dem höchsten Punkte des Weges, eine volle Meile über dem Meeresspiegel. Lauer Wind kam von der Seite. Von Chile her pfiff es kalt.

Plötzlich fühlten die Männer, daß ihr Puls schneller ging. «Calloja hat recht gehabt», dachte Sanchez, als er unten in weiter Ferne eine dunkle Wolke erblickte, die sich in einzelnen Fetzen um den Gipfel eines Berges legte.

Die Windstöße dauerten an und wurden heftiger. Wütend heulte der Sturm in den Felsen und wehte Sand auf. Zeitweise war er so stark, daß sich die Männer kaum auf ihren Mulas halten konnten. Die Zipfel ihrer Ponchos knatterten wie Peitschenknallen. Die Mulas duckten sich und legten die Ohren an. Von der Kälte gequält und durch den stäubenden Sand geblendet, drängten sich die Stiere brüllend auseinander und kamen vom Weg ab.

«Spuuur!» riefen die Männer und ritten weiter, den Kopf tief auf die Brust gesenkt. Am westlichen Himmel, in den Vulkankegel hineinragend, erschienen Haufenwolken wie der schwarze Qualm eines riesenhaften Ausbruches. Es war, als ob sich alle diese vereisten Krater vorgenommen hätten, den in der Gegenwart nie erlebten Schrecken ihrer Eruptionen in Erinnerung zu bringen.

Als der Abstieg begann, wartete Anastasio Cruz auf Sanchez.

«Ob wir nicht lieber umkehren? Catua ist nicht weit. Noch ist es Zeit», rief er ihm laut zu.

«Ich habe meinen Vertrag zu erfüllen und kehre nicht um», erwiderte Sanchez. «Wenn man auf den Ball geht, muß man tanzen.»

Cruz senkte den Kopf, spornte die Mula und nahm seinen Platz bei der Herde wieder ein. «Ich habe ebenfalls mein Wort gegeben», dachte er. «Es bleibt mir nichts anderes übrig, als Don Antenor zu folgen.»

Da es immer kälter wurde, zogen die Männer ihre Reservesachen an. Nun trugen sie anstelle der Stiefel lange Strümpfe und gestrickte Kniewärmer. Sie streiften Handschuhe und wollene Jacken über, banden sich Halstücher um und legten Schneebrillen mit dunklen Gläsern an. Dann kam das, was sie befürchtet hatten.

Kaum hatten sie den ersten Abstieg hinter sich gebracht, als sie schon mitten im Gewölk steckten. Es begann zu schneien. Der Wind hatte nachgelassen. Es war nicht mehr ganz so kalt wie oben.

Erdrückendes Schweigen und einschläfernde Dämmerung herrschten rundum und drangen in die Herzen der Männer. Sie mußten unerbittlich voran und durften sowenig wie möglich rasten, um rasch aus den Kordilleren herauszukommen.

Die Wolken nahmen jede Sicht. Der Weg verschwand unter dem Schnee. Sie richteten sich nach den Gebeinen verendeter Tiere, die wie schauerliche Meilensteine den Weg säumten. Seit langen Jahren lagen dort Rippen, Wirbelsäulen, von Füchsen abgenagte Röhrenknochen, gehörnte Schädel. Auf dem ausgedörrten Leder des Maules lag immer noch der Ausdruck der Qual des grausamen Todes in der Bergeinsamkeit.

Die Herde marschierte den ganzen Tag und die Nacht hindurch. Sie durchquerte ebene Flächen, erklomm Hänge, zog an ihnen entlang. Ohne Unterlaß fiel kleinflockiger Schnee. Sie gönnten sich keine Ruhe, bis das Gewölk so dicht wurde, daß es die Nacht des zweiten Tages schon vorwegnahm.

Als die Herde haltmachte, schmolz der Schnee in der Wärme der Leiber, so daß alle wie in einem phantastischen Pferch eingeschlossen waren.

Es kam darauf an, die Tiere daran zu hindern, sich niederzulegen. Sie mußten mit Zurufen und Hieben in Bewegung gehalten werden. Sanchez zählte nach. Glücklicherweise fehlte kein einziges.

«Es geht hart her», dachte er. «Hoffentlich klärt sich das Wetter in der Nacht auf!»

Er war niedergeschlagen. Seine Lippen waren rauh und aufgesprungen, die in der Kälte erstarrten Ohren glühten. Die Hände, die die Zügel halten mußten, schmerzten. Hin und wieder bewegte er die Füße, um sie in den Bügeln zu spüren.

In den Sattel gedrückt, vornübergeneigt, steif und schlaftrunken, ritt er langsam auf und ab. Zuweilen trank er einen Schluck Wein, um sich zu ermuntern.

Die Nacht kam. Es schneite immer noch.

Die Männer beschlossen, daß immer einer die Runde machen sollte, während die anderen schliefen. Sie ruhten und wachten abwechselnd, ohne aus den Sätteln zu steigen. Das taten sie nur, als die Mulas einen Futterbeutel voll Mais erhielten. Wer hätte sich sonst getraut, auch nur einen Schritt zu tun oder den Sattel auf die Erde zu legen! Der Boden war überall mit dem Kot der Tiere bedeckt.

«Hier ist einer umgefallen! Helft mir mal!» rief Anastasio Cruz.

Loreto kam herbei. Erst schlugen sie auf die stöhnende dunkle Masse ein. Dann drehten sie dem Tier den Schwanz ein und gruben ihm die Sporen in die Weichen.

Aber der Stier blieb regungslos liegen. Die anderen Stiere «rochen» den Tod und begannen zu brüllen. Anfangs waren es herzzerreißende Aufschreie, später kam nur ein anhaltendes leises Klagen.

Als der dritte Tag heraufzog, schneite es immer noch. Auch am vierten Tag hielt das Gestöber an. Der Schnee lag nun fast mannshoch.

Menschen und Tiere litten. Die Tiere mit traurigem Brüllen, die Menschen in stillem Gedenken an ihr Haus in der schönen, friedlichen Heimat.

Sanchez quälte es, daß er an dem sinnlosen Abenteuer schuld war.

Sein Entschluß, unter allen Umständen weiterzuziehen, war weniger der Notwendigkeit als einer hochmütigen Starrköpfigkeit entsprungen. Denn sein Vertrag entband ihn ausdrücklich jeder Verantwortung im Falle einer Verspätung infolge höherer Gewalt.

Sanchez kannte die Kordilleren vielleicht noch beser als Calloja, dessen Warnung er mit dem Optimismus der weißen Rasse in den Wind geschlagen hatte. Er war schon so oft, auch im Winter, über die Anden gezogen und war mit der erbarmungslosen Feindseligkeit dieser Natur so vertraut geworden, daß gar keine Besorgnis in ihm aufgekommen war.

Jetzt bedauerte er vor allem seine Leute. Sie beklagten sich mit keinem Wort, aber er sah mehr als einmal, daß sie Tränen in den Augen hatten, die sie vor ihm zu verbergen suchten. Besonders tat ihm der kranke Loreto leid.

Einer der Stiere taumelte, brach in die Knie und sank mit schwachem Stöhnen zur Seite. Es war der fünfte, der verlorenging.

Gegen zwölf Uhr schien der Luftraum aus düsterem Hindämmern zu erwachen. Eiskalte, leichte Windstöße belebten ihn. Allmählich schneite es weniger. Schließlich hörte es ganz auf. Das Gewölk lichtete sich, es wurde heller. Die Stiere brüllten aus vollen Lungen wie auf der Weide, wenn sie ein fernes Echo wecken wollen. Die Mulas wieherten ungeduldig und kauten aufgeregt auf dem Gebiß.

«Da ist der Lejiateich», sagte Cruz. «Und dort der Vulkan!»

Er wies auf einen wildzerklüfteten, kahlen Berg. Sie waren am Ufer des Teichs auf ebenem Gelände angelangt, wo sich der Schnee mehr häufte als an den Berghängen. Sanchez sah sich um.

«Da drüben ist die Apacheta», sagte er. «Hinter dem Berggrat dort ist der Abstieg.»

«Und hier führt der Weg weiter! Aber wie kommt die Herde hin?»

Sanchez schätzte die Entfernung bis an den Hang. Sie mochte kaum einen Kilometer betragen.

«Es bleibt uns nichts anderes übrig», sagte er, «als mit den Sätteln einen Weg zu schaufeln. Aber ihr seid durch meine Schuld hierhergeraten. Ich kann nichts mehr von euch verlangen. Wenn es jetzt zu wehen beginnt, wird es noch schlimmer. Wollt ihr die Herde hierlassen, gut. Dann retten wir wenigstens die eigene Haut.»

Die Männer hörten aufmerksam zu und dachten eine Weile nach. Dann sagte Anastasio Cruz: «Sie haben ebenso zu leiden wie wir, Patron. Wir werden doch die Herde nicht im Stich lassen! Machen wir noch einen Versuch! Ich tue, was Sie befehlen!»

«Wir auch, Patron», versicherten die anderen Peone.

«Ich danke euch», versetzte Sanchez. «Wir wollen keine Zeit verlieren. Absatteln!»

Mit fieberhaftem Eifer gingen sie ans Werk. Mit den ledernen Sätteln bahnten sie einen geraden Weg nach dem Bergabhang hinüber. Sie spürten weder die immer schneidendere Kälte noch die Wirkung der sie ermattenden Bergkrankheit.

Den ganzen Nachmittag arbeiteten sie verzweifelt, bis sie am Ziel anlangten. Dann kehrten sie zur Herde zurück, sattelten auf und trieben die Tiere vorwärts. Die besten Spurgänger trotteten voran, die übrigen wurden mit der Peitsche hinterhergejagt. So rettete sich der Trupp.

Die Nacht fiel ein. Der eisige Luftzug wurde zum Sturm. Plötzlich hörten sie in der Ferne das Donnern der stürzenden Lawinen.

«Der weiße Wind!» riefen die Männer, als sie sahen, daß der Orkan den Felsen ihr Schneekleid abriß. Die ungeheure weiße Fläche rundum begann zu schwanken. Mächtige Massen Pulverschnee stürzten wie wahnsinnige Gespenster zu

Tal. Die wilde Jagd sauste bis an den geschaufelten Graben.

Mit einem Schlag verschwand der ganze Trupp unter dem Schnee. Aus dem höllischen weißen Wirbel ragten hier und da die Mäuler der Stiere als schwarze Punkte hervor. Ohne Widerhall erlosch das verzweifelte Gebrüll. In den schreckensweiten, dunklen Augen der Tiere spiegelten sich die Sterne.

Sanchez, der immer der letzte war, gelangte auf eine höhere Stelle, wo ihn die anderen bereits erwarteten. Alle waren über und über mit Schnee bedeckt. Sie standen wie vernichtet. Kaum so viel Widerstandskraft brachten sie auf, das frostgeschwollene Gesicht mit der breiten Hutkrempe gegen den Wind zu schützen.

«Ich friere, Patron!» sagte Loreto mit schwacher Kinderstimme.

«Ich komme», antwortete Sanchez. Er konnte sich kaum noch bewegen. Finger und Zehen schmerzten unerträglich. Als er sich umwandte, sah er den Kameraden mitten im Schnee liegen.

«Loreto!»

Der Mann rührte sich nicht und gab keine Antwort.

«Kommt her!» rief Sanchez laut. «Wir müssen ihn mit Schnee einreiben.»

Er riß ihm die Jacke herunter, faßte an seine Wangen, sah ihm in die Augen.

«Hat keinen Zweck mehr», stellte er fest. «Es ist vorbei.»

Sie durften keine Zeit verlieren. Sie nahmen ihm die Ponchos ab, legten ihn auf seine Satteldecken und falteten ihm die Hände auf der Brust. Eisiger Wind bedeckte den Toten mit einem weißen Bahrtuch.

Die drei Männer setzten ihren Marsch fort. Sie kämpften Schritt für Schritt mit dem Tod. Unter der Geißel des Sturmes erstarrte das Blut in ihren Adern, ertaubten die Sinne. Lebensdrang trieb sie unwiderstehlich vorwärts ...

ALEXANDER PUSCHKIN

1799–1837

Der Schneesturm

Eilig geht der Pferde Lauf
Durch die hohen Wehen...
Seitwärts ist ein Gotteshaus
Ganz allein zu sehen.

. . . .

Plötzlich Schneesturm überall,
Mit den Flügeln pfeifend,
Fliegt durch weißen Flockenfall,
Fast den Schlitten streifend,
Schwarzer Rabe. Leid'ger Ton!
In die Ferne spähen
Unruhvoll die Pferde schon,
Ihre Mähnen wehen...

W. A. Schukowskij

Ende des Jahres 1811, in der uns allen denkwürdigen Zeit, lebte auf seinem Landgut Neparadowo der wackere Gawrila Gawrilowitsch R***. Er war durch seine Gastfreundlichkeit und Gutmütigkeit in der ganzen Gegend bekannt. Die Nachbarn kamen jeden Tag zu ihm auf Besuch, um zu essen und zu trinken oder mit seiner Gattin, Praskowja Petrowna, Boston zu fünf Kopeken den Point zu spielen; viele auch, um ihre Tochter, Marja Gawrilowna, ein schlankes, bleiches siebzehnjähriges Mädchen, zu sehen. Sie galt als reiche Partie, und viele ersehnten sie für sich oder für ihre Söhne.

Marja Gawrilowna war mit französischen Romanen erzogen worden und folglich verliebt. Ihr Auserwählter war ein armer Fähnrich von der

Linie, der sich auf Urlaub auf dem Lande aufhielt. Es versteht sich von selbst, daß im Busen des jungen Mannes die gleiche Leidenschaft loderte und daß die Eltern seiner Geliebten, als sie ihre gegenseitige Zuneigung merkten, der Tochter untersagten, an ihn auch nur zu denken, und ihn bei seinen Besuchen noch unfreundlicher aufnahmen als irgendeinen verabschiedeten Assessor.

Unsere Verliebten tauschten häufig Briefe aus und sahen sich täglich unter vier Augen im Fichtengehölz oder bei der alten Kapelle. Dort schworen sie einander ewige Liebe, beklagten ihr Los und schmiedeten allerlei Pläne. Nach den vielen Gesprächen und Briefen gelangten sie (was ja sehr natürlich ist) zu folgendem Schlusse: «Da wir ohne einander nicht atmen können und der Wille der grausamen Eltern unserm Glücke im Wege steht, dürften wir uns da nicht auch ohne ihre Einwilligung behelfen?» Es versteht sich, daß dieser glückliche Gedanke zuerst dem jungen Mann gekommen war und der romantischen Phantasie Marja Gawrilownas außerordentlich zusagte.

Der eingetretene Winter machte ihren Zusammenkünften ein Ende; ihr Briefwechsel wurde aber um so lebhafter. Wladimir Nikolajewitsch beschwor sie in einem jeden seiner Briefe, die Seinige zu werden: sich mit ihm heimlich trauen zu lassen, eine Zeitlang in einem Versteck zu leben und dann den Eltern zu Füßen zu fallen; die Eltern aber würden sich von der heroischen Treue und dem Unglück der Liebenden rühren lassen und sicherlich sagen: «Kinder! Kommt in unsere Arme!»

Marja Gawrilowna schwankte; viele Fluchtpläne wurden von ihr nacheinander verworfen. Endlich willigte sie ein: an dem für die Entführung bestimmten Tage sollte sie nicht zu Abend essen und sich, Kopfweh vorschützend, in ihr Zimmer zurückziehen. Dann sollte sie mit ihrer Zofe, die in die Verschwörung eingeweiht war, durch den Hinterflur in den Garten gehen, hinter dem Garten einen angespannten Schlitten vorfinden, in diesen einsteigen und etwa fünf Werst weit nach dem Dorfe Schadrino direkt zur Kirche fahren, wo Wladimir sie schon erwarten würde.

In der Nacht vor dem entscheidenden Tage konnte Marja Gawrilowna keinen Schlaf finden; sie packte ihre Sachen, band Wäsche und Kleider zu einem Bündel zusammen und schrieb einen langen Brief an ihre Freundin, ein sehr empfindsames junges Mädchen, und einen zweiten an ihre Eltern. Sie nahm von ihnen in den rührendsten Ausdrükken Abschied, entschuldigte ihren Schritt mit der unüberwindlichen Macht der Leidenschaft und schloß mit den Worten, daß sie den Augenblick, in dem sie ihren teuren Eltern zu Füßen fallen dürfte, für den glücklichsten ihres Lebens betrachten würde. Nachdem sie beide Briefe mit einem in Tula verfertigten Petschaft versiegelt hatte, auf dem zwei flammende Herzen, von einer entsprechenden Inschrift umgeben, dargestellt waren, warf sie sich beim Tagesgrauen auf ihr Lager und schlummerte ein, wurde aber fortwährend von furchtbaren Traumbildern aufgeschreckt. Bald schien es ihr, daß ihr Vater, gerade in dem Augenblick, wo sie in den Schlitten stieg, um zur Trauung zu fahren, sie überraschte, mit schmerzvoller

Schnelligkeit über den Schnee schleifte und in ein finsteres, bodenloses Verlies stieße ... sie stürzte kopfüber hinab, während ihr Herz sich unaussprechlich zusammenkrampfte; bald sah sie Wladimir blaß und verblutend im Grase liegen; im Sterben beschwor er sie mit herzzerreißender Stimme, sich sofort mit ihm trauen zu lassen. Noch viele andere gestaltlose und sinnvolle Schreckbilder schwebten eines nach dem andern vor ihren Blikken. Als sie endlich aufstand, war sie blasser als sonst und hatte wirkliches Kopfweh. Vater und Mutter bemerkten sofort ihre Unruhe; die zärtliche Besorgtheit der Eltern und ihre unaufhörlichen Fragen: «Was hast du, Mascha? Bist du nicht wohl, Mascha?» schnitten ihr ins Herz. Sie versuchte sich zu beruhigen und sorglos zu erscheinen, brachte es aber nicht fertig. Indessen wurde es Abend. Der Gedanke, daß sie den scheidenden Tag zum allerletzten Mal inmitten der Ihrigen begleite, bedrückte sie schwer. Sie war mehr tot als lebendig; im Geiste verabschiedete sie sich schon von allen Personen und Gegenständen, die sie umgaben. Das Abendessen wurde aufgetragen; ihr Herz begann heftig zu pochen. Mit bebender Stimme erklärte sie, daß sie heute nicht zu Abend essen würde, und wünschte den Eltern gute Nacht. Diese küßten sie und gaben ihr, wie jeden Abend, ihren Segen; sie fing dabei beinahe zu weinen an. Als sie in ihr Zimmer kam, ließ sie sich in einen Sessel fallen und brach in Tränen aus. Die Zofe beschwor sie, sich zu beruhigen und Mut zu fassen. Alles war schon bereit. In einer halben Stunde sollte Mascha dem Elternhause, ihrem Zimmer und dem stillen Mädchendasein für immer Lebewohl sagen ... Draußen tobte ein Schneesturm; der Wind heulte, die Fensterläden bebten und klopften; alles erschien ihr drohend und unheilkündend. Bald war es im Hause still; alle schliefen. Mascha hüllte sich in ihren Schal, zog sich einen warmen Mantel an, nahm ihr Köfferchen in die Hand und trat auf den Hinterflur. Die Zofe folgte ihr mit zwei Bündeln. Sie gingen in den Garten hinunter. Der Schneesturm wütete noch immer; der Wind blies Mascha ins Gesicht, wie wenn er die junge Missetäterin aufhalten wollte. Mit großer Mühe gelangten sie an das Ende des Gartens. Auf der Straße wartete schon der Schlitten. Die durchfrorenen Pferde wollten nicht mehr ruhig stehen; Wladimirs Kutscher ging vor den Deichselstangen auf und ab und bemühte sich, die Ungeduldigen zu halten. Er half dem Fräulein und der Zofe, in den Schlitten zu steigen und die Bündel und das Köfferchen unterzubringen, ergriff die Zügel, und die Pferde rasten dahin. Wir wollen aber das Fräulein der Sorge des Schicksals und der Kunst des Kutschers Terjoschka anvertrauen und uns zu unserm jungen Liebhaber wenden.

Wladimir war den ganzen Tag unterwegs. Am Morgen besuchte er den Priester von Schadrino und einigte sich mit ihm nicht ohne Mühe. Dann begab er sich auf der Suche nach Trauzeugen zu den benachbarten Gutsbesitzern. Der erste, den er aufsuchte, der vierzigjährige ehemalige Kornett Drawin, willigte mit Freuden ein. Dieses Abenteuer, behauptete er, erinnere ihn an die Husarenstreiche seiner Jugend. Er bewog Wladimir, bei ihm zu Mittag zu essen, und versicherte ihm, daß die zwei noch fehlenden Zeugen sich unschwer finden lassen würden. Gleich nach dem Essen erschienen tatsächlich der Geometer Schmidt, der einen Schnurrbart und Sporen trug, und der Sohn des Landpolizeihauptmanns, ein etwa sechzehnjähriger Junge, der vor kurzem bei den Ulanen eingetreten war. Sie nahmen Wladimirs Vorschlag nicht nur an, sondern erklärten sich auch bereit, für ihn ihr Leben aufs Spiel zu setzen. Wladimir schloß sie entzückt in seine Arme und fuhr nach Hause, um die letzten Vorbereitungen zu treffen.

Es dämmerte schon seit geraumer Zeit. Wladimir schickte seinen verläßlichen Terjoschka mit einer Troika und genauer und ausführlicher Instruktion nach Neparadowo, ließ sich den kleinen einspännigen Schlitten geben und fuhr allein ohne Kutscher nach Schadrino, wo nach etwa zwei Stunden auch Marja Gawrilowna eintreffen sollte. Der Weg war ihm gut bekannt, und die Fahrt dauerte gewöhnlich nur zwanzig Minuten.

Kaum aber hatte Wladimir das Dorf verlassen, als sich ein Wind erhob und ein solcher Schneesturm losbrach, daß er nichts mehr sehen konnte. Die Straße war in einem Augenblick unter den Schneemassen verschwunden; ein trüber, gelblicher Nebel, durch den die weißen Schneeflocken flogen, verdeckte den Blick; der Himmel floß mit der Erde in eins zusammen; Wladimir sah sich plötzlich mitten im freien Feld und machte vergebliche Versuche, wieder auf die Straße zu gelangen. Das Pferd lief aufs Geratewohl; bald fuhr es in einen Schneehaufen hinein, bald versank es in einem Graben; der Schlitten kippte jeden Augenblick um. Wladimir war nur auf das eine bedacht: die Richtung nicht zu verlieren. Es war aber schon, wie ihm schien, mehr als eine halbe Stunde vergangen, und er hatte das Gehölz von Schadrino noch immer nicht erreicht. Es vergingen noch zehn Minuten – vom Gehölz war noch immer nichts zu sehen. Wladimir fuhr über ein Feld, das von tiefen Gräben durchzogen war. Der Schneesturm wollte sich nicht legen und der Himmel nicht aufklaren. Das Pferd begann müde zu werden, und er selbst kam in Schweiß, obwohl er jeden Augenblick bis an den Gürtel in den Schnee versank.

Bald merkte er, daß er in falscher Richtung fuhr. Wladimir hielt an, überlegte sich seine Lage und kam zur Überzeugung, daß er etwas mehr rechts fahren müsse. Er fuhr nach rechts. Das Pferd bewegte vor Müdigkeit kaum die Beine. Er war ja schon mehr als eine Stunde unterwegs. Schadrino mußte ganz in der Nähe sein. Er fuhr aber immer weiter, und das Feld nahm kein Ende. Immer neue Schneehaufen und Gräben; der Schlitten kippte immer wieder um, und er mußte ihn immer wieder aufrichten. Die Zeit verging; Wladimir wurde nun ernstlich unruhig.

Endlich zeigte sich seitwärts etwas Dunkles. Wladimir lenkte das Pferd in diese Richtung. Als er näher kam, sah er, daß es ein Gehölz war. «Gott sei Dank!» sagte er sich. «Jetzt ist es nicht mehr weit.» Er fuhr am Gehölz entlang, denn er hoffte, entweder auf die ihm wohlbekannte Landstraße zu kommen oder das Gehölz zu umfahren; Schadrino mußte ja gleich dahinter liegen. Bald fand er den

Weg und fuhr in das Dunkel der Bäume, die der Winter ihres Laubes beraubt hatte. Der Wind konnte hier nicht so furchtbar wüten; die Straße war eben, das Pferd faßte neuen Mut, und Wladimir beruhigte sich.

Er fuhr aber und fuhr, doch von Schadrino war immer noch nichts zu sehen; das Gehölz wollte kein Ende nehmen. Wladimir merkte mit Schrekken, daß er in einen ihm unbekannten Wald geraten war. Verzweiflung bemächtigte sich seiner. Er gab dem Pferd die Peitsche; das arme Tier versuchte Trab zu laufen, wurde aber bald müde und ging schon nach einer Viertelstunde, trotz aller Bemühungen des unglücklichen Wladimir, wieder im Schritt.

Allmählich lichtete sich das Dickicht, und Wladimir fuhr aus dem Walde heraus. Von Schadrino war nichts zu sehen. Es mochte gegen Mitternacht sein. Tränen traten ihm in die Augen; er fuhr aufs Geratewohl weiter. Der Sturm hatte sich gelegt, die Wolken verzogen sich; vor ihm lag ein von einem weißen Teppich bedecktes Tal. Die Nacht war ziemlich hell. Er entdeckte in der Nähe ein Dörfchen, das aus vier oder fünf Höfen bestand. Wladimir fuhr auf das Dörfchen hin. Beim ersten Bauernhause sprang er aus dem Schlitten, lief auf ein Fenster zu und begann zu klopfen. Nach einigen Minuten ging der hölzerne Laden auf, und ein alter Mann streckte seinen grauen Bart heraus. «Was willst du?» – «Ist es weit bis Schadrino?» – «Ob es bis Schadrino weit ist?» – «Ja, ja! Ist es weit?» – «Gar nicht weit: an die zehn Werst.» Als Wladimir diese Antwort hörte, fuhr er sich in die

Haare und erstarrte wie ein zum Tode Verurteilter.

«Und wo kommst du her?» fuhr der Alte fort. Wladimir hatte aber nicht den Mut, seine Fragen zu beantworten. «Alter», wandte er sich an ihn, «kannst du mir Pferde nach Schadrino verschaffen?» – «Woher sollen wir Pferde haben?!» antwortete der Bauer. – «Kann ich vielleicht einen Führer bekommen, der den Weg nach Schadrino kennt? Ich will ihm bezahlen, soviel er verlangt.» – «Wart einmal», sagte der Alte, den Fensterladen schließend, «ich will dir meinen Sohn schicken; er wird dich begleiten.» Wladimir begann zu warten. Es war aber noch keine halbe Minute vergangen, als er wieder zu klopfen anfing. Der Laden ging auf, und der graue Bart zeigte sich wieder. «Was willst du?» – «Wo bleibt denn dein Sohn?» – «Gleich kommt er; er zieht sich die Stiefel an. Friert es dich vielleicht? Komm nur herein und wärme dich.» – «Ich danke. Schicke deinen Sohn schnell heraus.»

Bald knarrte das Tor. Ein Bursche, mit einem dicken Knüttel in der Hand, kam heraus und ging vor dem Schlitten her, den schneeverwehten Weg bald zeigend und bald suchend. «Wie spät ist es?» fragte ihn Wladimir. «Es wird wohl bald tagen», antwortete der junge Bauer. Wladimir sprach nun kein Wort mehr.

Die Hähne krähten, und es war schon hell, als sie Schadrino erreichten. Die Kirche war geschlossen. Wladimir bezahlte seinen Führer und fuhr zum Geistlichen. Auf dessen Hof war aber keine Troika zu sehen. Was für eine Nachricht erwartete ihn da!

Kehren wir aber zu den braven Gutsbesitzern von Neparadowo zurück und sehen wir, was bei ihnen vorgeht.

Nichts Besonderes.

Die Alten standen wie jeden Morgen auf und kamen in die gute Stube: Gawrila Gawrilowitsch in Nachtmütze und Flausjacke, Praskowja Petrowna im wattierten Schlafrock. Als der Samowar aufgetragen war, schickte Gawrila Gawrilowitsch ein Mädchen zu Marja Gawrilowna, sie zu fragen, wie es ihr heute ginge und wie sie geschlafen habe. Das Mädchen kam zurück und meldete, daß das gnädige Fräulein sehr schlecht geschlafen habe, sich aber jetzt schon etwas besser fühle und bald kommen werde. Die Türe ging tatsächlich auf, und Marja Gawrilowna trat ein, um Papa und Mama zu begrüßen.

«Wie ist es mit deinem Kopfweh, Mascha?» fragte Gawrila Gawrilowitsch. «Es geht schon besser, Papachen», antwortete Mascha. «Es kommt wohl vom Ofendunst», meinte Praskowja Petrowna. «Ja, wahrscheinlich, Mamachen», erwiderte Mascha.

Der Tag verlief glücklich, aber gegen Abend wurde Mascha krank. Man schickte in die Stadt nach einem Arzt. Dieser kam sehr spät und traf die Kranke im Delirium an. Sie hatte heftiges Fieber, und die Ärmste schwebte zwei Wochen lang zwischen Leben und Tod.

Niemand im Hause wußte etwas von der geplanten Flucht. Die Briefe, die Mascha am Vorabend geschrieben, hatte sie verbrannt; die Zofe sagte aus Furcht vor dem Zorn der Herrschaft

1. Jänner.
Der Jahrs anfänger lehrt das Ofenholtz zerspalten:
reizt junge Leüht aufs Eis; zum Ofensitz die Alten.

Jänner
Neujahrsblatt für das Jahr 1663 der Burgerbibliothek Zürich.
Illustration zum Monat Januar.
Radierung von Conrad Meyer (1618–1689)

keinem ein Wort. Der Geistliche, der ehemalige Kornett, der Geometer mit dem Schnurrbart und der kleine Ulan waren diskret und hatten wohl ihre Gründe dafür. Der Kutscher Terjoschka verschnappte sich selbst im Rausche nicht. So wurde das Geheimnis von dem halben Dutzend Mitverschworenen treu behütet. Doch Marja Gawrilowna selbst verriet es in ihrem fortwährenden Delirium. Ihre Worte waren aber so wirr, daß die Mutter, die das Krankenzimmer für keinen Augenblick verließ, aus ihnen nur das eine verstehen konnte, daß ihre Tochter sterblich in Wladimir Nikolajewitsch verliebt sei und daß die Erkrankung wahrscheinlich mit dieser Liebe zusammenhänge. Sie beriet sich mit ihrem Gatten und einigen Nachbarn, und alle kamen überein, daß es dem jungen Mädchen wohl vom Schicksal so beschieden sei, daß niemand dem ihm vom Himmel vorausbestimmten Ehegenossen entrinnen könnte, daß Armut keine Schande sei, daß man nicht das Geld, sondern den Menschen heirate, und so fort. Moralische Sprichwörter pflegen ungemein nützlich in solchen Fällen zu sein, wo man selbst keinerlei Rechtfertigung zu ersinnen vermag.

Das junge Mädchen erholte sich indessen wieder. Wladimir hatte sich schon lange nicht mehr in Gawrila Gawrilowitschs Hause blicken lassen. Die Behandlung, die ihm hier immer zuteil wurde, schreckte ihn wohl ab. Es wurde beschlossen, ihn kommen zu lassen, um ihm das unerwartete Glück, die Einwilligung in die Ehe, zu verkünden. Wie groß war aber das Erstaunen der Gutsbesitzer von Neparadowo, als sie von ihm als Antwort auf die Einladung einen halbverrückten Brief erhielten! Er teilte ihnen mit, daß er seinen Fuß nie wieder über ihre Schwelle setzen würde, und bat sie, den Unglücklichen, für den der Tod nun die einzige Hoffnung sei, zu vergessen. Nach einigen Tagen erfuhren sie, daß Wladimir wieder in sein Regiment eingerückt war. Das geschah im Jahre 1812.

Man konnte sich lange nicht entschließen, dies der genesenden Mascha zu melden. Sie sprach nie mehr von Wladimir. Als sie einige Monate später seinen Namen unter denen, die sich bei Borodino ausgezeichnet hatten und schwer verwundet waren, las, fiel sie in Ohnmacht, und man fürchtete schon, daß ihre Krankheit zurückkehren würde. Der Ohnmachtsanfall hatte aber, Gott sei Dank, keine ernsten Folgen.

Sie wurde von einem andern Kummer heimgesucht: Gawrila Gawrilowitsch verschied und ließ sie als Erbin seines ganzen Besitzes zurück. Die Erbschaft gab ihr keinen Trost; sie teilte aufrichtig die Trauer Praskowja Petrownas und schwor, sich niemals von ihr trennen zu wollen. Die beiden verließen Neparadowo, die Stätte trauriger Erinnerungen, und zogen auf ihr ***sches Gut.

Die Freier umschwirrten auch hier das hübsche und reiche Mädchen; sie gab aber keinem auch die leiseste Hoffnung. Die Mutter redete ihr manchmal zu, sich einen Ehegenossen zu wählen. Marja Gawrilowna schüttelte aber nur den Kopf und wurde nachdenklich. Wladimir weilte nicht mehr unter den Lebenden: er war zu Moskau am Vorabend des Einzuges der Franzosen gestorben. Sein

Andenken schien Mascha heilig zu sein; jedenfalls bewahrte sie alles, was an ihn erinnerte, treulich auf: die Bücher, die er einst gelesen, seine Zeichnungen, Noten und die Verse, die er für sie abgeschrieben. Die Nachbarn, die solches hörten, bewunderten ihre Standhaftigkeit und erwarteten mit Neugier den Helden, der über die rührende Treue der jugendlichen Artemis triumphieren würde.

Der Krieg war indessen ruhmvoll beendet. Unsere Heere kehrten aus dem Auslande zurück. Das Volk eilte ihnen entgegen. Die Regimentskapellen spielten die im Feldzuge eroberten Weisen: «Vive Henri-Quatre», Tiroler Walzer und Arien aus der «Joconde». Die Offiziere, die als halbe Knaben ins Feld gezogen waren, kehrten, im Pulverdampf der Schlachten zu Männern geworden, mit Ehrenkreuzen geschmückt heim. Die Soldaten plauderten lustig miteinander, fortwährend deutsche und französische Wörter in ihre Rede mischend. Unvergeßliche Zeit! Zeit des Ruhmes und der Begeisterung! Wie stark pochte das russische Herz beim Klange des Wortes «Vaterland»! Wie süß waren die Freudentränen des Wiedersehens! Wie einmütig verbanden wir das Gefühl des nationalen Stolzes mit der Liebe zum Kaiser! Und für diesen selbst – welche Augenblicke!

Die Frauen, die russischen Frauen, waren damals unvergleichlich. Ihre gewöhnliche Kühle war verschwunden. Ihr Entzücken war wahrlich berauschend, als sie die Sieger mit «Hurra!» begrüßten

«und in die Luft die Häubchen warfen ...».

Wer von den damaligen Offizieren wird nicht zugeben, daß er von der russischen Frau den besten, den kostbarsten Lohn empfing...

Marja Gawrilowna lebte um diese glanzvolle Zeit mit ihrer Mutter im ***schen Gouvernement und sah gar nicht, wie die beiden Residenzen die zurückgekehrten Truppen feierten. In der Provinz und auf dem flachen Lande war die allgemeine Begeisterung vielleicht noch stärker. Das Erscheinen eines Offiziers in solchen Gegenden war ein wahrer Triumph, und ein Liebhaber im Zivilfrack konnte neben ihm gar nicht aufkommen.

Wie gesagt, Marja Gawrilowna war trotz ihrer Kälte nach wie vor von Bewerbern umgeben. Alle mußten aber weichen, als der verwundete Husarenhauptmann Burmin mit dem Georgskreuze im Knopfloch und der «interessanten Blässe» (wie sich die damaligen jungen Damen ausdrückten) im Gesicht auf ihrem Gut erschien. Er war an die sechsundzwanzig Jahre alt. Er verbrachte den Urlaub auf seinen Besitzungen, die in der Nähe derjenigen von Marja Gawrilowna lagen. Marja Gawrilowna zeichnete ihn vor allen anderen aus. In seiner Gegenwart wich ihre gewöhnliche Versonnenheit einem lebhafteren Gemütszustand. Man kann nicht behaupten, daß sie mit ihm kokettierte, aber ein Dichter, der ihr Benehmen sähe, würde gesagt haben:

«Se amor non è, che dunque?»

Burmin war in der Tat ein liebenswürdiger junger Mann. Er besaß gerade jenen Geist, der den Damen so gut gefällt: den Geist des Anstands und der Aufmerksamkeit, ganz ohne Anmaßung, doch mit gutmütigem Humor. Sein Benehmen Marja Gawrilowna gegenüber war einfach und ungezwungen; doch was sie auch sagen oder tun mochte, seine Seele und seine Blicke folgten ihr. Er schien einen stillen und bescheidenen Charakter zu haben, aber es wurde behauptet, daß er einst ein schlimmer Taugenichts gewesen sei, was ihm übrigens in Marja Gawrilownas Augen durchaus nicht zu schaden vermochte, da sie (wie alle jungen Damen) gern alle Streiche verzieh, die Kühnheit und feuriges Temperament verrieten.

Doch mehr als alles andere... (mehr als seine zärtliche Veranlagung, mehr als seine angenehme Unterhaltungsgabe, als seine interessante Blässe, als sein verwundeter Arm) mehr als das alles war es das Schweigen des jungen Husaren, das ihre Neugier und Phantasie reizte. Sie konnte sich nicht verhehlen, daß sie ihm sehr gefiel; wahrscheinlich hatte auch er bei seinem Geist und seiner Erfahrung schon bemerkt, daß sie ihn vor den andern auszeichnete; wie war es nun zu erklären, daß sie ihn noch immer nicht zu ihren Füßen gesehen und sein Geständnis nicht zu hören bekommen? Was hielt ihn zurück? Schüchternheit, die von wahrer Liebe unzertrennlich ist, Stolz oder die Koketterie eines schlauen Schürzenjägers? Das war ihr ein Rätsel. Als sie sich das alles ordentlich überlegt hatte, sagte sie sich, daß Schüchternheit der einzige Grund seiner Zurückhaltung sein müsse, und sie entschloß sich, ihn durch erhöhte Aufmerksamkeit und, wenn es die Umstände verlangten, selbst durch Zärtlichkeit zu ermutigen. Sie war auf eine überraschende Lösung gefaßt und erwartete mit Ungeduld den Augenblick der romantischen Liebeserklärung. Jedes Geheimnis, ganz gleich welcher Natur, ist den Frauenherzen unerträglich. Ihre strategischen Maßnahmen führten zum erwünschten Erfolg; Burmin versank jedenfalls in so tiefe Nachdenklichkeit, und seine schwarzen Augen blickten mit solchem Feuer auf Marja Gawrilowna, daß der entscheidende Moment ganz nahe zu sein schien. Die Nachbarn sprachen von der Hochzeit als von einer beschlossenen Tatsache, und die gute Praskowja Petrowna freute sich, daß ihre Tochter endlich einen würdigen Bräutigam gefunden habe.

Die alte Dame saß einmal im Wohnzimmer, mit einer Grande-Patience beschäftigt, als Burmin ins Zimmer trat und sich sofort nach Marja Gawrilowna erkundigte. «Sie ist im Garten», antwortete die Mutter, «gehen Sie zu ihr, ich werde Sie hier erwarten.» Burmin ging hinaus, und die alte Dame bekreuzigte sich und dachte: «Vielleicht wird die Sache heute zur Entscheidung kommen!»

Burmin traf Marja Gawrilowna am Teiche, unter einer Weide, mit einem Buch in der Hand – als echte Romanheldin. Nachdem die ersten Fragen ausgetauscht waren, ließ Marja Gawrilowna das Gespräch absichtlich stocken, die beiderseitige Verlegenheit auf diese Weise dermaßen vergrößernd, daß nur eine plötzliche und entscheidende Erklärung befreiend wirken konnte. So kam es auch: als Burmin die Schwierigkeit seiner Lage merkte, erklärte er, daß er schon längst eine Gelegenheit gesucht habe, vor ihr sein Herz zu enthüllen, und bat sie um eine Minute Gehör. Marja Gawrilowna machte das Buch zu und senkte zum Zeichen des Einverständnisses die Augen.

«Ich liebe Sie», begann Burmin, «ich liebe Sie leidenschaftlich...» (Marja Gawrilowna errötete und ließ den Kopf noch tiefer sinken.) «Ich handelte leichtsinnig, als ich mich der süßen Gewohnheit, Sie alltäglich zu sehen und zu hören, hingab...» (Marja Gawrilowna mußte an den ersten Brief des St. Preux denken.) «Nun ist es zu spät, mich meinem Schicksale zu widersetzen: die Erinnerung an Sie, Ihr liebes, unvergleichliches Bild wird nun die ewige Qual und die ewige Wonne meines Lebens sein; eine schwere Pflicht ist aber noch zu erfüllen: ich muß Ihnen ein schreckliches Geheimnis enthüllen und damit eine unüberwindliche Schranke zwischen uns errichten...» – «Diese Schranke hat schon immer bestanden», unterbrach ihn Marja Gawrilowna lebhaft, «niemals könnte ich die Ihre werden.» – «Ich weiß es», antwortete er leise, «ich weiß, daß Sie schon einmal geliebt haben; aber der Tod und die drei Jahre der Trauer... Liebe, gute Marja Gawrilowna, versuchen Sie nicht, meinen letzten Trost zu rauben: den Gedanken, daß Sie bereit wären, mein ganzes Glück zu sein, wenn...» – «Schweigen Sie, um Gottes willen, schweigen Sie! Sie quälen mich.» – «Ja, ich weiß, ich fühle es, daß Sie die Meinige werden würden, aber ich, ich unseliges Geschöpf – ich bin schon verheiratet.»

Marja Gawrilowna blickte ihn erstaunt an.

«Ich bin verheiratet», fuhr Burmin fort, «seit vier Jahren schon, und ich weiß nicht, wer meine

Frau ist, wo sie weilt und ob es mir beschieden ist, sie je wiederzusehen!»

«Was sagen Sie?!» rief Marja Gawrilowna aus. «Wie seltsam! Fahren Sie fort; ich will Ihnen später erzählen, aber fahren Sie um Gottes willen fort.»

«Zu Beginn des Jahres 1812», erzählte Burmin, «eilte ich nach Wilna, wo sich unser Regiment befand. Als ich eines Abends zu später Stunde auf eine Station kam und sofort anzuspannen begann, erhob sich ein furchtbarer Schneesturm, und der Stationsaufseher und die Kutscher rieten mir, abzuwarten. Ich folgte ihnen, aber eine unbegreifliche Unruhe bemächtigte sich meiner; mir war es, als ob mich jemand fortwährend stieße. Der Schneesturm wollte sich nicht legen. Ich hielt es nicht länger aus, gab wieder den Befehl anzuspannen und setzte trotz des Sturmes meine Reise fort. Der Kutscher hatte den Einfall, über den Fluß zu fahren, was den Weg um drei Werst abkürzen sollte. Die Flußufer waren vom Schnee verweht. Der Kutscher verpaßte die Stelle, wo man wieder auf die Landstraße kommen konnte, und so gerieten wir in eine gänzlich unbekannte Gegend. Der Sturm wütete noch immer. Ich sah einen Lichtschein und ließ auf dieses Ziel zufahren. Wir kamen in ein Dorf; in der hölzernen Kirche brannte Licht. Die Kirchentür stand offen; hinter der Kirchenmauer warteten einige Schlitten, und vor dem Eingang gingen Menschen auf und ab. ‹Hierher, hierher!› riefen einige Stimmen. Ich befahl dem Kutscher, vor der Kirche zu halten. ‹Mein Gott, wo bliebst du so lange?› sagte mir jemand. ‹Die Braut ist ohnmächtig; der Pope weiß nicht, was tun; wir wollten schon nach Hause fahren. Komm aber schneller her!› Ich sprang schweigend aus dem Schlitten und trat in die Kirche, die von zwei oder drei Kerzen schwach erleuchtet war. Ein Mädchen saß auf einer Bank in einer finstern Ecke; ein anderes rieb ihr die Schläfen. ‹Gott sei Dank!› sagte das letztere. ‹Wir haben Sie kaum erwarten können. Sie haben das Fräulein beinahe getötet.› Der alte Geistliche ging auf mich zu und fragte: ‹Sollen wir beginnen?› – ‹Ja, beginnen Sie, Hochwürden, beginnen Sie›, antwortete ich zerstreut. Man hob das Mädchen auf. Es erschien mir recht hübsch ... Ein unerklärlicher, unverzeihlicher Leichtsinn ... Ich stellte mich neben sie vor den Altar; der Priester hatte große Eile; die drei Männer und die Zofe stützten die Braut und waren mit ihr allein beschäftigt. So traute man uns. ‹Küßt euch›, sagte man uns. Meine Frau wandte mir ihr blasses Gesicht zu. Ich wollte sie schon küssen ... Sie schrie aber auf: ‹Ach, er ist's nicht, er ist's nicht!› und fiel wieder in Ohnmacht. Die Zeugen richteten auf mich ihre erstaunten Blicke. Ich wandte mich um, verließ ungehindert die Kirche, stürzte in den Schlitten und schrie: ‹Los!›»

«Mein Gott!» rief Marja Gawrilowna aus. «Und Sie wissen gar nicht, was aus Ihrer armen Frau geworden ist?»

«Ich weiß es nicht», antwortete Burmin, «ich weiß nicht, wie das Dorf heißt, in dem ich getraut wurde, und von welcher Station ich hingekommen war. Damals legte ich meinem verbrecherischen Streich so wenig Bedeutung bei, daß ich gleich, nachdem ich die Kirche verlassen, einschlief und erst am nächsten Morgen auf der dritten Station erwachte. Mein Diener, der mich damals begleitete, starb während des Feldzuges, und so habe ich gar keine Hoffnung, diejenige zu finden, der ich den grausamen Streich gespielt habe und die nun so grausam gerächt ist!»

«Mein Gott, mein Gott!» sagte Marja Gawrilowna, seine Hand ergreifend. «Also Sie waren es?! Und Sie erkennen mich nicht?»

Burmin erbleichte und stürzte ihr zu Füßen ...

GALAKTION TABIDSE

1891–1959

Schnee

Wie sehr liebe ich bläulichen Schnee,
jungfräulich von der Brücke strahlend,
das traurige Gefühl kalter Nässe
und der Liebe so ertragend.
Du Liebste! Mir füllt sich die Seele mit Schnee,
die Tage eilen dahin, und ich werde alt!
In meiner Heimat wandelte ich nur
durch öden blau verblichenen Samt.*
Ach, also ist mein Leben:
Der Januar wird nie als Freund mich sehn,
doch immer werd' ich mich erinnern
an Deine Hände so blaß wie Schnee.
Du Liebste! Ich sehe ... sehe stets Deine Hände
kraftlos herabgesunken im Lorbeerblüten-
schnee.
Aufleuchten wird Dein Schleier**, erlöschen
und wieder leuchten in dieser Öde ...
Darum liebe ich es, bläulichen Schnee
von unseres Flusses Brücke strahlen zu sehn,
wogend schweifende Gefühle der Trauer
und Schwertlilien reihweis sich legend.
Es schneit! Die frohe Botschaft eines solchen
Tages

* Das Gedicht entstand 1916, in der Vorahnung der bevorstehenden Revolution.

** Mandili, langer Kopfschleier der verheirateten georgischen Frau.

überschneite mich mit einem blauen matten
Traum.
Irgendwie bin ich dem Winter wohl entronnen!
Irgendwie ließ mich der Sturm wohl stehn!
Es gibt einen Weg, es gibt ein sanftes Spiel ...
und doch gehst Du allein, völlig allein, dahin!
Ich liebe den Schnee, so wie ich einst
geheimes Weh in Deiner Stimme liebte!
Ich liebte damals, mich berauschte damals
der stillen Tage weiß kristallen Funkeln,
der Wiese Blätter in Deinem aufgelösten Haar,
der Haare wildes im Winde wehn.
Da dürstete ich nach Dir wie einer,
der, ohne Obdach, dürstet nach einem Heim ...
Mir aber folgt die Schar der weißen Wälder,
und wieder bin ich mit mir allein.
Es schneit! Solch eines Tages Frohbotschaft
überschneite mich mit blauen matten Flocken.
Irgendwie bin ich dem Winter wohl entronnen!
Irgendwie ließ mich der Sturm wohl stehn!

JAROSLAV VRCHLICKÝ

1853–1912

Schnee

Bei mir im Herzen will ich die Liebe töten
und warte, warte und klage den Himmel an,
im Herzen wäre der weiße Schnee vonnöten,
daß er dort fiele dann und wann.

Daß er dort fiele wie ein stilles Vergessen,
wie endlose Träume so unermessen.

Daß er dort fiele wie ein Todeskuß,
den keiner im Leben erwidern muß.

KONSTANTIN PAUSTOWSKIJ

1892–1968

Schnee

Der alte Potapow war einen Monat, nachdem Tatjana Petrowna zu ihm ins Haus gezogen war, gestorben. Tatjana Petrowna wohnte mit ihrer Tochter Warja und der alten Kinderfrau allein.

Das kleine Haus – es hatte nur drei Zimmer – stand auf einem Hügel oberhalb des Flusses im Norden, ganz am Rande der Stadt. Hinter dem Haus und seinem kahlgewordenen Garten schimmerte weiß ein Birkenwäldchen. Dort schrien vom Morgen bis zum Dunkelwerden die Dohlen, jagten in Schwärmen über den kahlen Wipfeln hin und her und kündeten schlechtes Wetter an.

Tatjana Petrowna konnte sich nach dem Leben in Moskau lange nicht an das öde Städtchen gewöhnen, an seine winzigen Häuser, die knarrenden Gartentüren und die stummen Abende, wenn man die Flamme in der Petroleumlampe knistern hört.

«Wie dumm war ich doch!» dachte Tatjana Petrowna. «Warum bin ich aus Moskau weggegangen, habe das Theater und die Freunde verlassen! Ich hätte Warja zur Kinderfrau nach Puschkino bringen sollen – dort gab es keine Fliegerangriffe – und selber in Moskau bleiben. Mein Gott, war ich dumm!»

Aber nach Moskau zurückzukehren war nicht mehr möglich. Tatjana Petrowna hatte beschlossen, in Lazaretten aufzutreten – es gab im Städtchen mehrere –, und war ruhig geworden. Die kleine Stadt fing sogar an, ihr zu gefallen, besonders als der Winter kam und alles im Schnee begrub. Die Tage waren mild und grau. Der Fluß fror lange nicht zu; von seinem grünen Wasser stieg Dampf auf.

Tatjana Petrowna hatte sich an das Städtchen und an das fremde Haus gewöhnt, gewöhnt an den verstimmten Flügel, an die vergilbten Photographien an den Wänden mit Darstellungen plumper Panzerschiffe des Küstenschutzes. Der alte Potapow war früher einmal Schiffsmechaniker gewesen. Auf seinem Schreibtisch mit dem verschossenen grünen Tuch stand ein Modell des Kreuzers «Gromoboj», auf dem er gefahren war. Warja durfte dieses Modell nicht anfassen. Sie durfte überhaupt nichts anrühren.

Tatjana Petrowna wußte, daß Potapow einen Sohn hinterlassen hatte, der bei der Marine war und zur Zeit bei der Schwarzmeerflotte diente. Auf dem Schreibtisch stand neben dem Modell des Kreuzers seine Photographie. Manchmal nahm Tatjana Petrowna sie in die Hand, schaute sie an und verlor sich, die schmalen Augenbrauen zusammengezogen, in Gedanken. Es schien ihr immerfort, als wäre sie ihm schon irgendwo begegnet, aber vor sehr langer Zeit, noch vor ihrer unglücklichen Ehe. Aber wo? Und wann?

Der Mann schaute sie mit ruhigen, ein wenig spöttischen Augen an, als frage er: «Nun, wie ist's? Fällt Ihnen wirklich nicht ein, wo wir uns begegnet sind?»

«Nein, ich komme nicht darauf», antwortete Tatjana Petrowna leise.

«Mama, mit wem sprichst du da?» rief Warja aus dem Nebenzimmer.

«Mit dem Flügel», gab Tatjana Petrowna lachend zur Antwort.

Mitten im Winter kamen auf einmal Briefe an Potapow an, die alle von derselben Hand geschrieben waren. Tatjana Petrowna stapelte sie auf dem Schreibtisch.

Eines Nachts wachte sie auf. Der Schnee schimmerte gedämpft durchs Fenster. Auf dem Sofa lag leise schnarchend der graue Kater Archip, eine Hinterlassenschaft Potapows.

Tatjana Petrowna warf sich den Morgenrock über, ging in Potapows Arbeitszimmer und stand eine Weile am Fenster. Von einem Baum löste sich lautlos ein Vogel, schüttelte Schnee herunter. Wie weißer Staub rieselte er lange herab und bepuderte die Scheiben.

Tatjana Petrowna zündete eine Kerze auf dem Tisch an, setzte sich in einen Sessel und schaute lange in die Flamme, sie zitterte nicht einmal. Dann nahm sie vorsichtig einen der Briefe, öffnete ihn, sah sich um und begann zu lesen.

«Mein lieber Vater», las Tatjana Petrowna, «jetzt liege ich schon einen Monat im Lazarett. Die Wunde ist nicht sehr schwer. Sie heilt jetzt zu. Reg Dich um Gottes willen nicht auf und rauche nicht eine Zigarette nach der andern. Ich beschwöre Dich!»

«Ich denke oft an Dich, Papa», las Tatjana Petrowna weiter, «an unser Haus und unser Städtchen. All das ist schrecklich fern, wie am Ende der Welt. Ich mache die Augen zu, und dann sehe ich: jetzt öffne ich das Gartentörchen, gehe in den Garten. Es ist Winter, Schnee, die Fliedersträucher ganz im Reif, aber der kleine Weg zur alten Laube über dem steilen Abhang ist gefegt. In den Zimmern prasseln die Öfen. Es riecht nach Birkenrauch. Der Flügel ist endlich gestimmt, und in die Leuchter hast Du die gedrehten gelben Kerzen gesteckt, die Kerzen, die ich aus Leningrad mitgebracht hatte. Und dieselben Noten liegen auf dem Flügel: die Ouvertüre zu ‹Pique Dame› und die Romanze ‹Zu der Heimat fernen Ufern›. Läutet das Glöckchen an der Tür? Ich war nicht mehr dazu gekommen, es zu reparieren. Werde ich das alles wirklich einmal wiedersehen? Werde ich mich, wenn ich heimkehre, wirklich wieder mit unserm Brunnenwasser aus dem Krug waschen? Weißt Du noch? Ach, wenn Du ahntest, wie ich das alles von hier aus der Ferne liebgewonnen habe! Wundere Dich nicht, aber ich meine es ganz ernst: all das hatte ich in den schlimmsten Augenblicken des Kampfes vor Augen. Ich wußte, daß ich nicht nur das ganze Land verteidige, sondern auch diesen kleinen und mir liebsten Flecken – und Dich, und unsern Garten, und unsere Dorfbuben mit den wirren Haaren, und den Birkenwald hinter dem Fluß, und sogar den Kater Archip. Lach bitte nicht und schüttle nicht den Kopf.

Vielleicht bekomme ich, wenn ich aus dem Lazarett entlassen werde, einen kurzen Heimaturlaub. Ich weiß es nicht. Warte lieber nicht.»

Tatjana Petrowna blieb lange am Tisch sitzen, schaute mit weitgeöffneten Augen durchs Fenster, wo aus tiefer Bläue die Morgendämmerung heraufkam, dachte, daß nun jeden Tag von der Front ein unbekannter Mann in dieses Haus kommen könne, und wie schwer es ihm fallen werde, hier fremde Menschen vorzufinden und nichts so wiederzusehen, wie er es hatte wiedersehen wollen.

Am Morgen sagte Tatjana Petrowna zu Warja, sie solle die Holzschaufel nehmen und den Weg zur Gartenlaube über dem Abhang freimachen. Die Laube war ganz morsch. Ihre hölzernen Pfosten waren grau geworden und von Flechten überzogen. Tatjana Petrowna selber reparierte das Glöckchen über der Tür. Es hatte eine lustige Aufschrift: «Ich hänge über der Tür, klingele fröhlich mit mir!» Tatjana Petrowna stieß gegen das Glöckchen. Es bimmelte mit hoher Stimme. Der Kater Archip zuckte unzufrieden mit den Ohren, fühlte sich gekränkt und verließ den Flur. Den fröhlichen Klang des Glöckchens empfand er offensichtlich als ungehörig.

Im Laufe des Tages brachte Tatjana Petrowna geschäftig, mit geröteten Wangen und vor Erregung dunkel gewordenen Augen, aus der Stadt einen alten Klavierstimmer mit, einen in Rußland heimisch gewordenen Tschechen, der sich mit der Reparatur von Primuskochern, Petroleumlampen, Puppen und Ziehharmonikas beschäftigte und Klaviere stimmte. Er hatte einen sehr komischen Namen: Nevidal, Niegesehen. Der Tscheche sagte, als er den Flügel gestimmt hatte, er sei alt, aber sehr gut. Tatjana Petrowna wußte das auch ohne ihn.

Als er gegangen war, schaute Tatjana Petrowna vorsichtig in alle Schreibtischschubladen und fand das Päckchen mit den gedrehten dicken Kerzen. Sie steckte welche in die Leuchter auf dem Flügel. Abends zündete sie die Kerzen an, setzte sich an das Instrument, und das Haus füllte sich mit Musik.

Als Tatjana Petrowna zu spielen aufhörte und die Kerzen löschte, strömte durch die Zimmer ein süßer Geruch wie unterm Tannenbaum.

Warja hielt es nicht aus.

«Warum faßt du fremde Sachen an?» sagte sie zu Tatjana Petrowna. «Mir erlaubst du es nicht, aber selber tust du es? Das Glöckchen, die Kerzen, den Flügel – alles faßt du an. Und fremde Noten hast du auch auf den Flügel gelegt.»

«Weil ich erwachsen bin», gab Tatjana Petrowna zur Antwort.

Warja zog die Brauen zusammen und blickte sie zweifelnd an. Im Augenblick kam ihr Tatjana Petrowna am allerwenigsten wie eine Erwachsene vor. Sie strahlte geradezu von Kopf bis Fuß und glich am ehesten dem Mädchen mit den goldenen Haaren, das den kristallenen Pantoffel im Schloß verloren hatte. Tatjana Petrowna hatte Warja selbst von diesem Mädchen erzählt.

Noch im Zuge hatte sich Leutnant Nikolaj Potapow ausgerechnet, daß er höchstens vierundzwanzig Stunden beim Vater verbringen könne. Der Urlaub war sehr kurz, und die Reise nahm die ganze Zeit in Anspruch.

Der Zug kam in der kleinen Stadt am Tage an. Gleich dort auf dem Bahnhof erfuhr der Leutnant vom Stationsvorsteher, mit dem er bekannt war, daß sein Vater vor einem Monat gestorben sei und daß in ihrem Hause eine junge Sängerin aus Moskau mit ihrer Tochter wohne.

«Eine Evakuierte», sagte der Stationsvorsteher.

Potapow schwieg, sah nach draußen, wo Reisende in Wattejacken und Filzstiefeln mit Teekesseln umherliefen. Ihm wurde schwindlig.

«Ja», sagte der Stationsvorsteher, «er war eine gute Seele. Hat seinen Sohn nicht wiedersehen sollen.»

«Wann geht ein Zug zurück?» fragte Potapow.

«Morgen früh um fünf», sagte der Stationsvorsteher und fügte nach kurzer Pause hinzu: «Bleiben Sie solange bei mir. Meine Frau wird Ihnen Tee geben und was zu essen. Nach Hause zu gehen hat ja keinen Zweck für Sie.»

«Danke», antwortete Potapow und ging hinaus.

Der Stationsvorsteher sah ihm nach und schüttelte den Kopf.

Potapow ging durch die Stadt, zum Fluß. Über ihm hing ein blaugrauer Himmel. Zwischen Himmel und Erde trieb schräg ein feiner Schnee. Auf dem Weg lag Mist, trippelten Dohlen. Es wurde dunkel. Wind wehte vom anderen Ufer, aus dem Wald, ließ die Augen tränen.

«Je nun!» sagte Potapow. «Zu spät. Und jetzt ist das alles für mich wie fremd – dies Städtchen, der Fluß, das Haus.»

Er sah zurück und schaute auf den Steilhang hinter der Stadt. Da war der Garten im Rauhreif, lag dunkel das Haus. Aus seinem Schornstein stieg

Schipf bei Herrliberg
Radierung von Johann Melchior Füessli (1677–1736)

Rauch. Der Wind trug den Rauch zum Birkenwald.

Potapow schlug zögernd die Richtung auf das Haus ein. Er wollte das Haus nicht betreten, nur daran vorbeigehen, vielleicht einen Schritt in den Garten machen und ein wenig in der alten Laube stehen. Der Gedanke, daß im väterlichen Haus fremde, gleichgültige Menschen wohnten, war unerträglich. Lieber gar nichts sehen, sich das Herz nicht noch schwerer machen, wegfahren und die Vergangenheit vergessen!

«Je nun», dachte Potapow, «man wird eben erwachsen, jeden Tag mehr, man sieht alles mit mehr Ernst ringsum.»

Potapow kam zum Haus, als es dämmerte. Er öffnete die Gartentür vorsichtig, aber sie knarrte doch. Es war, als wenn der Garten zusammenzuckte. Von den Zweigen löste sich Schnee, raschelte leise. Potapow blickte sich um. Der Weg zur Laube war gefegt.

Potapow trat in die Laube, er legte die Hände auf das alte Geländer. Fern hinter dem Wald stand der Himmel im trüben rosa Licht – da ging wohl hinter den Wolken der Mond auf. Potapow nahm die Mütze ab und fuhr sich mit der Hand durchs Haar. Es war sehr still. Nur unten, am Fuße des Abhangs, schepperten Frauen mit ihren leeren Eimern – sie gingen zum Eisloch Wasser holen.

Potapow stützte sich mit den Ellbogen auf das Geländer und sagte leise: «Wie kann das nur sein?»

Jemand berührte vorsichtig Potapow an der Schulter. Er sah sich um. Hinter ihm stand eine junge Frau mit blassem, strengem Gesicht, ein warmes Tuch um den Kopf. Schweigend schaute sie Potapow mit dunklen, aufmerksamen Augen an. Auf ihren Wimpern und Wangen taute Schnee, der wohl von einem Zweig herabgefallen war.

«Setzen Sie doch die Mütze auf», sagte die Frau leise, «Sie erkälten sich. Und kommen Sie mit ins Haus. Sie brauchen hier nicht stehenzubleiben.»

Potapow schwieg. Die Frau faßte ihn am Ärmel und führte ihn den gefegten Weg entlang. An der Vortreppe blieb Potapow stehen. Ein Krampf schnürte ihm die Kehle zusammen, er konnte nicht atmen.

Die Frau sagte ebenso leise: «Lassen Sie nur, genieren Sie sich bitte nicht vor mir. Das geht rasch vorbei.»

Sie stampfte ein paarmal mit den Füßen, um den Schnee von den Schuhen abzutreten. Gleich zitterte und bimmelte im Flur das Glöckchen. Potapow atmete hörbar, holte tief Luft.

Er trat ins Haus, murmelte verlegen irgend etwas, zog im Flur den Mantel aus, spürte den schwachen Geruch des Rauchs von Birkenholz und sah Archip. Archip saß auf dem Sofa und gähnte. Neben dem Sofa stand ein kleines Mädchen mit Zöpfen und schaute Potapow mit freudigen Augen an, aber nicht in sein Gesicht, sondern auf seine goldenen Ärmellitzen.

«Kommen Sie!» sagte Tatjana Petrowna und führte Potapow in die Küche.

Dort stand ein Krug mit kaltem Brunnenwasser, dort hing das vertraute Leinenhandtuch mit den gestickten Eichenblättern.

Tatjana Petrowna ging hinaus, das Mädchen

brachte Potapow Seife und sah zu, wie er die Jacke ablegte und sich wusch. Potapow war noch immer verlegen.

«Wer ist denn deine Mama?» fragte er das Mädchen und errötete.

Die Frage hatte er nur gestellt, um wenigstens irgend etwas zu sagen.

«Sie glaubt, daß sie erwachsen ist», flüsterte das Kind geheimnisvoll. «Aber sie ist gar nicht erwachsen. Sie ist ein schlimmeres Mädchen als ich.»

«Wieso?» fragte Potapow.

Aber die Kleine antwortete nicht, lachte auf und lief aus der Küche.

Potapow wurde den ganzen Abend das sonderbare Gefühl nicht los, er lebe in einem leichten, unendlichen Traum. Alles im Haus war so, wie er es hatte wiedersehen wollen. Dieselben Noten lagen auf dem Flügel, dieselben gedrehten Kerzen brannten knisternd und beleuchteten das kleine Arbeitszimmer des Vaters. Auf dem Tisch lagen sogar seine Briefe aus dem Lazarett, lagen unter demselben alten Kompaß, unter den der Vater immer die Briefe gelegt hatte.

Nach dem Tee führte Tatjana Petrowna Potapow zum Grab des Vaters, hinter das Wäldchen. Ein verschleierter Mond stand schon hoch. In seinem Licht leuchteten schwach die Birken und warfen ihre leichten Schatten auf den Schnee.

Nachher aber, am späten Abend, wandte sich Tatjana Petrowna, als sie am Flügel saß und behutsam in die Tasten griff, an Potapow und sagte: «Ich werde die ganze Zeit das Gefühl nicht los, als hätte ich Sie schon irgendwo gesehen.»

«Das kann schon sein», antwortete Potapow.

Er betrachtete sie. Das Kerzenlicht fiel von der Seite auf ihr Gesicht und beleuchtete die eine Hälfte. Potapow stand auf, durchschritt das Zimmer von einer Ecke bis in die andere und blieb stehen.

«Nein, ich kann mich nicht erinnern», sagte er mit tonloser Stimme.

Tatjana Petrowna wandte sich um, blickte Potapow erschrocken an, erwiderte aber nichts.

Für Potapow wurde im Arbeitszimmer auf dem Sofa das Bett gemacht, aber er konnte nicht einschlafen. Jede Minute in diesem Haus schien ihm kostbar, und er wollte sie nicht verlieren.

Er lag da, lauschte auf das Schleichen Archips, auf das Rasseln der Uhr, auf das Flüstern Tatjana Petrownas – sie besprach irgend etwas mit der Kinderfrau hinter der geschlossenen Tür. Dann verstummten die Stimmen, die Kinderfrau entfernte sich, aber der Lichtstreifen unter der Tür erlosch nicht. Potapow hörte Seiten rascheln – Tatjana Petrowna las wohl. Potapow erriet: sie legt sich nicht schlafen, um ihn zur Zugabfahrt zu wecken. Er hätte ihr gern gesagt, daß er auch nicht schlafe, aber er traute sich nicht, Tatjana Petrowna zu rufen.

Um vier Uhr öffnete Tatjana Petrowna leise die Tür und rief Potapow. Er bewegte sich.

«Es ist Zeit, Sie müssen aufstehen», sagte sie. «Es tut mir sehr leid, daß ich Sie wecken muß.»

Tatjana Petrowna begleitete Potapow durch die nächtliche Stadt zur Bahn. Unmittelbar vor der Abfahrt verabschiedeten sie sich.

Tatjana Petrowna reichte Potapow beide Hände und sagte: «Schreiben Sie mal. Wir sind doch jetzt wie Verwandte. Nicht wahr?»

Potapow antwortete nichts, er nickte nur mit dem Kopf.

Nach einigen Tagen bekam Tatjana Petrowna einen Brief Potapows von unterwegs.

«Ich habe mich natürlich erinnert, wo wir uns begegnet sind», schrieb Potapow, «aber ich wollte es Ihnen dort, zu Hause, nicht sagen. Erinnern Sie sich an die Krim im Jahre 1927? Herbst. Alte Platanen im Park von Liwadija. Ein verblassender Himmel und das farblose Meer. Ich ging den Fußweg nach Oreanda. Auf einer Bank am Wege saß ein junges Mädchen. Sie mag wohl sechzehn Jahre alt gewesen sein. Sie erblickte mich, stand auf und kam mir entgegen. Als wir nebeneinander waren, sah ich sie an. Sie ging schnell und leicht an mir vorbei, ein aufgeschlagenes Buch in der Hand, ich blieb stehen und sah ihr lange nach. Dieses Mädchen waren Sie. Ich kann mich nicht geirrt haben. Ich sah Ihnen lange nach und fühlte damals, daß die Frau an mir vorbeigegangen war, die ebensogut mein ganzes Leben zerstören wie mich grenzenlos glücklich machen konnte. Ich begriff, daß ich diese Frau bis zur vollkommenen Selbstentsagung lieben könnte. Schon damals wußte ich, daß ich Sie finden mußte, koste es, was es wolle. So dachte ich damals, doch rührte ich mich nicht von der Stelle. Warum, weiß ich nicht. Seitdem liebe ich die Krim und diesen Weg, wo ich Sie nur einen Augenblick gesehen und für immer verloren hatte. Aber das

Leben war mir gnädig, ich fand Sie wieder. Und wenn alles gut ausgeht und Sie mein Leben brauchen, gehört es natürlich Ihnen. Ja, ich habe auf Vaters Tisch meinen geöffneten Brief gefunden. Ich habe alles verstanden und kann Ihnen aus der Ferne nur danken.»

Tatjana Petrowna legte den Brief beiseite, schaute mit verschleierten Augen durchs Fenster in den verschneiten Garten und sagte: «Mein Gott, ich war doch nie auf der Krim! Niemals! Aber hat das etwa jetzt noch irgendeine Bedeutung? Und lohnt es sich, ihn zu enttäuschen? Und mich!»

Sie lachte auf, legte die Hand über die Augen. Draußen glomm ein mattes Abendrot, das durchaus nicht erlöschen wollte.

EMILIO CECCHI

1884–1966

Winter

Auch dir, ich merkte es gleich beim Erzählen, auch dir hatte jene Geschichte von Tigern sehr gut gefallen, die im Himalaja im Gebiet der ewigen Gletscher leben. Statt rötlich gelb ist das Fell solcher Tiger fahl. Manchmal geradezu blankes Weiß, mit blassen Spuren des schwarzen Streifenmusters.

Du hattest die Augen halb geschlossen, als sähest du etwas Blendendes. Über deine Lippen ging der Hauch eines Lächelns: ein Lächeln, wie es Musik aus dem Herzen erweckt. Du sagtest nichts, schautest weit weg. Und das Lächeln ließ kaum deine Mundwinkel beben.

Ich fürchtete, dir den Zauber zu verderben. So fügte ich auch keine Silbe zu dem Bericht von derart seltsamen Tigern, den ich vor vielen Jahren in einem dicken Lehrbuch der Naturgeschichte gelesen hatte. Da erwachtest du schaudernd wie aus einem Traum. Das Gespräch kam wieder auf gewohnte Dinge. Aber dann und wann schien es dich zu locken, den Kopf zu wenden und noch einmal dorthin in die Ferne zu schauen. Mit einer Art von habgieriger Freude dachte ich, daß auch dir jetzt, wie mir, die weißen Tiger nie mehr aus dem Sinn gehen konnten.

Wäre die Furcht nicht gewesen, dich durch überflüssige Worte zu stören, hätte ich dir gern zu erklären versucht, warum diese Geschichte mich beim Lesen so getroffen hatte. Oder lieber noch, als es erklären: mit dir zusammen hätte ich einen so tiefen und nachhaltigen Eindruck ergründen wollen. Ich weiß nämlich selbst und auch heute nicht genau, was ihn hervorrief; wenn man schon Ursachen annehmen will bei so Unbestimmtem wie einer Erzählung, vielleicht einer Legende, in der Art der unsrigen.

Mit dir war es eine Lust zu reden, vor allem über Dinge, die man niemandem sonst zu erzählen gewagt hätte. Ich weiß nicht, was es war, daß das alltäglichste Gespräch mit dir so leuchtend und belebend wurde wie Dichtung. Mit niemandem wie mit dir hätte ich gern über das Geheimnis jener wilden und wunderbaren Traumgestalten nachgesonnen.

Wer weiß, welcher Überdruß sie vor alters aus dem irdischen Paradies des Dschungels in die Wüste der Gletscher vertrieb. Und sie eingewöhnte, auch im schlohweiß gespenstischen Aussehn, in die stolze Strenge eines solchen Daseins jenseits vom Tod. Wer weiß, wie zärtlich und wild sie sich lieben in der erhabenen Trostlosigkeit der Polarnächte.

Das wollte ich dir gerade sagen. Da bemerkte ich deinen versunkenen Blick, dein blasses Lächeln. Und statt dessen sagte ich zu mir selbst: «Sie weiß schon wie du, besser als du, alles was man erfahren kann, was man zu wissen braucht über die großen weißen Tiger, die großen Tiger, die hingekauert lagern auf den letzten Stufen der Welt, am Fuß der Säulen, die die Himmel stützen.»

Gewiß: während du sie anschautest, erblickten

Hyems Aeolos

Kupferstich von Adriaen Collaert (um 1560–1618)

auch sie dich und schauten dich an. Gibt es im Blick nicht eine strömende Kraft, die von dem einen Geschöpf zu dem andern hinüberzieht und seine Seele verwandelt? Das wissen die Liebenden, die sich aneinander nie sattsehen und durch die Pupillen dem süßen Gefühl erliegen, sich aufzulösen und einer im andern zusammenzuschmelzen.

Ähnlich muß es für dich gewesen sein, als auch sie, deinen Blick verspürend, sich wandten und dich betrachteten; und so schlugen sie dich in ihren Zauberbann.

Kein Vergleich ist möglich zwischen einem Menschenwesen und einem Tier, und solchen gar, die nur in Erscheinungen auftreten. Doch von dem Tag an, wenn ich dich manchmal einsam verlassen sah in deinem Leben, sagte ich zu mir: «Und doch», sagte ich mir zum Scherz, wußte aber, daß es kein Scherz war, «und doch hat sie etwas von ihnen. Nicht von den riesenhaften, die bärtig sind wie die Hexen Macbeth' und streifig gerippt wie Skelette an der weißen Brustwand. Aber ein Junges, das noch davor erschauert, dort oben zu sein, und lang in der Sonne gähnt mit seiner kleinen, rohen, rosigen Schnauze.»

Nun da die Kälte naht, und auch bei uns der Himmel bleich wird und öde wie in den Bergen, und alle Dinge ein Gefühl von Verlassenheit und von Angst befällt: nun bin ich sicher, daß du dich oft an sie erinnerst, an die funkelnden Dämonen, die aus den Höhlen der Schneekuppen springen.

Mitten in einem Gespräch, einem Fest, wird man dich manchmal zaudernd verweilen sehen wie jemand, den ein Gedanke plötzlich im Herzen ergreift und es ihm tausend Meilen weit in die Ferne trägt. Ein anderes Licht wird unter deinen Wimpern aufleuchten, der Hauch eines Lächelns ganz langsam deine Lippen streifen.

Jemand mag dich fragen, an was du denkst. Und du, wie könntest du nur darauf antworten, daß du in Gedanken bei etwas so Wunderlichem bist, fast Unglaublichem: bei einer Merkwürdigkeit, wie man sie zuunterst auf der Seite in irgendeiner Abhandlung der Naturgeschichte findet. Vielleicht wird man nicht einmal fragen; und läßt den Traum von selber vergehen. Könnte ich aber dabei sein, dann zweifle nicht, daß ich jenes Lächeln wiedererkennen würde. Und ich wüßte, an was du denkst, was du siehst, ohne daß ich zu fragen hätte.

Der Winter bedrängt unsre Seele mit Verlassenheit und mit Angst. Und wenn ich den eintönig gläsernen Himmel betrachte, in den man jetzt ohne Ende zu versinken scheint, wer weiß wie oft werde ich dann die großen weißen Schattenwesen sich schütteln und aufrichten sehen bei den letzten Pforten.

Mag sein, daß du im gleichen Augenblick dich an sie erinnerst. Wie zwei Geister, die sich im selben Gebet vereinen, wie zwei Matrosen, die auf fernen Ozeanen zum gleichen Stern emporschauen, so werden auf der Welt nur wir zwei die gleiche Erscheinung haben. Wen kümmern die einsamen wilden Tiere, die festgeklammert im Eis des Himalaja leben? Niemandem, außer uns, haben sie etwas zu sagen. Niemandem, außer uns beiden, sind sie ein Zeichen, das etwas in der Erinnerung weckt.

Und ich weiß, daß ich mit der Zeit immer mehr, immer länger an sie denken werde. Das Alter verführt mich mehr und mehr zu diesen Märchenwahrheiten, diesen absurden Symbolen. Statt mich zu verankern, läßt mich das Alter immer schwerer hinüberhangen auf die andere Seite.

Wie ein alter Zuchthäusler, der seine Schuld reichlich gesühnt hat und in Frieden mit sich, mit Gott und den Menschen lebt, aber den Kerker nicht verlassen will, weil er nicht weiß, wohin, und weil es nutzlos ist, wohin auch immer zu gehen; so kann ich nichts Besseres tun als ausharren mit geschlossenen Augen und das unendliche Land dort oben in der Höhe betrachten, wo die großen weißen Sträflinge ihr Wesen treiben.

Wer weiß, wo du dann weilen wirst. Dann wirst auch du beinah schon alt sein, in einer ruhigen, genauen Welt. Die Ordnung wird dich zur Einsicht gebracht, dich bezwungen haben. Die Sorgen und die Genugtuungen werden deine Stunden ausfüllen wie einen Kelch das Wasser, das ihn auf die Weise noch durchsichtiger macht. Befestigt in milder Stumpfheit, wirst du dich sicher fühlen, fast heiter, mit den Rechnungen, die allseitig aufgehn.

Manchmal wird es dir sein, als wäre dir etwas entfallen. Du wirst in dir den ganz leichten, kaum merklichen Stich von irgend etwas Vergessenem spüren. Du wirst die Anwandlung vertreiben, wie man eine Fliege verscheucht.

Bis eines Morgens, wie jetzt in den ersten Frosttagen, der Gedanke dich packen wird, der immer wiederkehrte in all den Monaten, all den Jahren, und den du nicht zu erkennen und nicht zu bannen vermochtest.

Deine ganze Welt wird in Stücke fallen wie Pappe. Und mit einem verzweifelten und glücklichen Lachen, in einem Glanzgestöber von Schnee und von Sonne wirst du sie wiedersehn und begrüßen: wirst sie begrüßen als das Geheimnis selbst deines schönsten Lebens, die großen weißen Tiger, die spielen und sich liebkosen, die großen weißen Tiger, die ineinanderverkrallt zusammen schlafen in der weißen Wüste.

AGRIPPA D'AUBIGNÉ

1552–1630

L'hyver

Allusion des Irondelles, qui changent de demeure
pour l'hyver, aux desirs lassifs qui s'esloignent
pour la vieillesse.

Mes volages humeurs plus steriles que belles
S'en vont, et je leur dis: vous sentez, Irondelles,
S'esloigner la chaleur et le froid arriver,
Allez nicher ailleurs, pour ne fascher impures
Ma couche de babil, et ma table d'ordures:
Laissez dormir en paix la nuict de mon hyver.

D'un seul poinct le Soleil n'esloigne l'hemisphere,
Il jette moins d'ardeur, mais autant de lumiere.
Je change sans regrets, lors que je me repens
Des frivoles amours et de leur artifice.
J'aime l'hyver, qui vient purger mon cœur du vice,
Comme de peste l'air, la terre de serpens.

AGRIPPA D'AUBIGNÉ

1552–1630

Der Winter des Herrn von Aubigné

Nun flieht der eitle Schwarm der flatterhaften
Lüste
Davon: wie Schwalben ziehn, wenn zu des Jahres
Rüste
Die Wärme weicht und Frost den Luftkreis rings
erfüllt.
Geht, nistet anderswo, daß mich kein Girren
wecke
Und euer Unrat nicht die Tafel mir beflecke;
Laßt meinen Winter ruhn, den Nacht und Friede
hüllt.

Die Sonne wandelt stet in gleicher Bahn und
Schnelle,
Sie strahlt mit mindrer Glut, doch unverändert
helle.
Mich kränkt der Wechsel nicht, wenn nur die
Reue bleibt,
Daß arger Frevelmut der Liebe mich
gepeinigt.
Der Winter ist mir lieb, der mich von Lastern
reinigt,
Wie er der Schlangen Brut, der Seuchen Dunst
vertreibt.

Mon chef blanchit dessous les neiges entassees,
Le Soleil qui me luit les eschauffe glacees,
Mais ne les peut dissoudre au plus court de ces mois.
Fondez, neiges, venez dessus mon cœur descendre,
Qu'encores il ne puisse allumer de ma cendre
Du brazier, comme il fit des flammes autrefois.

Mais quoi, serai-je esteint devant ma vie esteinte?
Ne luira plus en moy la flamme vive et saincte?
Le zele flamboyant de la saincte maison?
Je fai aux saincts autels holocaustes des restes
De glace aux feux impurs, et de naphte aux celestes:
Clair et sacré flambeau, non funebre tizon.

Voici moins de plaisirs, mais voici moins de peines:
Le rossignol se tait, se taisent les Syrenes:
Nous ne voyons cueillir ni les fruicts ni les fleurs:
L'esperance n'est plus bien souvent tromperesse,
L'hyver jouyt de tout, bien-heureuse vieillesse,
La saison de l'usage, et non plus des labeurs.

Mein Haupt deckt dichter Schnee mit blendendem Gefieder,
Der Sonne Wärme glänzt von seinem Eise wider,
Doch hält des Frostes Macht dem kurzen Lichte stand.
Schmilz, Schnee, daß deine Flut herab zum Herzen wasche,
Damit es nimmermehr aus seiner trüben Asche
Die alte Glut entfacht, die lodernd einst gebrannt.

Doch wie, verglomm der Geist, eh mein Geblüt verglommen?
Ist auch der heil'ge Strahl der Inbrunst mir benommen,
Der Eifer um dein Haus und deine Heiligkeit?
Zu deinem Altar bring ich meiner Reste Steuer,
Eis auf der Sünde Brand und Öl im Himmelsfeuer,
Geweihter Fackel Schein, nicht finster schwelend Scheit.

Ich soll der Freuden mich, der Leiden auch entwöhnen:
Nun schweigt die Nachtigall, es schweigen die Sirenen;
Kein Baum, der blütenreich und früchteschwer uns grüßt;
Nur selten noch gelingt der Hoffnung, uns zu trügen,
Des Alters Winter schenkt ein glückliches Genügen,
Wo alle Arbeit ruht und man der Mühn genießt.

Mais la mort n'est pas loin: cette mort est suivie
D'un vivre sans mourir, fin d'une fausse vie:
Vie de nostre vie, et mort de nostre mort.
Qui hait la seureté pour aimer le naufrage,
Qui a jamais esté si friand de voyage,
Que la longueur en soit plus douce que le port?

Doch ist der Tod nicht fern: o hochwillkommnes
Sterben,
Wo wir Unsterblichkeit statt falschen Lebens
erben:
Ein Leben ohne End und unsres Todes Tod.
Wer haßt die Sicherheit, daß er den Schiffbruch
preise?
Wen lüstete denn je so unentwegter Reise,
Daß er den Port gescheut, der ihm den Frieden
bot?

PENTTI HAANPÄÄ

1905–1955

Die Hofalte

Bei Anbruch des sich langsam aufhellenden kurzbemessenen Wintertags ist es in der großen Stube still. Die Männer sind mit dem Gespann im Wald, und das Frauenvolk ist im Stall oder in der Küche beschäftigt. Nur die Hofalte sitzt in der Stubenecke und schaukelt das Kind in der Wiege, irgend etwas vor sich hin summend.

Die Stube ist alt, geräumig, mit breiten graugescheuerten Dielen, einem massiven Ofen, in sechs Scheiben unterteilten Fenstern. Der Tisch ist von den Breiresten der Morgenmahlzeit gesäubert; nur eine zweischäftige Holzpinte steht da nach alter Haussitte, mit geklunkerter Schlippermilch oder bläulicher Magermilchplurre, für die Arbeitenden zur Erfrischung; eine braune Schabe krabbelt an der rotgepinselten Maßwandung hoch.

Die das Kind schaukelnde Alte starrt auf verschiedene Gegenstände im Raum, auf die tickende Uhr und auf anderes, wippt mit dem Kopf, begöscht das Kleine, das durch Wimmern seine Unzufriedenheit zum Ausdruck bringt. Schwer dahinterzukommen, was es unzufrieden macht. Sein Bauch ist voll Milch, und am Bettzeug sollte nichts verquer sein. Der Mensch scheint ein für allemal seine Plage haben zu müssen, als nessele ihn jemand aus einem geheimnisvoll backigen Dunkel vom Augenblick an, in dem er aus dem blutigen

Leib der Mutter in die Welt eintritt, bis zum Augenblick, in dem er daliegt, um in die Grube gescharrt zu werden...

Die alte Frau ist die ehemalige Gebieterin des Hofes. Die einstige Spannkraft in ihr ist wenig verbraucht, sie ist sich der festen Lebensregeln noch klar bewußt, beobachtet, sieht mit Bitterkeit das Lockerlassen, Übertreten der Richtschnur. Und hat nichts zu sagen! Etwas zu sagen ist das gleiche, als hätte man nichts gesagt. Niemand hört hin, niemand beachtet, was man sagt. Und das, nachdem sie fast ein halbes Jahrhundert auf diesem Grund und Boden als Hauswirtin herumgegangen ist und alles genau, wie sie es wollte und keinen Deut anders, zu geschehn hatte! Engstirnig und beschränkt hat der Weltenlauf und -brauch ihr die Fäden aus der Hand genommen, abgeschoben worden ist sie auf dies Gleis; nichts als schweigend ihr Brot zu essen und sich mit Kleinkram zu beschäftigen, ist ihr geblieben.

Und doch ist der frühere Lebenswille kaum in ihr geschwächt. Sie hat der Welt nicht entsagt; um nichts anderes als um dies Haus, und was sich um dessen Leben spinnt, kreisen ihre Gedanken; die Brut der jungen Weibchen zu hätscheln, die sich an ihre Stelle gedrängt und die alte Ordnung des Hauses verändert haben, verschafft ihr keine Befriedigung. Dies Haus und seine Ordnung war ihr ganzer Lebensinhalt. Sie hat nichts andres gekannt. Ein fester Begriff von Gott, welcher oben waltete, bestimmte ihr Leben, und die in seiner Obhut liegenden ursprünglichen Vorschriften stimmten genau mit den ihrigen überein. Sie hatte einst eine

Kopie erhalten und sie ihrem Leben, der Haus- und Hofwirtschaft aufgeprägt. Jetzt aber ist man dabei, sündhaft unverschämt ihre und Gottes Ordnung zu zerstören ... Aber sie werden ihren Lohn einst empfangen! Zwischen ihr und Gott ist alles im reinen; sie lebt in der Vorstellung, daß er vor allem dazu da ist, ihr und einigen anderen teuer erlösten Seelen nach dem Tode den ihnen zukommenden Empfang und ein mildes und schönes Dasein zu bereiten ... Und diese Seligkeit will in ihr aufsteigen wie die süß Leib und Seele dämpfende Hitze von den Saunasteinen, beim Tatschen der Birkenquasten ...

Dies selige Dasein wird der Lohn für alles sein; bis dahin aber nährt sie ätzende Bitterkeit in ihrem Innern, ihr Leben giftig lähmenden Groll.

Der allzu kurze Mittwintertag zeigt kein Verlangen, sich in voller Helligkeit aufzutun, nur zu bald geht er wieder in Dämmerung ein und ist verhangen überdies von einer grauen, Schnee siebenden Wolkendecke.

Dann kommt der Armenpflegling, ein Stoppelkopf, zwei Ellen lang, von der Kälte gerötet, das Gesicht verrotzt, mit wachen, runden Augen. Seine Arbeit war, aus der Pferdebox den gefrorenen Mist rauszuschaffen und Späne zu spleißen. Hat er nun was geschafft? Da fummelt er mit den Patschen an der Stirnmauer des Ofens herum und trampelt mit seinen Eislatschen.

Die Alte beäugt ihn mit bitterböse zusammengekniffenen Brauen. Nutzlos, so ein fremdes Blag durchzufüttern. Man ranzt ihn an, schimpft ihn aus, treibt ihn zur Arbeit, aber schlägt das an bei so einem ... Und darauf darf er sich wieder tummeln. Der Ärger brennt ihr in der Kehle: nur ein zusätzlicher Fresser das, vom Hafer gespickt, piesackt Leute; grinst wohl schon wieder ums Maul ...

«Schon fertig, die Arbeit?» raunzt sie ihn an.

«Wann war die schon mal fertig! Ich mein' bloß, verrückt, wer soviel arbeitet! Ich komm' mich aufwärmen und was trinken ...»

Ein Dollbott und Windbeutel, der Bengel. Vom Verlangen getriezt, die zu piesacken, von denen man weiß, daß sie machtlos sind. Er weiß, daß nichts die Alte so aufbringt, wie wenn er herumlungert in der großen Stube und dann noch Plurre trinkt. Also trinkt er laut schlurpsend, fläzt sich auf die Bank hin, die Fußsohlen gegen den Ofen, geht noch mal trinken, um wieder an seinen Ofenplatz zurückzukehren ...

Der Ärger steigt in ihr auf, wenn sie auch still ist, aber es staut sich an, übermächtig wie in einem dampfprallen Heizkessel. Es muß aus ihr raus, sich auszischen ... Sie versucht zu denken, sich zu beschwichtigen; was ist sie denn noch? Die anderen haben die Hand an Zügel und Kandare! So ist das! Ein Leben lang hat man ihr pariert, Weibs- und Mannsbilder, und jetzt treibt so ein Blag mit ihr seinen Spott ... Aber soviel wird ja noch dransein an einem, um so ein Kret kleinzukriegen ...

Der Junge steht wieder auf, geht zum Tisch, linst zu ihr herüber, trinkt. Die Wut der Alten kocht über.

«Scher dich an deine Arbeit, Göre!» Sie langt nach etwas Handfestem, fährt von ihrem Sitz hoch.

Der Junge entwischt in den Engpaß zwischen Ofen und Wand, wo die Alte mit ihrem Umfang nicht durchkommt. Aber sie nimmt den Schürhaken, stochert ihm nach und wirft mit Holzscheiten. Sie verfehlt ihr Ziel, er ist schon um die Ecke des Durchschlupfs herum am anderen Ende, und ehe sie dort ist, hat auch er die Seite gewechselt. Die Alte gerät außer sich vor Wut, brüllt, stößt sündige Flüche aus, springt fuchtelnd am Ofen herum, stochert und sturgelt. Aber während sie herumfuhrwerkt in ihrem Winkel, ist er vom anderen Ende zum Tisch geflitzt, gurgelt einen Schluck herunter, haut die Pinte auf den Tisch, daß die Plurre hochspritzt, und hat sich, ehe die Alte mit ihrem Prügeleisen zur Stelle ist, schon wieder hinter dem Ofen in Sicherheit gebracht.

Dann kommt die junge Frau des Hauses. Der Junge guckt aus seinem Ofenwinkel hervor, die Alte rappelt mit ihrem Haken, ohne sich um das vom Lärm erschreckte, in seiner Wiege schreiende Kind zu scheren.

Es kehrt wieder Ordnung ein. Die Alte sitzt bald erneut auf ihrem Platz neben der Wiege, und der Jung darf Plurre trinken, kriegt seinen Willen; nicht weil die junge Wirtin gnädiger ist, mehr Mitleid mit ihm hat als die Alte: sie will die andere demütigen, ihr zeigen, wie machtlos und vergeblich ihr Reden und Gebaren ist ... So muß die alte Frau in ihrem bodenlos galligen Ärger mitansehn, wie der Bengel seine unnützen Glieder tränkt, die Pinte an beiden Schäften gepackt, sein freches Gesicht dahinter vorgrinsen läßt.

Darauf ist die Alte wieder allein. Die Junge ist an

die Arbeit zurückgekehrt und der Armenpflegling draußen irgendwo hinkommandiert worden. Das Kind gluckst leise, aber die Alte kümmert sich jetzt nicht allzusehr um das kleine Ding. Sie sinnt der Bosheit der Welt nach, wo die Gerechtigkeit welkt, das Unrecht ins Kraut schießt; und sie denkt auch daran, daß sie bald dahinscheiden, Schutz und Trost finden wird in Abrahams Schoß...

Sie erhebt sich, sucht sich vom Eckbrett das Gesangbuch hervor, schlackert die Schaben ab, schlägt nach einer, die sich an die Wand geklammert hat, mit dem Buchrücken und zertrampelt die, die auf den Fußboden gefallen sind. Dann singt sie, psalmodiert mit heller, krähender, aus dem Grund ihrer Brust kommender Stimme in der weiten, an der Balkendecke rußschwarzen, großen Stube. Das Kind blickt mit weit offenen verwunderten Augen, die Alte saugt Glaubenskraft ein aus ihrem Gesang; dies Leben und diese Welt, in der nichts treibt und sprießt unter dem Stab und Panier der Gerechtigkeit, wird wieder erträglicher für sie...

Der dämmrig verhangene Wintertag wendet sich trübsinnig düster ins Abenddunkel.

ROBERT FROST

1874–1963

An Old Man's Winter Night

All out-of-doors looked darkly in at him
Through the thin frost, almost in separate stars,
That gathers on the pane in empty rooms.
What kept his eyes from giving back the gaze
Was the lamp tilted near them in his hand.
What kept him from remembering what it was
That brought him to that creaking room was age.
He stood with barrels round him – at a loss.
And having scared the cellar under him
In clomping here, he scared it once again
In clomping off – and scared the outer night,
Which has its sounds, familiar, like the roar
Of trees and crack of branches, common things,
But nothing so like beating on a box.
A light he was to no one but himself
Where now he sat, concerned with he knew what,
A quiet light, and then not even that.

ROBERT FROST

1874–1963

Eines alten Mannes Winternacht

Das ganze Draußen, düster schaute es zu ihm
herein
durch dünnen Frost fast als verteilte Sterne,
wie sie an Scheiben sich in leeren Zimmern
sammeln.
Was seine Augen abhielt, diesen Blick zurück-
zugeben,
die Lampe war's, die nahbei zitterte in seiner
Hand.
Was ihn davon abhielt, der Not sich zu erinnern,
die ihn in dies knarrende Zimmer brachte, war
das Alter.
So stand er, Fässer um sich her, verloren.
Und furchtvoll vor dem Keller unter ihm,
darin herumtappend, befiel ihn wieder Furcht,
sich wegzutappen – und er fürchtete die Nacht
da draußen,
die ihre eigenen Geräusche hat, vertraute, wie
das Donnern
der Bäume, das Gekrach der Äste, alltägliche
Dinge,
doch nichts so sehr wie das auf einer Kiste
Hämmern.
Er war ein Licht für niemand als ihn selbst,
wo er nun saß, bekümmert durch das, was er
wußte,
ein ruhig Licht, und dann nicht einmal das,

He consigned to the moon – such as she was,
So late-arising – to the broken moon,
As better than the sun in any case
For such a charge, his snow upon the roof,
His icicles along the wall to keep;
And slept. The log that shifted with a jolt
Once in the stove, disturbed him and he shifted,
And eased his heavy breathing, but still slept.
One aged man – one man – can't keep a house,
A farm, a countryside, or if he can,
It's thus he does it of a winter night.

er, anvertraut dem Mond, so wie er war,
so spät aufgehend, dem gebrochnen Mond,
doch besser als die Sonne immerhin
für solche Last, den Schnee auf seinem Dach,
die Eiszapfen die Mauer lang zu hüten;
und schlief. Das Holzscheit, das mit einem Puff
sich in dem Ofen rührte, störte ihn; er wendete
sich um,
den schweren Atem zu beschwichtigen, doch
schlief er fort.
Ein alter Mann – ein Mann kann keinen Haus-
halt führen,
noch Hof, noch Landwirtschaft; kann er es aber,
so ist's wie hier in einer Winternacht.

YVAN GOLL

1891–1950

Schnee-Masken

Es hat der Schnee über Nacht
Meine Totenmaske gemacht

Weiß war das Lachen des Schnees
Und meinen Schatten verwandelt
Er in ein Fastnachtsgewand

Ein Sturm von goldnen Triangeln
Hat plötzlich die tönende Stadt
Gehoben aus all ihren Angeln

Im tausendjährigen Licht
Wurden die Türme der Zeit
Von ihren Ankern befreit

Der Schnee hat über Nacht
Mein Traumgesicht wahrgemacht

JAN NERUDA

1834–1891

Wintermotiv

Die Stirn hat er mir ans Fenster gedrückt
und blickt nun mit weißem Auge –
ich seh ihn, den Winter, den Bösewicht,
mir deuten, daß ich nichts tauge.

Es schreckt mich der Frost, und mein müdes
verweigert den Schritt in die Stille, [Bein
der Winter jedoch greift nach meiner Hand
und zerrt mich aus meiner Hülle.

Und hebt seinen Nebelarm langsam empor
und schlingt mir ihn um den Nacken –
der mordende Bube! schon spüre ich,
er will mich am Leben packen!

Und fühle in eis'ger Umklammerung
jäh Wange und Lippen erkalten,
die Adern verstummen im letzten Sprung,
das Herze will nimmermehr walten.

PIERRE REVERDY

1899–1960

Zähes Leben

Während des Winters kauert er im Schatten und in der Kälte. Wenn der Wind bläst, schwenkt er eine kleine Flamme an den Fingerspitzen und gibt Zeichen zwischen den Bäumen. Es ist ein alter Mann; das ist er zweifellos immer gewesen, und das schlechte Wetter läßt ihn nicht sterben. Wenn es Abend wird, steigt er in die Ebene hinunter; denn tagsüber hält er sich auf halber Höhe des Hügels in irgendeinem Wald verborgen, und man hat ihn nie von dort herauskommen sehen. Sobald die Nacht beginnt, zittert sein kleines Licht wie ein Stern am Horizont. Die Sonne und der Lärm machen ihm Angst; da verbirgt er sich und wartet auf die kürzeren und stilleren Herbsttage, wo er unter niedrigem Himmel, in der grauen und weichen Luft mit gekrümmtem Rücken dahintraben kann, ohne daß man ihn hört. Es ist ein alter Wintermann, der nicht stirbt.

Winter
Kupferstich von Jacob Matham (1571–1631)

MATTHIAS CLAUDIUS

1740–1815

Ein Lied

hinterm Ofen zu singen

Der Winter ist ein rechter Mann,
  Kernfest und auf die Dauer;
Sein Fleisch fühlt sich wie Eisen an,
  Und scheut nicht Süß noch Sauer.

War je ein Mann gesund, ist er's;
  Er krankt und kränkelt nimmer,
Weiß nichts von *Nachtschweiß* noch *Vapeurs,*
  Und schläft im kalten Zimmer.

Er zieht sein *Hemd* im Freien an,
  Und läßt's vorher nicht wärmen;
Und spottet über Fluß im Zahn
  Und Kolik in Gedärmen.

Aus Blumen und aus Vogelsang
  Weiß er sich nichts zu machen,
Haßt *warmen* Drang und *warmen* Klang
  Und alle *warme* Sachen.

Doch wenn die Füchse bellen sehr,
  Wenn's Holz im Ofen knittert,
Und um den Ofen Knecht und Herr
  Die Hände reibt und zittert;

Wenn Stein und Bein vor Frost zerbricht
   Und Teich' und Seen krachen;
Das klingt ihm gut, das haßt er nicht,
   Denn will er sich totlachen. –

Sein Schloß von Eis liegt ganz hinaus
   Beim Nordpol an dem Strande;
Doch hat er auch ein Sommerhaus
   Im lieben Schweizerlande.

Da ist er denn bald dort bald hier,
   Gut Regiment zu führen.
Und wenn er durchzieht, stehen wir
   Und sehn ihn an und frieren.

HANS ALBRECHT MOSER

1882–1978

Der Tote

An einem klaren Wintertag ging ich aufs Land hinaus. Es war kalt, und als ich nach einem eiligen Marsch die Kuppe eines Hügels erreichte, empfing mich ein eisiger Wind. Ich blieb stehen, knöpfte mich bis zu den Augen zu und schaute mich dann um. Eine im Sonnenlicht flimmernde Schneedecke lag über dem weiten gewellten Land, in der Ferne glänzten die Berge wie bläuliches Glas, auf der Landstraße unten gewahrte ich aber einen langen Leichenzug. Wie ein schwarzes Band bewegte er sich durch die weiße Landschaft und bewegte sich ziemlich rasch voran. Mit leichten Peitschenschlägen trieb der Kutscher den Rappen an, und auch die Leidtragenden gingen so eilig, als die dicken Mäntel und die glitschigen Schneebuckel der Straße es erlaubten. Alle hatten entsetzlich kalt.

Ich ging hinunter auf die Straße und schloß mich in angemessener Entfernung dem Leichenzug an. Ich weiß nicht warum. Vielleicht weil Tote einmal Sterbende waren, die Scheidewand zwischen dieser und der andern Welt bei Sterbenden aber dünn geworden ist.

Vor einer einsamen, am Wege liegenden Herberge blieb der Zug stehen. Die Leute – man sah es ihnen an – beratschlagten etwas. Aber nicht lange, dazu froren sie zu sehr, und was ich vorausgesehen hatte, geschah. Kurzerhand begab sich die ganze

Trauergemeinde in die Herberge, wohl aus dem dringenden Bedürfnis, einen wärmenden Trank zu sich zu nehmen. Auch der Kutscher stieg vom Bock. Mitten auf der Straße ließ er den Leichenwagen stehen, schlug sich die Arme ein paarmal um die Schultern und folgte, nachdem er mir einen pfiffigen Blick zugeworfen hatte, den andern in die Herberge nach.

Merkwürdig verlassen stand jetzt der Leichenwagen auf der Straße, wie ein hoher Würdenträger in seinem Ornat, um den sich niemand kümmert. Sinnlos hingen die Kränze um den Sarg und zitterten etwas im Winde. Ich trat ans Pferd heran und streichelte seinen Hals, denn es tat mir leid. Da wandte es den Kopf mir zu, wie wenn es mich etwas fragen wollte, und als es glaubte, mein Einverständnis gefunden zu haben, zog es den Wagen an und ging muntern Schrittes weiter. Die Nüstern dampften, und dankbar nickte es mit dem Kopf, daß ich es nicht angehalten habe. Warum hätte ich es anhalten sollen! Wenn sich die Menschen um ein Pferd nicht kümmern, so ist es sein gutes Recht, sich auch um die Menschen nicht zu kümmern. Das Pferd ging aber so rasch, daß ich Mühe hatte nachzukommen. Der Abstand zwischen dem Wagen und mir wurde immer größer, schimpfend stolperte ich auf der unebenen Straße hinterdrein, fühlte es aber als meine Pflicht, daß wenigstens einer dem Toten auf seiner letzten Fahrt das Geleite gab.

So stampfte ich eine ganze Weile hinter dem Leichenwagen her. Um mich etwas vor dem Winde zu schützen, hielt ich meinen Kopf gesenkt, und um so gut wie möglich auf den hartgefrorenen Schneebuckeln auftreten zu können, hatte ich meine Augen auf die Straße dicht vor meine Füße gerichtet. Als ich aber einmal aufblickte, waren zu meinem Schrecken Roß und Wagen verschwunden.

«Was soll das heißen?» fragte ich mich besorgt. Die Straße stieg hier eine Strecke an, bog dann rechts ab, wobei sich in der Biegung der äußere Straßenrand so scharf abhob, daß ich einen steilen Abhang auf der andern Seite vermutete.

Böses ahnend, eilte ich die Straße hinauf, und als ich am Anfang der Biegung eine vielleicht von rodelnden Kindern gänzlich flachgestampfte Stelle bis zur Böschung gewahrte, da wurde meine Ahnung zur Gewißheit. Rasch ging ich über diese Stelle hinweg, trat an den Rand und war nun mehr verblüfft als erschrocken über den Anblick, der sich meinen Augen bot. Am Fuße des steilsten Stückes der Böschung lag, die noch drehenden Räder nach oben gerichtet, der Leichenwagen, zwischen den halbzerbrochenen Deichseln lag der Rappe und schüttelte sich den Schnee vom Kopf, etwas weiter unten als der Wagen versuchte aber eine weiße Gestalt sich aus dem halbzerschellten Sargdeckel durchzuarbeiten. Das Pferd, geblendet vom Schnee und verführt von der flachgestampften Stelle, die ohne Abgrenzung in die Straße überging, war offenbar vom Wege abgeirrt und dann mit dem Wagen die Böschung hinuntergeglitten. Der Anblick dieses für den Toten so glücklich abgelaufenen Unglücksfalles war so seltsam, daß ich zunächst ganz vergaß, dem Toten zu Hilfe zu eilen. Erst als er sich vom zersplitterten Sargdeckel befreit hatte und sich dann, nur mit einem langen weißen Hemd bekleidet, im Sarg auf die Füße stellte, rutschte ich die Böschung zu ihm hinab und bot ihm meinen Mantel an. Denn wenn wir auch hier unten vor dem Wind geschützt waren, so schien mir ein Leichenhemd doch eine ungenügende Winterbekleidung.

«Ziehen Sie ihn an», sprach ich zum Toten, der mich nicht weniger verblüfft anschaute als ich ihn, «sonst holen Sie sich einen Schnupfen.»

Absichtlich drückte ich mich etwas nüchtern aus, um ihm die Besinnung aufs gewöhnliche Leben zu erleichtern. Mechanisch ließ er mich gewähren, und als er dann mit meinem Mantel eingewickelt vor mir stand, ging es noch eine Weile, bis wir uns beide so weit gefaßt hatten, uns unsere Erlebnisse zu erzählen. Er erzählte mir, wieso es kam, daß er in den Sarg gelegt wurde; ich erzählte ihm, wieso es kam, daß er jetzt aufrecht in seinem Sarg stand. Stumm reichten wir uns die Hand, und dann beschlossen wir, den Wagen aufzurichten und so schnell wie möglich die inzwischen wohl aufgetaute Trauergemeinde zu überraschen.

Wir befreiten zuerst das Pferd aus seinen Deichseln, stellten dann mit großer Mühe den Wagen auf seine Räder, und da der baldachinartige Aufbau durch den Sturz arg gelitten hatte, so brachen wir ihn kurzerhand ab. Nun spannten wir das Pferd, so gut es mit den mehrfach gespaltenen, aber nicht auseinandergebrochenen Deichseln ging, vor den Wagen und führten das Gefährt, das jetzt eher einem Leiterwagen als einem Leichenwagen glich, an einer weniger steilen Stelle auf die Straße. Dort schwangen wir uns auf den Bock, und dann ging es in rascher Fahrt nach der Herberge. Die Leute, die uns begegneten, waren viel zu sehr mit ihrer Kälte beschäftigt, als daß sie Zeit gefunden hätten, sich über das sonderbare Gefährt zu wundern.

Als wir vor der Herberge vorfuhren, dämmerte es schon, und die Gaststube war hell erleuchtet. Wir stiegen vom Bock hinunter und beschlossen, zuerst durch ein Fenster in die Gaststube hineinzuschauen.

Wieder bot sich uns ein erstaunliches Bild. Die Trauergemeinde hatte den wärmenden Getränken offenbar so eifrig zugesprochen, daß sich die Trauer gänzlich verflüchtigt hatte. Die Männer schienen Witze zu erzählen, und die Frauen quietschten vor Vergnügen; ein Bauernbursche blasbalgte dazu die Musik, und die trauernde Witwe machte einem stattlichen Herrn Augen, die von neuer Lebenshoffnung erfüllt waren.

Wir traten vom Fenster zurück und schauten uns an, ich fragend, er antwortend.

«Sie haben ihren unvergeßlichen Viktor schon vergessen», sagte er und ging zum Wagen zurück.

«Was haben Sie vor?» fragte ich und folgte ihm nach.

Da schwang er sich auf den Bock, leichtfüßig wie selten ein Lebendiger, warf mir meinen Mantel zu und rief: «Ich fahre weiter!»

Er ergriff Zügel und Peitsche und trieb das Pferd zu äußerster Eile an. Das Bild, wie diese weiße Gestalt, hochaufgerichtet auf dem Bock und die Peitsche schwingend, in die Dämmerung tauchte, wird in meiner Erinnerung haftenbleiben. Aber ich verstand den Mann. Die meisten Toten, wenn sie wiederkehrten, fänden, daß es sich nicht ausgezahlt hätte; früher oder später wird jeder vergessen, und mancher schon, bevor er unter der Erde liegt. Aber wohin wollte er fahren?

Kopfschüttelnd begab ich mich zur Herberge und trat in die Gaststube ein. Die kalte Zugluft, die mit mir in die Stube eindrang, schien die Gesellschaft in die Wirklichkeit zurückzurufen. Sie schwiegen und schauten mich an wie Träumende, die plötzlich erwachen, sich aber noch nicht zurechtgefunden haben.

«Es ist Sitte, den Leichenschmaus erst nach der Beerdigung einzunehmen», sagte ich zu den Leuten.

«Herrje, der Viktor!» schrie die Trauergemeinde auf, und augenblicklich standen die Leute da wie in eine schwarze Wolke gehüllt. Dann aber stürzten sie ins Freie, voran die händeringende Witwe, und schauten sich draußen in größter Bestürzung nach dem Leichenwagen um. Aber weit und breit war kein Wagen zu sehen. Die Straße, nur vor der Herberge von der Lampe über der Eingangstür matt erleuchtet, löste sich still und leer nach beiden Seiten in den eindunkelnden Winterabend auf.

«Wo ist der Wagen?» fragten mich die Leute und umringten mich wie einen Zauberer, der nach Belieben Leichenwagen verschwinden und erscheinen machen kann.

Ich überlegte, was der Tote eigentlich damit gemeint hatte: «Ich fahre weiter.» Es konnte heißen: «Ich fahre heim, hole meine Kleider, hole mein Geld und fahre dann in die weite Welt hinaus»; oder es konnte einfach heißen: «Ich verlasse diese Welt.» Beides ist besser, als hier zu sein, denn hier hätte er als Gestorbener gelebt.

«Längst in den Himmel eingefahren», antwortete ich trocken, kehrte mich um und ging auch meiner Wege. «Man muß nicht an der Vergangenheit kleben», dachte ich im Dahingehen, «gewiß, man muß aber auch nicht allzu gierig in die Zukunft springen. Schließlich gibt es noch eine Gegenwart.»

Mein Erlebnis fand hier ein Ende, und ich weiß nicht, was aus der Trauergemeinde und aus dem Toten geworden ist. Es ist schon möglich, daß aus allem, was hier erfahren werden konnte, sich ein sehr verwickelter Rechtsfall ergeben hat. Denn alles, was von dem Toten übriggeblieben war, war ein aufgebrochener Sarg und ein paar eingefrorene Kränze drum herum.

THOMAS H. RADDALL

geb. 1903

Das Hochzeitsgeschenk

Neu-Schottland, 1794. Winter. Schnee überall. Einen halben Meter in den Wäldern; an der Küste weniger; Schneewehen an den Heuschuppen und Lattenzäunen in Port Marriott. Schnee genug für die Pferdeschlitten, deren Schellen man im ganzen Städtchen klingeln hört; Schnee genug, daß man sich einen Pfad von der Haustüre zur Straße schaufeln muß, daß die Landestege und die Verdecke der Schiffe mit einem weißen Teppich bedeckt und die Masten mit Pelzkragen aus Hermelin behängt sind. In jedem Haus prasselt ein Feuer im Kamin, und der schwere blaue Rauch von verbranntem Holz schwebt über den Hausdächern in der ruhigen Dezemberluft. Wo der Schnee eingestampft ist, knarrt er unter den Füßen; an andern Stellen dämpft er die Schritte. Genug Schnee für die Jäger, die mit ihren Schneeschuhen die sich mühsam vorankämpfenden Elche und Rehe einholen können. Genug sogar für die immer unzufriedenen Holzhacker, deren Ochsenschlitten die Baumstämme aus allen Waldregionen herbeibringen. Aber nicht genug, absolut nicht genug Schnee für Kezia Barnes, die nach Bristol Creek gehen sollte, um mit Herrn Hathaway Hochzeit zu feiern.

Kezia wollte Herrn Hathaway nicht heiraten. Sie hatte Herrn und Frau Barclay sogar gesagt – mit Tränen in den Augen –, daß sie überhaupt nie heiraten wolle. Aber Herr Barclay hatte eine Prise Schnupftabak genommen und erwidert: «Aha! Soso!» Es war klar, daß er sich ärgerte. Und Frau Barclay hatte geschluchzt und gesagt, es wäre eine sehr gute Partie für Kezia, und dabei ihre kalten blauen Augen in ihrem Vollmondgesicht verdreht; Kezia solle doch kein Dummköpfchen sein.

Es gab zwei Möglichkeiten, um nach Bristol Creek zu kommen: man konnte mit einem Fischerboot hinfahren – aber der Pastor lehnte diese Möglichkeit ab. Er war ein blasser junger Mann, der vor kurzem aus England geschickt worden war, ein entfernter Verwandter von Lady Huntingdon. Auf der Reise war er fünf Wochen lang seekrank gewesen. Er hatte zwar größten Respekt für Herrn Barclay, für den in der Kirche die beste Bank reserviert war und der als solideste Stütze des anglikanischen Christentums in Port Marriott galt. Aber was die Seefahrt anbetraf, da gab Pastor Mears nicht nach: entweder ging er auf dem Landweg oder gar nicht. «Aha! Soso!» gab Herr Barclay zurück. Der Landweg bestand nämlich aus einem dreißig Kilometer langen Pfad durch die Wälder, der nun tief verschneit war. Dazu begann er auf der gegenüberliegenden Seite der Hafenbucht bei Harpers Farm, und Harper hatte nur ein einziges Pferd. «Ich gehe zu Fuß», sagte der Pastor gleichmütig, «und die junge Frau kann reiten.»

Kezia hatte um Schnee gebetet, um Schneestürme, die den Pfad begraben würden, so daß es unmöglich wäre, über Land nach Bristol Creek zu gelangen. Aber jetzt machten sie sich trotz allem von Harpers Farm aus auf den Weg; die Gebete waren für die Katze gewesen. Wie man es von einem ungeduldigen Bräutigam erwartet, hatte der sehr beschäftigte Herr Hathaway seinen Negerknecht Sam zu Fuß nach Port Marriott geschickt, um sich zu erkundigen, warum die Braut so lange auf sich warten lasse; jetzt wiesen die gestrigen Fußstapfen des alten Sam Kezia den Weg zur Hochzeit.

Sie war ein sanftmütiges kleines Geschöpf, wie es sich für ein Waisenmädchen gehört, das als Hilfe im Haushalt bei den Barclays aufgewachsen war; aber als sie jetzt den Pastor betrachtete und merkte, wie jung und hilflos er hier, weit weg von seinem heimatlichen Yorkshire, aussah und wie schlecht er gegen das harte Wetter an der Atlantikküste ausgerüstet war, da sagte sie mit Entschlossenheit in ihrer Stimme: «Legen Sie meinen Schal um; ich brauche ihn nicht. Ich habe Fräulein Julias alte Reitjacke. Und wir machen ‹Reiten und Gehen›.»

«Reiten und was?» murmelte der Pastor.

«Ich reite etwa eine Meile, dann steige ich ab, binde das Pferd an einen Baum und gehe zu Fuß weiter. Wenn Sie zum Pferd kommen, steigen Sie auf, reiten mir nach, überholen mich, und nach einer Meile binden Sie das Pferd wieder an. Reiten und gehen, reiten und gehen und so weiter. So kann das Pferd zwischendurch ausruhen.»

Herr Mears nickte zerstreut und nahm den Schal. Er war schwarz und paßte zu seinem nüchternen schwarzen Mantel aus feinem Tuch, den Pastorenhosen, den schwarzen Wollsocken und seinem runden schwarzen Hut. Auf Anregung von Herrn Barclay hatte er ein Paar Mokassins aus

Elchleder für die Reise geborgt. Bei jedem Schritt schlug ihm ein Gebetbuch in der Manteltasche gegen das Bein.

Als sie die Anhöhe hinter Harpers Hof erreicht hatten, von wo aus der Pfad in die düsteren Wälder aus Schierlingstannen hineinführt, blieb Kezia stehen, um einen letzten Blick über die Hafenbucht zurückzuwerfen. Im Licht der Morgensonne glichen die weißen Dächer des einsamen Städtchens einer Springflut, die plötzlich eingefroren war, als sie gegen die dunklen Tannenwälder am Westufer losbrechen wollte. Kezia seufzte, und der junge Pastor war überrascht, in ihren Augen Tränen zu sehen.

Sie ritt voraus. Man hatte dem Pferd natürlich einen Männersattel aufgeschnallt; er war für eine Frau unbequem, wenn sie, wie es anständig war, seitwärts sitzen wollte. Sobald der Pastor außer Sicht war, hob sie ihre Röcke und schwang ein Bein über den Rücken des Pferdes. Jetzt ging es besser. Ein angenehmes, prickelndes Gefühl der Freiheit ergriff sie. Für einen Augenblick vergaß sie, daß sie auf dem Weg nach Bristol Creek war, daß ihre Kleider jahrelang von den Barclay-Mädchen getragen worden waren, bevor Kezia sie erhalten hatte, daß die leinerne Unterwäsche beim Licht der Küchenkerze genäht worden war, daß sie weiße Baumwollstrümpfe, einen Hut und Schuhe aus Herrn Barclays Laden trug – alles, um Herrn Hathaway zu heiraten.

Die Barclays hatten viel Gutes für sie getan, seit sie damals als ein vierzehnjähriges, ausgehungertes und weinendes Häufchen Elend in den Haushalt aufgenommen worden war. Wie Frau Barclay zu sagen pflegte: «Kezia wurde erzogen, wie wenn sie ein Kind von uns und nicht ein Verdingkind aus dem Armenhaus gewesen wäre.» Großzügig wurde ihr gestattet, unter den Kleidern, die Fräulein Clara und Fräulein Julia nicht mehr tragen wollten, auszuwählen. Wenn der Lehrer kam und den Barclay-Töchtern Privatunterricht erteilte, durfte Kezia dabeisitzen und lernen, soviel sie konnte. Sie mußte nebenbei auch das Essen auftragen und in der Küche helfen, die Betten machen, abstauben und die Böden schrubben – gewiß. Dafür aber hatte man sie auch gelehrt, wie man spinnt, näht und strickt. Sie durfte auch – man ermutigte sie sogar dazu – auf der gleichen Kirchenbank sitzen, am Eingang sogar, so daß sie zum Barclay-Gott beten und der Familie vor und nach dem Gottesdienst mit den Kleidern helfen konnte. Und jetzt, um das alles zu krönen, hatte man ihr die Hand eines Freiers gegeben, der von den Barclays verschmäht worden war.

Herr Hathaway war der Barclay-Vertreter in Bristol Creek, wo er den Fischern und Jägern Schnaps, Schießpulver, Mais und anderes verkaufte und Fische, frisch, gepökelt oder getrocknet, einkaufte. Er betrieb auch eine kleine Sägerei und sandte Brennholz per Schiff nach Port Marriott; dazu besorgte er noch eine Farm, und das alles für ein Gehalt von fünfzig Pfund im Jahr. Hathaway war ein außerordentlich tüchtiger Mann, das erwähnte Herr Barclay oft. Aber als er sich nach fünfzehn tüchtigen Jahren nach einer Frau umsah und zuerst Fräulein Julia, dann Fräulein Clara schöne Augen machte, da meinte Frau Barclay mit einem Naserümpfen, daß er zu hoch gegriffen habe.

Das war auch so. Denn die ältere Tochter des reichsten Kaufmanns von Port Marriott wurde gerade damals von Herrn Gamage umworben, dem neuen Zollbeamten, der mit den Gamages in Halifax verwandt war, wie Frau Barclay zu erwähnen pflegte. Und Fräulein Clara würde im Frühling nach Halifax gehen, um die Kunst des Klavierspiels zu erlernen und – das nebenbei – ihren Charme auf die Offiziere der Armee und der Flotte, welche die besseren Salons von Halifax bevölkerten, wirken zu lassen. Die lieben Mädchen bedeckten ihre lächelnden Gesichter diskret mit den Händen, wenn der lange, ernste Herr Hathaway an Bord eines Barclay-Schiffes im Städtchen ankam und dem großen Haus unter den Ulmen seinen Besuch abstattete. Frau Barclay empörte sich über Hathaways Kühnheit, aber der scharfsinnige Herr Barclay kniff seine kleinen schwarzen Augen noch enger zusammen, nahm eine Prise und sagte: «Aha! Soso!»

Herr Barclay hatte sofort begriffen, daß schnell gehandelt werden mußte. Hathaway war ein ausgezeichneter Mann – dort, wo er jetzt war. Er mußte so zufriedengestellt werden, daß er dort blieb und Herrn Barclay weiterhin glänzende Profite einbrachte – zu fünfzig Pfund pro Jahr. Schade, daß sich Hathaway nicht mit einem Fischermädchen in Bristol Creek zufriedengeben konnte. Aber da war nichts zu machen. Wenn er unbedingt ein Stadtfräulein haben wollte, mußte eben ein Stadtfräulein gefunden werden. Aber sie mußte eine Dame von der richtigen Sorte sein: eine, die sich mit Hathaway und Bristol Creek abfinden würde, nicht eine, die herumnörgeln und Hathaway überreden würde, seine Fähigkeiten anderswo auszuprobieren. Herr Barclay dachte sofort an Kezia – die kleine, liebe Kezia. Ein farbloses kleines Geschöpfchen, aber ruhig, gut erzogen und fromm und nur zweiundzwanzig Jahre alt.

Herr Hathaway war noch nicht ganz vierzig und alles andere als anziehend; er hatte etwas Kaltes, Berechnendes, das ihm zwar in seinen Geschäften nützte, Frauen hingegen abstieß. Im stillen dachte Herr Barclay, Hathaway hätte unverdientes Glück, Kezia zu bekommen. Aber es war doch auch eine gute Partie für das Mädchen, besser als alles, was sie hätte erwarten dürfen. Er machte ihr das klar und stellte ihr darauf den Freier aus Bristol Creek vor. In der Folge verbrachte Herr Hathaway einige Abende in der Küche, wo er mit Kezia zu flirten versuchte. Bei diesen Anlässen trug Kezia ein noch ziemlich gut erhaltenes Kleid von Fräulein Clara und starrte zumeist durchs Fenster hinaus, wo der Novembermond und der Schnee die Nacht erhellten; gelegentlich mußte sie irgend etwas murmeln; es klang wie die Stimme eines Mediums, das sich in einer trübseligen Trance befindet. Das Küchenmädchen hörte hinter der einen Türe zu, während die Barclay-Mädchen hinter der anderen kicherten.

Schließlich wurde beschlossen, auf Initiative der Barclays, daß Hathaway am 23. Dezember mit dem Postschiff nach Port Marriott kommen sollte. Die Hochzeit sollte bei Barclays stattfinden, und auf Weihnachten würde das Ehepaar nach Hause fahren. Aber ein unvorhergesehener Umstand änderte das alles. Der Umstand war, daß ein Schiff «aus Mogador im Heidenland» – wie Herr Barclay später auf das Schadenersatzformular schrieb – durch Sturmwinde vom Kurs abgetrieben und beim Hafeneingang von Bristol Creek auf einen Felsen aufgelaufen war. Das Wrack hatte eine wertvolle und seltene Ladung an Bord: gepökelte Ziegenhäute, Mandeln, arabischen Klebstoff, Granatapfelhäute und Wurmpflanzensetzlinge, und der tüchtige Herr Hathaway verlor keinen Augenblick, um – im Interesse seines Arbeitgebers – zu retten, was zu retten war.

Deshalb konnte er weder für seine Hochzeit noch für sonst etwas nach Port Marriott kommen. Ein Sturm konnte das Wrack jederzeit gänzlich zerstören. Er sandte durch Black Sam einen Brief an Herrn Barclay, worin er ihm das Geschehen mitteilte und ihn bat, Kezia und den Pastor sofort nach Bristol Creek zu senden. Es war nicht der übliche Brief eines ungeduldigen Liebhabers: Hathaway schrieb, daß er in sein neues Haus am Bach eingezogen sei und es «ohne Frau verflucht leer» finde. Mit feinem Humor tönte er an, daß er tags sehr beschäftigt sei, sich nachts aber leider langweile.

Kezia hatte wenig Sinn für Distanzen. Sie ritt so lange, wie es ihr angebracht schien, glitt dann vom Pferd herunter und band es an einen Ahorn am Wegrand. Sie hatte ein paar Lampendochte mitgenommen, die sie jetzt um die Schuhe band, um besseren Halt zu finden; darauf folgte sie zu Fuß den deutlichen Spuren des plattfüßigen Sam. Der weiche Schnee reichte ihr manchmal fast bis an die Knie, und sie hob den Rock hoch empor. Der Pfad war höchstens einen Meter breit; vor Jahren hatte man ihn mit der Axt herausgehauen. Von Zeit zu Zeit stolperte sie über einen überschneiten Baumstrunk, und die Heidelbeerbüsche krallten sich in ihren Mantel, aber die Anstrengung erwärmte sie. Auf dem Pferd hatte sie gefroren, besonders an den Beinen, die dem Wind am meisten ausgesetzt gewesen waren.

Nach einer Weile überholte sie der Prediger. Er ritt ungeschickt und hielt die Zügel ganz verkrampft. Die Steigbügel waren zu hoch für seine langen, schwarzbesockten Beine. Als er vorbeiritt, rief er ihr fröhlich zu: «Wie geht's der Miss?» Sie nickte, während sie zur Seite trat. Als er nach vorne verschwand und seine wehenden Schärpenzipfel nicht mehr sichtbar waren, hob sie die Röcke und ging weiter. Der Pfad hob und senkte sich eintönig über einen bewaldeten Hügel nach dem andern. Gelegentlich hörte sie in einer Niederung das Glucksen von Wasser und das Knacken von Knüppeln unter dem Fuß. Sie wußte dann, daß sie einen Bach überquerte. Einmal führte der Weg auf halbverfaulten Baumstämmen durch einen gefrorenen Sumpf, von dessen Fläche der Wind allen Schnee weggetrieben hatte.

Kurz nachher fand sie das Pferd, das ungeschickt angebunden war. Sie mußte es zu einem Baumstrunk führen, um aufsteigen zu können. Als sie Herrn Mears überholte, rief sie ihm zu: «Lassen Sie doch nächstes Mal das Pferd bei einem Felsblock stehen, so daß ich hinaufkomme.» In seinem seltsamen englischen Akzent murmelte er: «Es tut mir leid» und blickte angestrengt auf den Boden. Daß sie mit gespreizten Beinen ritt, kam ihr erst in den Sinn, als sie an ihm vorüber war. Sie errötete und hieb dem empörten Pferd die Gerte um den Nakken. Beim nächsten Mal vergaß sie nicht, das linke Bein rechts hinüberzuziehen und ihre Röcke sorgfältig über die Knöchel zu legen, wie es sich geziemte, aber Herr Mears blickte trotzdem zu Boden; von da an saß sie rittlings, auch wenn sie ihn überholte.

Die Hügel wurden jetzt steiler, und die Bäche in den Niederungen rauschten unter dem Eis und dem Schnee. Endlich erreichten sie die Hochebene, die sich zwischen Port Marriott und Bristol Creek erstreckte, eine chaotische Wildnis von jungen Bäumen und Gebüschen, die überall zwischen den grauen, nackten Stämmen, Überresten eines Waldbrandes, emporschossen. Die Dämmerung unter den großen Bäumen wich einem graublauen Licht. Der Himmel sah abweisend aus, und der Wind, der vom unsichtbaren Meer her auf das Plateau hinauf blies, machte sich auf den Wangen unangenehm bemerkbar. Als sie sich das nächste Mal trafen, sagte Kezia: «Es wird bald schneien.»

Sie kannte den Weg nicht, aber sie vermutete, daß sie kaum die Hälfte hinter sich hatten. In dieser Wildnis war der Pfad nicht mehr gerade und leicht zu erkennen. Er schlängelte sich um Gruppen von Baumstämmen herum, welche die Wegmacher nicht gefällt hatten, und Sams Spuren waren die einzigen Anhaltspunkte für ihre unerfahrenen

Augen. Der Pastor nickte zerstreut. Die Wälder waren, wie fast alles in seiner neuen Umgebung, unbekannt und interessant. Er begriff die Besorgnis ihrer Stimme nicht, denn Sams Spuren hätten gar nicht deutlicher sein können. Nach einer Weile band Kezia das Pferd an und ging zu Fuß weiter. Ihre Schuhe waren solide, von der Art, die Herr Barclay in seinen Büchern als «gewöhnliche solide Kategorie, für Frauen, fünf Shilling» führte. Aber der Schnee drang von oben hinein, schmolz und feuchtete das Leder von innen an. Ihre Füße waren jedesmal starr, wenn sie vom Pferd herabglitt, und es dauerte mehrere Minuten, während sie durch den Schnee stapfte, bis eine schmerzliche Wärme zurückkam. Unter den Arm gepreßt trug sie ein kleines Bündel, das alles enthielt, was sie besaß: zwei Nachthemden aus Flanell, Unterwäsche, drei Paar wollene Strümpfe und – natürlich – Herrn Barclays Hochzeitsgeschenk für Herrn Hathaway.

Während sie voranstapfte, spürte sie plötzlich die ersten stechenden Schneekörner im Gesicht. Plötzlich war die Luft voll von schrotähnlichen, harten Flocken, die der Wind wispernd unter das Jungholz trieb. Als Herr Mears sie einholte, warf ihnen der Wind die Flocken schon in dichten Wolken, wie Salz, ins Gesicht.

«Es ist der Nordwest», schrie sie zu ihm hinauf. Sie wußte, was der Schnee vom Meer her zu bedeuten hatte. Schließlich war sie in einem Dorf an der Küste geboren.

«So, so», murmelte der Pastor und zog den Schal vors Gesicht. Er verschwand. Sie kämpfte sich keuchend vorwärts; nach einer Ewigkeit, so schien es ihr, stieß sie auf ihn. Er stand allein und verwirrt im Schnee und blickte nach rechts in den Schneesturm hinein.

«Das Pferd», schrie er. «Ich bin abgestiegen, und bevor ich es anbinden kann, fällt Schnee von einem Ast – es erschrickt und rennt davon, dort hinüber.» Er wies mit seiner behandschuhten Hand nach rechts. «Ich muß es zurückholen», fügte er verwirrt hinzu.

«Nein!» schrie Kezia. «Versuchen Sie es nicht, Sie würden nur den Weg verlieren, und ich auch. Ach Gott, das ist böse. Wir müssen weiter, so gut es gehen will.»

Er wollte zuerst nicht. Die Pferdespuren waren deutlich sichtbar. Aber Kezia blickte auf die Eindrücke von Black Sam und zog den Prediger am Arm. Er gab nach, und sie kämpften sich etwa eine halbe Stunde lang vorwärts. Dann waren die letzten Zeichen der Fußstapfen verschwunden.

«Was machen wir jetzt?» fragte der Pastor, mit Verwunderung in der Stimme.

«Ich habe keine Ahnung», flüsterte Kezia und lehnte sich gegen den abgestorbenen Stamm einer Tanne. Der Überdruß und die Gleichgültigkeit in ihrer Stimme bestürzten ihn.

«Wir müssen weitergehen, gutes Kind, oder nicht? Ich meine, wir können doch nicht einfach hier bleiben?»

«Wir können nicht hier bleiben», bestätigte sie.

«Dort unten – das ist eine Senke, glaube ich. Dort hat es Tannen, oder Föhren? Ich kann das Zeug nie unterscheiden. Auf alle Fälle Schutz.»

«Schutz», murmelte Kezia.

Er nahm sie bei der Hand, und wie zwei verlorene Kinder wateten sie mühsam in den tiefen Schnee der Niederung hinein. Die Bäume, stellte sich heraus, waren große Rottannen, ein Wäldchen, das in einer Schlucht stand, wo es dem Feuer entgangen war. Ein Bach rauschte irgendwo. Hier wehte kein Wind, nur feiner Schneestaub sickerte monoton zwischen den Bäumen herunter, ein Sediment des Sturmes, der oben wütete.

«Sehen Sie dort!» rief Herr Mears. Eine Hütte tauchte vor ihnen auf, eine kleine Blockhütte mit moosbedeckten Wänden und einem Dach aus Ästen und Birkenrinde. Sie sah verlassen aus. Lange Moosflechten hingen zwischen den Stämmen herunter. Auf dem Dach zitterten lose Stücke von Birkenrinde im Schneegestöber. Die Türe war halb offen, und eine dünne Schneeschicht überzog den hölzernen Boden. Kezia ging zuerst zur Feuerstelle. Aber es lag hier nichts als ein Klumpen gefrorene Asche – Asche, die der Regen durchs Kamin durchnäßt hatte.

«Haben Sie Feuerstein und Stahl?» fragte sie. In seinen Augen sah sie Verwunderung und Hilflosigkeit. Er schüttelte den Kopf, und plötzlich wurde sie wütend, nicht über den Pastor, sondern über Herrn Barclay und diesen – diesen Hathaway und die Menschheit im allgemeinen. Die wollten also das Geschick der Welt bestimmen, und das war es, was sie fertigbrachten. Wütend begann sie die Hütte zu durchstöbern.

Sie fand ein grobgezimmertes Bett aus Holzstangen und Reisig neben dem Feuerplatz, aber das Reisig war so alt, daß nur noch einige braune

Nadeln an den Zweigen hingen. Eine klobige Bank, aus einem Tannenstamm geschnitten, mit runden Birkenstöcken als Beinen. Einen zerbrochenen Tontopf in einer Ecke. In einer anderen Ecke einige Rahmen aus Eschenholz, wie sie Fallensteller zum Spannen der Felle zu brauchen pflegen. Sonst nichts. Das einzige Fenster war mit einer gespannten Elchblase verschlossen, gesprungen und verfault, aber sie hielt doch den Schnee ab und ließ etwas Licht durch.

Sie wischte den Schnee am Boden mit ihren Handschuhen zusammen, warf ihn hinaus und verschloß die Türe sorgfältig, indem sie den Riegel vorschob – wie wenn das die Kälte hätte abhalten können. Die Luft in der Hütte war frostig. Ihr Atem dampfte im schwachen Licht, das durchs Fenster drang. Der junge Herr Mears fiel auf seine nassen Knie und begann mit lauter Stimme zu beten. Sein Gesicht war steif vor Kälte, und seine Zähne klapperten beim Gebet. Er war eine mitleiderregende Erscheinung.

«Gebete wärmen nicht», sagte Kezia böse.

Er blickte auf, erstaunt über die Veränderung, die sich mit ihr vollzogen hatte. Kezia wunderte sich selbst über ihre Kühnheit; und kühn fuhr sie fort: «Es wäre klüger, Sie würden die nassen Mokassins und die Socken ausziehen und den Schnee aus Ihren Kleidern klopfen.» Sie ging mit dem Beispiel voran und schüttelte ihre Röcke und Fräulein Julias Mantel energisch aus. Dann kehrte sie ihm den Rücken zu, schlüpfte aus den Schuhen und zog neue Strümpfe aus dem Bündel. Sie warf ihm ein Paar zu.

«Ziehen Sie diese an.»

Er starrte auf die Strümpfe und seine großen Füße und sagte mit hoffnungsloser Stimme: «Ich glaube, sie werden nicht passen.»

Sie warf ihm eines ihrer Flanellnachthemden zu. «Dann ziehen Sie die Socken aus und wickeln Sie das um die Beine und Füße.»

Er gehorchte, in verlegenem Schweigen. Sie blickte in die Höhe – um seine Gefühle nicht zu verletzen – und sah ein Bündel auf einem Balken. Es war das Bettzeug des ehemaligen Eigentümers, das dieser dort vor den Mäusen in Sicherheit gebracht hatte. Sie stellte sich auf die Bank und zog drei Bärenfelle herunter, die durch Kugellöcher verdorben waren. Ein widerlicher, modriger Geruch verbreitete sich in der Kälte. Nachdenklich betrachtete sie die Felle.

«Nehmen Sie sie», sagte Herr Mears galant. «Ich habe alles, was ich brauche.»

«Sie sind morgen tot, und ich auch», gab sie heftig zurück, «wenn Sie nicht tun, was ich sage. Wir müssen uns in diese Felle wickeln.»

«Zusammen?» rief er erschrocken.

«Natürlich, wir müssen einander warmgeben. Anders geht es nicht.»

Sie breitete die Felle am Boden aus, die Haare nach oben, schob das eine ein wenig über das andere und zog den verlegenen jungen Mann zu sich herunter; sie preßte ihn in ihre Arme und überrollte sich mit ihm – einmal, zweimal –, bis sie einen einzigen, formlosen Haufen zwischen Türe und Feuerstelle bildeten – in der Ecke also, wo sie dem Durchzug am wenigsten ausgesetzt waren.

Hiems

Aus Vierjahreszeitenzyklus.
Jan van Almeloven (um 1652–nach 1683)
nach Herman Saftleven

«Legen Sie die Arme um mich», befahl die neue Kezia, und er gehorchte.

«Jetzt können Sie beten», sagte sie. «Wer sich selbst hilft, dem hilft Gott.»

Während er lange mit lauter Stimme betete, rief er im stillen den Himmel an, um Zeugnis abzulegen für die Reinheit seiner Gedanken in dieser seltsamen und schockierenden Lage. Zuletzt sagte er: «Amen», und Kezia wiederholte mit frommer Stimme: «Amen.»

Lange lagen sie ruhig. Jeder spürte den Atem des andern am Hals, und sie hörten die Herzen klopfen: das von Herrn Mears ging unregelmäßig, stokkend, das von Kezia regelmäßig wie das Pendel einer Uhr. Nach einer Weile hüllte eine angenehme Wärme die beiden ein. Sie entspannten sich und legten sich in den Armen zurecht. Der Sturm draußen zischte in den Tannenwipfeln, und gelegentlich hörte man ein Ächzen im gesprungenen Kamin. Der vom Wind getriebene Schnee strich weich an die Blase in der Fensteröffnung.

«Ich habe warm», murmelte Kezia. «Und Sie?»

«Ich auch. Wie lange müssen wir so liegenbleiben?»

«Bis der Sturm vorbei ist; morgen wahrscheinlich. Nordweststürme dauern gewöhnlich einen Tag und eine Nacht, besonders wenn sie so schnell losbrechen wie dieser. Haben Sie Hunger?»

«Nein.»

«Abigail, so heißt die Negerköchin bei den Barclays, hat mir Brot und Käse in ein Taschentuch gewickelt. Es ist in meinem Bündel. Herr Barclay meinte, wir sollten vor dem Abendessen in Bristol

Creek ankommen, aber Nabby sagte, ich müsse unterwegs doch etwas zu essen haben. Sie ist eine liebe Person, die alte Nabby. Wollen Sie wirklich nichts?»

«Wirklich nicht. Ich bin etwas müde, aber nicht hungrig.»

«Dann essen wir das Brot und den Käse am Morgen. Haben Sie eine Uhr?»

«Nein, leider nicht. Sie kosten so viel. Lady Huntingdon ...»

«Es macht ja nichts. Es muß etwa vier Uhr sein, das Licht wird schwächer. Bei einem Schneesturm wird es immer sehr schnell dunkel.»

«Dunkel», wiederholte der junge Herr Mears schläfrig. Kezias Haare – gestern abend für die Hochzeitsreise noch gewaschen – berührten sein Gesicht. Ein angenehmer Duft ging von ihnen aus. Er erinnerte ihn an etwas. Er schlief ein, während er an seine Mutter dachte, sein Gesicht in die Kurve zwischen Kezias Hals und Schulter gepreßt. Im Schlafen lächelte er und murmelte Worte, die sie nicht verstand. Nach einer Weile küßte sie ihn auf die Wange. Sie tat es wie selbstverständlich, es schien nichts dabei zu sein.

Bald schlummerte sie selbst und träumte. Aber nur abschreckende Gesichter bevölkerten ihre Träume: Herr Barclay, Frau Barclay, Herr Hathaway – besonders Herr Hathaway. Herrn Hathaways harte, gierige Augen blickten aus einer wirren Dunkelheit hervor und tasteten ihren zitternden Körper ab – wie ein kalter Wind. Dann saß sie schlotternd am Küchenherd der Barclays und ließ Herrn Hathaways Zärtlichkeiten über sich ergehen, während sie im stillen wünschte, tot zu sein. Mitten in dieser ekelhaften Szene wachte sie auf.

In der Hütte war es völlig dunkel. Herr Mears atmete ruhig gegen ihren Hals. Aber draußen ließen sich schwere Schritte hören – oder ahnen? Der Schnee machte die Laute fast unhörbar. Sie rüttelte den jungen Mann, der sich im plötzlichen Erwachen instinktiv an sie klammerte.

«Sch – sch!» warnte sie ihn. «Draußen bewegt sich etwas.» Sie fühlte, wie er vor Schreck zusammenfuhr.

«Bären?» flüsterte er.

«Quatsch!» dachte Kezia. Die Engländer dachten noch immer, daß die Wälder voller Bären seien. Im Winter machten sie sowieso den Winterschlaf. Ein Karibu vielleicht, oder wahrscheinlich ein Elch, denn die Karibus wanderten im Winter landeinwärts, den Flüssen entlang, zu den moosreichen Sümpfen, weg von der Küste mit ihren Stürmen. Da, wieder die Schritte.

«Da ist es!» zischte der Pastor. Beide Herzen schlugen schnell.

«Die Türe! Sie haben sie verriegelt, oder?»

«Ja», sagte sie. Da fiel es ihr plötzlich ein.

«Rollen Sie sich um, schnell!» rief sie. «Nein, nicht so herum, auf die andere Seite.»

Sie überrollten sich – lächerlich sah es aus –, und das Mädchen erhob sich und rannte in den Strümpfen über den Boden und machte sich am verfaulten Riegelbalken zu schaffen. Herr Mears wollte ihr folgen, aber er stolperte über das Nachthemd, das um seine Füße gewunden war, und fiel geräuschvoll der Länge nach hin. Einen Augenblick später stand er da und ergriff die Holzbank als Waffe, während er seine nackten Füße auf dem eisigen Boden vertrat. Er versuchte Kezia auf die Seite zu schieben und rief: «Zurück! Ich besorge das schon!» Dabei schwang er die Bank in der Dunkelheit.

Sie lachte. «Unsinn», sagte sie. «Es ist das Pferd.» Sie zog die Türe auf. In der seltsamen, gespenstischen Trübe der Schneenacht erblickten sie eine große, dunkle Form. Die Form wieherte leise und streckte ein langes Gesicht durch die Türe. Herr Mears ließ vor Staunen die Bank fallen.

«Es ist wieder zur Vernunft gekommen und uns nachgelaufen», sagte Kezia und lachte von neuem. Sie legte die Arme um den verschneiten Kopf und preßte ihr Gesicht dagegen.

«Braves Rößchen, braves, braves Rößchen!»

«Was machen wir jetzt?» murmelte der Pastor über ihre Schulter. Nach der Nestwärme in den Bärenfellen zitterten sie beide in der eisigen Kälte.

«Wir müssen es hereinnehmen, wir können es nicht draußen im Sturm lassen.» Sie ergriff die Zügel und lockte das Pferd mit schnalzenden Lauten. Das Tier zögerte, aber die Angst vor dem Sturm und die Aussicht auf Schutz und Gesellschaft gaben den Ausschlag. Es kam herein und trampelte schwerfällig über den hölzernen Boden. Der Pastor zog die Türe zu und schob den Balken vor.

«Und jetzt?» fragte er.

«Zurück in die Felle. Schnell! Es ist fürchterlich kalt!»

In die Felle eingerollt, umschlangen sie sich

instinktiv, und das Gesicht des jungen Mannes fand den angenehmen Winkel bei Kezias weichem Hals wieder. Aber jetzt kam der Schlaf nicht mehr so leicht. Das Pferd wieherte von Zeit zu Zeit leise und stampfte auf den Boden. Die angefaulten Stämmchen knackten bei jeder Bewegung unter seinen Hufen, und Kezia zitterte beim Gedanken, daß es einbrechen könnte. Im Schrecken würde es blind umhertappen und die Hütte zum Einsturz bringen. Sie rief ihm zu: «Langsam, Rößlein, langsam!»

Es war eine lange Nacht. Die Unebenheiten des Bodens machten sich trotz der Felle bemerkbar; und da sie sich immer umschlungen halten mußten, wurde die Blutzirkulation gestört; Körperteile wurden steif, und die Muskeln wollten sich zur Wehr setzen. Alles tat ihnen weh, als das Morgenlicht das Fenster heller färbte. Sie rollten sich aus den Fellen, erhoben sich erleichtert und stampften armeschwingend von einem Ende der Hütte zum andern. Kezia schnürte ihr Bündel auf und holte Nabbys Brot und Käse heraus; sie frühstückten am Rande des Reisigbettes, die Felle über die Schultern geschlungen. Draußen fiel kein Schnee mehr.

«Wir müssen sofort weiter», sagte der Pastor. «Herr Hathaway wird Angst haben.»

Kezia schwieg. Sie traf keine Anstalten zu gehen, und er blickte sie verwundert an. Sie sah frisch und munter aus, die Strapazen der Nacht hatten keine Spuren hinterlassen. Er fuhr sich mit der Hand übers Gesicht und dachte, was für einen ungepflegten Eindruck er auf sie machen müsse mit den Bartstoppeln im blassen Gesicht.

«Herr Hathaway...», wollte er fortfahren.

«Ich gehe nicht zu Herrn Hathaway», sagte Kezia ruhig.

«Aber – und die Hochzeit!»

«Es gibt keine Hochzeit. Ich will Herrn Hathaway nicht heiraten. Es war seine Idee und die von Herrn und Frau Barclay. Sie wollten, daß ich ihn heirate.»

«Was werden die Barclays dazu sagen?»

Sie zuckte die Schultern. «Ich bin ihr Verdingkind gewesen, seit ich vierzehn Jahre alt war. Aber ich bin keine Sklavin wie die alte Nabby, und man kann mich nicht einfach verkaufen, mit Leib und Seele, wenn man gerade will.»

«Ihre Seele gehört Gott», sagte Herr Mears salbungsvoll.

«Und mein Körper gehört mir!»

Die Bestimmtheit in ihrer Stimme beunruhigte ihn, aber er sagte freundlich: «Gewiß. Jemanden ohne wirkliche Zuneigung zu heiraten ist eine Sünde vor Gott. Aber wie wird es Herr Hathaway aufnehmen?»

«Zuerst will er wohl wissen, wo ich übernachtet habe, und ich muß ihm die Wahrheit sagen. Ich werde sagen, daß ich die Nacht in einer Waldhütte verbracht habe – mit Ihnen zusammengerollt.»

«Zusammengerollt?»

«Ein Brauch, den Einwanderer von Connecticut eingeführt haben, als sie nach Neu-Schottland kamen. Arme Leute machen das noch immer – Verliebte, meine ich. Man spart Holz und Kerzen, wenn man an einem Winterabend zusammen ist. Es ist ja harmlos, man behält die Kleider an, wie wir zwei, aber Barclay und die andern Methodisten sind dagegen. Herr Barclay ließ den alten Herrn Mings, den Methodistenpastor, der letztes Jahr gestorben ist, eine Predigt darüber halten; das Zusammenrollen sei eine Teufelserfindung, sagte Herr Mings.»

«Und wenn Sie zu Herrn Barclay zurückgehen ...»

«Er wird mich das gleiche fragen, und ich werde die gleiche Antwort geben müssen. Ich darf doch nicht lügen, oder?» Sie blickte verlegen zu Boden.

«Das alles ist so seltsam, so überraschend», stammelte er. «Dieses Land – es gibt hier so vieles, was ich noch nicht kenne, was ich noch lernen muß. Sie – ich – wir müssen natürlich die Wahrheit sagen. Ich kann bestimmt irgendwo eine andere Stellung im Dienste Gottes finden; aber was geschieht mit Ihnen, armes Kind?»

«Ich habe gehört, daß die Leute in Scrod Harbour einen Prediger suchen.»

«Das Gerücht würde mich bald einholen, nicht wahr? Dieses – hm! – Zusammenrollen mit einer jungen Frau?»

«Es würde nichts ausmachen, wenn es Ihre Frau wäre!»

«Wie ...?» Er vergaß, den Mund zu schließen. Er stand da wie ein erstauntes Kind, trotz des schwarzen Gewands und der Bartstoppeln am Kinn.

«Ich bin ein tüchtiges Mädchen», sagte Kezia, den Blick auf den Boden gerichtet. «Ich kann lesen und schreiben und kenne alle Melodien im Psalter.

Und – Sie brauchen jemanden, der zu Ihnen schaut.»

Er überlegte; es war alles wahr, was sie sagte. Dann murmelte er ungewiß: «Wir wären sehr arm. Lady Huntingdon hilft etwas, aber...»

«Ich bin immer arm gewesen», sagte Kezia. Sie saß ruhig, aber ihre kalten Finger zuckten auf ihrem Schoß.

Da tat er etwas, daß sie fast geweint hätte. Er ergriff ihre Hände, bückte sich und küßte sie.

«Aber ich kenne nicht einmal deinen Namen.»

«Ich heiße Kezia – Kezia Barnes.»

Er sagte leise: «Du bist ein tapferes Mädchen, Kezia Barnes; ich werde versuchen, dir ein guter Mann zu sein. Komm, wir gehen.»

«Sollten wir uns nicht noch küssen?» hauchte Kezia.

Zuerst berührte er ihre Lippen ungeschickt. Aber der Geruch ihres Mundes schien ihm Kraft und Willen zu geben, und er küßte sie nochmals – mit Energie. Sie schlang die Arme um seinen Hals.

«Oh, Herr Mears!»

Wie wenig er sich auskannte! Er war nicht einmal auf die Idee gekommen, zwei oder drei Paar Strümpfe unter den zu weiten Mokassins anzuziehen; es war ihm nicht eingefallen, trockene Socken mitzunehmen. Die nassen von gestern lagen steif und gefroren am Boden. Sie zeigte ihm, wie man die hartgefrorenen Mokassins weichknetet, und während er das Leder bearbeitete, riß sie eines ihrer Nachthemden in Streifen und wickelte diese um seine Füße und Beine. Es sah seltsam aus, und sie lachten beide.

Sie froren am ganzen Körper, als sie aufbrachen, der Pastor voraus, die Zügel in der Hand, und Kezia auf dem Pferd. Als sie zu der Stelle kamen, wo sie den Pfad verlassen hatten, sagte Kezia: «Die Sonne geht in dieser Jahreszeit etwa zwischen Osten und Südosten auf. Behalten wir sie eine Weile über der linken Schulter. So kommen wir nach Port Marriott zurück.»

Als sie wieder ins grüne Unterholz kamen, sagte sie, er solle die Sonne über dem linken Auge behalten.

«Hast du deine Meinung geändert?» fragte er lächelnd. Das Gehen hatte ihn angewärmt.

«Nein, aber die Sonne ändert ihre Position.»

«Was für ein kluges Köpfchen du hast!»

Sie kamen über einen Hügel mit Tannenwald und erblickten plötzlich eine abfallende Ebene, wo Holz geschlagen worden war.

«Sehen Sie!» rief das Mädchen. Der weiße Pfad zeichnete sich unten am Holzschlag ab, wo er mit der Axt durch den Wald geschlagen worden war. Wie ein weißer Korridor führte er zwischen die Tannen hinein.

«Gott sei gelobt!» sagte Herr Mears.

Als sie den Pfad erreicht hatten, stieg Kezia ab.

«Nein!» empörte sich Herr Mears.

«Reiten und gehen», sagte sie bestimmt. «So sind wir gekommen, und so gehen wir zurück. Und überhaupt: ich will warme Füße kriegen.»

Er stieg ungeschickt auf und lächelte auf sie herunter.

«Und was geschieht, wenn wir in Port Marriott ankommen?»

«Wir gehen zum Pastor der Neulicht-Gemeinde und lassen uns trauen. Dann mit dem Postschiff nach Scrod Harbour.»

Er nickte und rückte seinen Hut zurecht. Sie dachte an alles. Eine herrliche Gehilfin im Dschungel der Welt. Er betrachtete jetzt alles als eine Fügung der göttlichen Vorsehung.

Kezia blickte ihm nach, bis er verschwunden war. Dann schnürte sie schnell ihr Bündel auf und nahm das Ding heraus, das die ganze Nacht dort (und auf ihrem Gewissen) gelegen hatte – das Feuerzeug, Herrn Barclays Hochzeitsgeschenk für Herrn Hathaway. Sie warf es ins Gebüsch und begann zu gehen, mit gehobenen Röcken, auf der Spur des Pferdes. Leise summte sie die Melodie eines Psalms vor sich hin, während sie durch den Schnee stampfte.

MEINRAD INGLIN

1893–1971

Unverhofftes Tauwetter

Während der letzten strengen Kälte wurde in einem tief verschneiten Bergdorf auf unwahrscheinliche Art ein Ärgernis aus der Welt geschafft, dem man das schlimmste Ende vorausgesagt hatte. Unwahrscheinlich wirkten auch die beiden Hauptpersonen, um die es dabei ging, Balthasar und Kathrine Aaschwandner, ergraute Eheleute aus dem Bauernstand, beide um einen Kopf größer als das meiste übrige Mannen- und Weibervolk talaus, und beide im grimmigsten Zank miteinander. Die mächtig gebaute Frau konnte es an Körperkraft mit dem stärksten Mann aufnehmen, sie schritt auch aus wie ein Mann und hatte eine klangvolle Stimme, einen klaren tiefen Alt, aber ein Gesicht, das trotz dem kantigen Umriß durchaus nur einer Frau gehören konnte, ja mit seinen vollen Lippen und sorgenschweren dunklen Augen sogar auch jetzt noch ein sympathisches Frauengesicht war. Im Unterland konnte sie durch keine Ortschaft gehen, ohne daß die Leute sich nach ihr umwandten, aber sie haßte das Aufsehen, das sie erregte, und wurde rot vor Zorn, wenn müßige junge Gaffer, von denen sie unter jedem Arm mindestens einen hätte wegtragen können, hinter ihr her witzelten. Sie stammte, wie ihr Mann, aus einer Gegend, wo der noch unvermischte Bauernschlag Menschen von solchem Körpermaß nicht allzu selten hervorbrachte und wo sie beide auch kaum auffielen.

Es ging ihnen nicht gut. Das Haus, in dem sie wohnten, war zwar noch ein Bauernhaus, aber die Wiese davor wurde in ihrer ganzen Länge von einer breiten Autostraße durchschnitten, und dort, wo ein Gaden im Winter sieben Kühe und den Heustock geborgen hatte, diente jetzt eine Garage mit Tankstelle dem Verkehr. Sie hatten natürlich eine rechte Entschädigung bekommen und ein neues Heimwesen gesucht, aber kein geeignetes gefunden, weil es wohl für die Industrie, aber längst nicht mehr für alle Bauern Bauernland zu kaufen gab. So waren sie in ihrem Hause sitzengeblieben, hatten zwei Töchter für die Heirat ins Unterland ausgestattet, den jüngeren Sohn in die Mechanikerlehre geschickt, den älteren in eine städtische Fabrik entlassen und selber aus dem Erlös gelebt.

Balthasar war der stärkste, lebenslustigste Bursche des Tales gewesen und auch nachher ein fröhlicher Mann geblieben, nicht der schlaueste, aber ein ordentlicher Bauer und gutmütiger Familienvater. Jetzt, nachdem er außer den paar Handreichungen im Hause und aushilfsweisen Arbeiten bei Nachbarn nichts Rechtes mehr zu schaffen hatte, wurde er noch einmal übermütig, tat sich im «Adler» als starker Mann und ausdauernder Jasser hervor, trank, soviel er mochte, und schwankte nach Mitternacht oft schwer geladen zu seiner Riesenfrau nach Hause. Hier aber schlug das Wetter jetzt um.

«Bälzel», rief sie, aus dem Schlaf geschreckt, als er sich im gemeinsamen Schlafzimmer polternd auszog, «wenn du so weiterfährst mit Saufen und Geldausgeben, lernst du mich noch von einer anderen Seite kennen. Lang schau' ich dir nicht mehr zu, daß du's weißt!»

«Was du nicht sagst!» erwiderte er staunend, aber ohne jeden Ernst, legte sich neben ihr in sein krachendes Bett, wohlgelaunt, weil er beim Jassen gewonnen hatte, und schlief rasch ein.

Balthasar und Kathrine hießen sie nur auf dem Papier. Jahrelang hatte sie ihm Balz gesagt, manchmal zum Spaß auch Bälzel, aber wenn sie ihn jetzt wieder Bälzel nannte, klang es nur noch drohend. Er sagte ihr Kathry und hatte ihr früher unter vier Augen wohl auch Käthi gesagt, jetzt rief er sie, wenn sie ihn reizte, Kätsch und hieß sie das Maul halten. Sie überfiel ihn aber, wenn er beduselt heimkam, mit immer härteren Vorwürfen und ließ sich weder durch grobe Erwiderungen noch durch stummen Trotz oder gespielte Gleichgültigkeit abschrecken. Er gewöhnte sich nicht daran, dafür sorgte sie.

Sie wohnten zuoberst im Dorf, und der Gasthof «Adler» war das unterste Haus an der Straße, aber wenn Balz sich dahin auf den Weg machte, benützte er statt der Autostraße einen schmalen Fußpfad, der hinter den Häusern herum durch die Wiesen auch zum Ziel führte. In Hose und Hemd oder im grauen Lismer, je nach der Jahreszeit, doch immer ohne Hut, trat er gelassen in die schlecht beleuchtete niedere Wirtsstube, ging in seinem gewohnten wuchtigen Schlenderschritt gleichmütig an bekannten und verwundert aufblickenden fremden Gästen vorbei in die Ecke zum Jaßtisch und trank hier im Verlaufe des Abends Bier, Wein, Most und schwarzen Kaffee mit Kräuterschnaps in wechselnder Reihenfolge. Nicht immer, aber häufig kam ein Kartenspiel zustande, das bald harmlos verlief, bald mit höheren Einsätzen über die mitternächtliche Polizeistunde hinaus im Hinterstübli leidenschaftlich fortgesetzt wurde. Balz war meistens in guter Laune, ließ zu Trumpfstichen die eisenharten Knöchel seiner Faust auf den Tisch krachen, begrüßte den Ländler einer anlaufenden Tanzplatte mit Jauchzerschreien und stampfte den Rhythmus auf den Boden oder stand auf, wenn er nicht zufällig ins Spiel verbissen war, faßte die Wirtstochter um die Mitte und schwang sie herum wie ein Junger. Stundenlang war ihm wunderbar wohl zumute, und er begriff nur schwer, warum ihm das verwehrt sein sollte.

Er vertrank das Jahr hindurch mehr Geld, als er meinte, und noch mehr verlor er im Spiel, aber er wollte nicht wissen wieviel und glaubte an sein Glück. Ließ ihn das Glück zu lang im Stich, dann ging eine merkwürdige Veränderung mit ihm vor, er verstummte, schüttelte immer wieder den Kopf und konnte es gar nicht fassen, daß ein so frohmütiger, argloser Mann wie er im Pech steckenblieb. Dabei war es trotz seiner schwindenden Zahlungsfähigkeit nicht der Verlust als solcher, der ihn bedrückte, und noch weniger die Aussicht auf das bittere Ende, das dem Abend daheim bevorstand, sondern das dumpfe Gefühl einer ihn persönlich betreffenden tiefgründigen Änderung, das Gefühl des abergläubischen Wilden, der im Unglück niedergeschlagen die Mißgunst eines ihm bisher wohlgesinnten Geistes ahnt. Es brauchte wenig, ein paar bescheidene Gewinne nur, um ihn wieder aufzumuntern, aber es brauchte auch nicht viel, einen halben Liter etwa, um sein Gemüt völlig zu erschüttern.

Als er nachts einmal im Zustand einer solchen betrübten Trunkenheit heimkehrte und polternd die Treppe hinunter stürzte, trat oben seine Frau aus der Wohnung und sah schimpfend zu, wie er mit ausgestreckten Armen und versagenden Beinen den Aufstieg abermals versuchte. «Du verfluchter Saufteufel!» rief sie. «Daß du dich nicht schämst, so heimzukommen! Kannst ja nicht einmal mehr stehen. Bleib du nur drunten, brauchst gar nicht heraufzukommen, und ins Schlafzimmer herein kommst du mir in diesem Zustand überhaupt nicht mehr, du Unflat!» Damit verschwand sie. Balz erkletterte die Treppe wortlos, steuerte durch die Stube zur verriegelten Schlafzimmertür und hielt sich beim Versuch, sie zu öffnen, mit beiden Händen an der Türfalle, dann setzte er sich schwer auf das nahe Kanapee, legte den rechten Arm auf die Lehne, den Kopf auf den Arm und schlief gruchsend ein.

Eine Woche später stand er um zwei Uhr nachts noch einmal vor der verschlossenen Türe zum Schlafzimmer, angeheitert, aber nach einem Spielgewinn, der ihm zu seinem alten Selbstvertrauen verholfen hatte, und in übermütiger Laune. Eine Weile hörte er seiner empörten Frau zu, dann begann er an der Türe zu rütteln, daß die Wand erzitterte, und rief am Ende, vom Zorn übermannt, drohend: «Kätsch, mach auf! Willst du aufmachen oder nicht?» Er bekam nur grobe Vorwürfe zu hören, nahm mit wutrotem Kopf einen Anlauf, warf sich wuchtig gegen die Türe und sprengte sie auf. Ein Hagel von Verwünschungen empfing ihn, aber er sagte nichts dazu, er war ganz damit beschäftigt, seine eigene Wut zu beherrschen und weitere Untaten zu verhüten; verbissen schweigend ging er zu Bett. Am Tag darauf flickte er die Türe, so gut er es vermochte, und künftig wurde sie nicht mehr abgeriegelt.

Die Zusammenstöße wiederholten sich mit steigender Heftigkeit, der Mann tat unverbesserlich, was ihm gefiel, und die Frau kämpfte ohne Ermüdung weiter. Einmal landete Balz in der Geisterstunde einer stürmischen Dezembernacht mit drei lärmenden Jaßkumpanen im Haus und verlangte von der Frau, daß sie schwarzen Kaffee mache. Sie stand auf, betrat in einem Schlafrock ungestrählt die Stube, musterte die Gäste und erklärte schroff: «Wenn ihr nüchtern kommt und zur rechten Zeit, könnt ihr Kaffee haben, aber jetzt nicht.» Damit wies sie ihnen mit einer unwirschen Kopfbewegung die Türe. Balz brauste gewaltig auf und behauptete, hier sei er noch Herr und Meister, hier werde es auch ohne sie Kaffee geben, sie solle das Maul halten und machen, daß sie ins Nest komme. Er nahm die Schnapsflasche aus dem Schrank, stellte sie hart auf den Tisch und ging in die Küche hinüber, aber die Frau war mit ihm dort und pflanzte sich zur Verteidigung vor dem Herd auf. «Da hast du jetzt nichts zu suchen!» schrie sie ihn gellend an und wehrte ihn, da er sie wegdrängen wollte, mit Gewalt ab.

Die drei Kumpane kamen mehr oder weniger ernüchtert in die Küche und suchten das zornig ringende hünenhafte Paar zu trennen, wurden aber beiseitegeschoben wie Stühle und erklärten lärmend: «Wir verzichten auf den Kaffee. Hört auf! Wir bleiben keine Minute länger da. Fertig, wir gehen. Schluß!» Damit rumpelten sie hintereinander die Treppe hinab und verließen das Haus.

Balz rief nach ihnen, die Frau trat tief atmend vom Herd weg, und einen Augenblick standen sie scheinbar verlegen da, aber die Entscheidung war gefallen. Balz, immer noch gewaltig erzürnt und außerstande, diesen schmählichen Ausgang hinzunehmen, wandte sich mit einem Fluch von der Frau ab und folgte seinen Jaßgenossen. Die Frau ihrerseits begnügte sich nicht damit, das Feld behauptet zu haben, sondern lief dem geschlagen abgehenden Mann vor die Haustür nach und schrie in das sausende Schneetreiben hinaus: «Bälzel, bleib da! Hast du gehört? Du bleibst da!» Sie bekam keine Antwort und kehrte, Schimpfworte knurrend, ins Haus zurück.

Der Vorfall wurde von den drei abgewiesenen Nachtvögeln im Dorf herumgeschwätzt und brachte die berüchtigte Frau noch ärger in Verruf. Balz dagegen wurde bedauert; dieser bärenstarke, aber viel zu gutmütige Ehemann und leider aus der Bahn geworfene, daher leicht angefaulte Bauer sei in seinem eigenen Hause nicht mehr sicher, hieß es jetzt. Wenn er in einem harmlosen Dusel ein wenig zu spät heimkomme, lärme sein unbändiges Satansweib wie besessen, und nächstens werde sie ihn bei einer solchen Gelegenheit erschlagen. Wie falsch man die Frau und ihre Haltung damit beurteilte, erwies sich noch in demselben Winter, einem äußerst strengen Winter, der die Autostraße mit Schneemassen überhäufte und das Dorf vorübergehend vom Verkehr abschnitt, darauf noch im Februar allem Lebenden mit einer unbarmherzigen Kälte zuleibe rückte.

Aaschwandners brüchiger alter Kachelofen hatte Stube und Schlafzimmer zu erwärmen, durfte aber nicht zu stark geheizt werden und erkaltete jetzt viel früher als sonst. Einmal erwachte die Frau, weil sie fror, und machte Licht. Das Bett neben ihr war leer, der Wecker auf der Wäschekommode zeigte zwanzig Minuten über eins. Um halb zwei stand sie auf, ging in die Stube und legte die Hand an den Kachelofen. Der Ofen war kalt. Sie heizte ihn noch einmal vom Gang her mit dürren Stauden und Knebeln, trug einen zugefrorenen Wasserkessel aus der Küche in die Stube, wo sie ihn auf den Ofen stellte, und trat zum Fenster, durch das sie ihren besoffen den Schneepfad herauf schwankenden Mann zu sehen erwartete. Die mit Eisblumen überkrusteten Fensterscheiben waren undurchsichtig; sie öffnete ein Flügelchen und spähte in die schneebleiche Dämmerung hinaus, wo zu dieser Stunde kein lebendes Wesen zu entdecken war.

Fröstelnd schob sie mit der Krucke im Ofenloch das zur Glut abflauende Feuer zusammen, schloß die Klappe und schaute noch einmal zum Fenster hinaus, dann zog sie mit einem plötzlichen Entschlusse warmes Wintergewand und einen alten

Mantel an. Zehn Minuten darauf läutete sie hartnäckig, aber ohne Erfolg, an der Gasthaustür zum «Adler», ging laut rufend zu einem Fensterladen der Nebenstube, aus der Licht durch eine Ritze schimmerte, und trommelte mit beiden Fäusten den Wirt heraus. Aufbegehrend trat er unter die Türe, ein dicker Mann mit roten Backen, und behauptete, Balz sei nicht da. «Was, nicht da?» rief sie, schob ihn kurzerhand hinein und drang hinter ihm in die von Schnapsgestank und Stumpenrauch erfüllte Nebenstube. Am Tische saß der Besitzer der Garage, ein dunkelhaariger, aus dem Unterland zugewanderter Mann, den sie haßte wie den Teufel, weil er dort, wo man seit Jahrhunderten Kühe gemolken hatte, jetzt für herumrasende Fremde seinen verfluchten Benzintank molk und überdies ihren Mann zum Spielen verführte. Er rechnete auf der Schiefertafel mit der Kreide etwas aus und schien sich nicht um die Frau zu kümmern. Neben ihm stand ein ihr Unbekannter, den sie für einen Reisenden hielt, und starrte sie offenen Mundes an. Der Wirt nahm die auf dem Tische liegenden Jaßkarten zusammen und erklärte der Frau schnaufend: «Hab' Euch ja gesagt, er sei nicht mehr da. Er ist schon vor einer Viertelstunde fort.» – «Wohin?» fragte sie schroff. «Heim, nehm' ich an», antwortete er und fügte mit einem trüben Lachen hinzu: «Wenn ich darauf auch noch aufpassen müßte, hätt' ich viel zu tun.»

Die Frau packte ihn nach einem kurzen, ratlosen Schweigen drohend am Rockkragen und ließ sich noch einmal bestätigen, daß ihr Mann die Wirtschaft verlassen habe, dann ging sie auch. Sie ging zwischen Schneewällen und dunklen Häusern suchend die verlassene Straße hinauf, die Balz zur Heimkehr benützt haben mußte, da sie ihm sonst begegnet wäre, ging ins Haus, das sie nicht abgeschlossen hatte, ging ins Schlafzimmer vor die leeren Betten, durch die Stube zurück, in die Küche, in den Keller und wieder hinaus unter das menschenferne Sterngeflimmer, in die bitterkalte, totenstille Nacht. In einer würgenden Angst lief sie den schmalen Pfad noch einmal zum «Adler» hinab, vor dunkle Fenster und verschlossene Türen, kehrte um und achtete rechts und links auf jede Spur im Schnee. Sie fand unregelmäßige Stapfen, die von einem Mann herrühren mußten, und folgte ihnen. Die Spur führte zum Bachtobel hinüber, rutschweise ins Tobel hinab und drunten wieder deutlich über den zugefrorenen Bach ans dicht verwachsene andere Ufer, wo man auch nüchtern kaum mehr vorwärtskam. Hier stieß die Frau auf ihren Mann. Wie ein angeschossener Hirsch, der auf der Flucht ein Versteck wählt, wo er im Wundbett verenden wird, lag er hingestreckt im verschneiten Dickicht. «Balz, Balz!» schrie sie, stürzte sich auf ihn und rüttelte ihn wach.

Er stöhnte etwas Unverständliches, riß plötzlich die Augen auf, starrte seine Frau an und klagte dumpf, in einem jammervollen Tone: «Ich weiß es ja schon, weiß es schon, ich bin ein elender Hund, brauchst mir das gar nicht zu sagen. Herr Jesus! Ich hab' alles verspielt, es ist fertig ...»

«Steh auf und komm heim!» unterbrach sie ihn und griff ihm unter die Arme, aber er wollte nicht, er lag steif und willenlos da wie ein Klotz. «Steh auf

Hyems frigida
Aus Vierjahreszeitenzyklus.
Radierung und Kupferstich von
Martin Engelbrecht (1684–1756)

und komme, sonst erfrierst du!» wiederholte sie, nicht schimpfend, eher flehend, und versuchte ihn aufzurichten.

«Laß mich liegen!» erwiderte er. «Es ist aus, ich hab' keinen Rappen mehr, nur noch Schulden ... sie wollten nicht mehr weitermachen ... es hätt' auch nichts genützt.» Leise, mit einem entsetzten Blick in das ihm nahe, tief bekümmerte Gesicht seiner Frau, fügte er die geheimnisvolle Mitteilung hinzu: «Käthi! Es hed mi ganz la hocke.» Ein anderes Wort als dieses «Es» kannte er für die Macht nicht, die ihn hatte fallenlassen, die Macht, die Glück bescheren und verweigern oder die Waage im Gleichgewicht halten konnte.

Die Frau sah ein, daß sie den betrunkenen und verzweifelten Mann weder überreden noch ohne seine Hilfe rechtzeitig nach Hause schleppen konnte, und beschloß, einen Schlitten zu holen. «Balz, da, nimm den Mantel!» bat sie dringend, rollte ihn in ihren Mantel ein und ließ ihn so liegen. Als sie mit dem Hornschlitten kam, auf dem er noch vor wenigen Tagen eine schwere Burde dürres Holz aus dem Wald herab gesteuert hatte, schlief er schon wieder. Sie lud ihn auf, band ihn im Mantel mit einem Heuseil fest und packte die beiden Zughörner des Schlittens; vorgebeugt, die Beine in den Schnee gestemmt, riß sie kräftig an und zog ihn über die von Geröll durchsetzte Eisdecke bachauf, da die Tobelhänge für eine solche Schlittenfuhr schon hier zu steil waren und bachab noch steiler wurden. Auf einem Karrenweg, der ohne richtige Brücke über den Bach führte, kam sie nach schweren Mühen endlich zum Tobelrand hinauf und verschnaufte dampfend einen Augenblick, dann zog sie den Mann schnurstracks nach Hause. Hier weckte sie ihn wieder gewaltsam, schleppte ihn durch die Haustür und brachte ihn vor der Treppe, die er unter schwierigen Umständen schon oft allein erklommen hatte, endlich auf die Beine.

Sie brauchte auch jetzt noch Kraft und Geduld genug, aber sie ruhte nicht, bis er ausgezogen und angewärmt im Bette lag. Sie dachte, wie immer, nicht an sich, nur an ihn. Sie hatte ihre Sorge, eine instinktive, selbstvergessene Sorge, von den erwachsenen Kindern längst auf den Mann übertragen, auf das trotzige große Kind, das er manchmal war. Es ging ihr nicht darum und war ihr nie darum gegangen, eigene Rechte und Ansprüche gegen ihn durchzusetzen, öffentlich Schimpf und Schande auf ihn zu häufen oder ihn gar seinem Schicksal zu überlassen, sondern immer nur darum, ihn aufzuhalten und wieder einen ordentlichen Mann aus ihm zu machen.

Er selber hatte das in seiner urwüchsigen Einfalt nicht recht begreifen können, die Frau war zu ungeschickt mit ihm verfahren, aber jetzt begann er es einzusehen, vorerst nur verblüfft über die aufopfernde Hartnäckigkeit, mit der sie ihn dem Tod entrissen hatte, am Morgen darauf noch spröde widerstrebend, aber am Ende des Tages überwältigt.

Der Morgen begann mit einem Witterungsumschlag, der die Kälte milderte. Als Balz nachdenklich und bedrückt seinen schweren Kopf zum Fenster hinausstreckte, rief ihm seine Frau vom Brunnen herauf zu: «Es geht ein anderer Wind.» Beim Mittagessen blieb ihm das befürchtete Hagelwetter von Vorwürfen erspart, die Frau erklärte nur, ohne etwas zu vertuschen, es sei noch gut abgelaufen, und machte im übrigen ein paar verständige Vorschläge, wie man wieder etwas verdienen könnte, sie als Waschfrau, er vielleicht als Holzer. Abends holte er ächzend zu einer Art von Rechtfertigung aus, die sie ihm mit ein paar fast freundlich ablenkenden Worten erließ.

Im Dorfe, wo sie sich diesen ganzen Tag nicht gezeigt hatten, lief unterdessen das Gerücht um, das ungeheuerliche Weib habe nachts um drei Uhr den bedauernswerten Mann aus dem Wirtshaus geholt, wie ein Stück Vieh heimgetrieben und daheim halb tot geschlagen. Der Adlerwirt gab zu, daß die Frau nachts vor Wut gekocht, nicht aber, daß sie den Mann aus dem Wirtshaus geholt habe. Beunruhigt erwog er seine eigene Schuld an dem möglichen schlimmen Ende, ob der unglückliche, stumm und einsam wegtorkelnde Balz nun von seiner rasenden Frau zuschanden geschlagen worden oder bei den festgestellten zwanzig Kältegraden erfroren war.

Am Morgen des zweiten Tages überraschte nach der schon gestern angebrochenen Milderung ein stürmisch aus dem sonnigen Himmel herabstürzender lauer Föhnwind die heimgesuchte Welt noch mit der angenehmsten Wärme. An diesem Morgen wurden Mann und Frau Aaschwandner von der Straße aus gesehen, wie sie zusammen vor ihrem Hause den Schnee wegräumten und so friedfertig miteinander redeten, als ob sie an diesem unverhofften Tauwetter teilhätten. Sie selber deuteten nicht an ihrer wortkargen Versöhnung herum, aber in ihrem Herzen war die Frau für diesen hilfreichen Vorfrühling doch Himmel und Erde dankbar.

Advertite,
omnes populi,
rediculum
et audite, quomodo
Suevum mulier
et ipse illam
defraudaret.

Constantie
civis Suevulus
trans equora
gazam portans navibus
domi coniugem
lascivam nimis
relinquebat.

Vis remige
triste secat mare,
ecce subito
orta tempestate
furit pelagus,,
certant flamina,
tolluntur fluctus,
post multaque exulem
vagum littore
longinquo nothus
exponebat.

[Das Schneekind]

Hört an, ihr Leute,
einen lächerlichen Schwank,
und vernehmet,
welcher Art
einst ein Schwabenweib
den Mann betrog
und er's ihr heimgab.

Das Schwäblein
war von Konstanz
und ging übers Meer,
schatzbeladen war sein Schiff;
seine nur zu geile Frau
ließ er daheim im Hause.

Kaum pflügt das Ruderschiff
das graue Meer,
siehe, da erhebt
ein Sturm sich,
die Wogen wüten,
Winde blasen toll,
die Fluten spritzen,
und nach langem Kampfe treibt
unsern Wandersmann
der Südwind nach entferntem
Ufer.

Nec interim
domi vacat coniux;
mimi aderant,
iuvenes secuntur,
quos et inmemor
viri exulis
excepit gaudens
atque nocte proxima
pregnans filium
iniustum fudit
iusto die.

Duobus
volutis annis
exul dictus
revertitur.
Occurit
infida coniux
secum trahens
puerulum.
Datis osculis
maritus illi
«De quo», inquit, «puerum
istum habeas?
dic, aut extrema
patieris.»

At illa
maritum timens
dolos versat
in omnia.
«Mi», tandem,
«mi coniux», inquit,

Zu Haus indessen
feiert nicht die Frau.
Junges fahrndes Volk
umschwärmt sie:
und ohne an den fernen
Mann zu denken,
gibt sie hin sich.
Schwanger wird sie
alsobald, rechter Zeit bringt sie
zur Welt ein unrechtmäß'ges
Söhnchen.

Wie nun zwei Jahr
vergangen sind,
kehrt unser Reisender zurück.
Entgegen eilt,
die treulos war,
und schleppt mit sich
den kleinen Sohn.
Da der Mann zum Willkomm
sie geküßt hat,
fragt er: «Diesen Knaben hier,
woher hast du ihn?
Das sage, oder sehr schlecht
ergeht's dir!»

Sie, die vor ihrem
Mann erbebt,
hält schlau erdachte
List bereit:
«Oh», sagt sie endlich,
«oh, mein Ehgemahl,

«una vice
in Alpibus
nive sitiens
extinxi sitim.

Inde ergo gravida
istum puerum
damnoso foetu
heu gignebam.»

Anni post haec quinque
transierunt aut plus
et mercator vagus
instauravit remos:
ratim quassam reficit,
vela alligat
et nivis natum
duxit secum.

Transfretato mari
producebat natum
et pro arrabone
mercatori tradens
centum libras accipit
atque vendito
infante dives
revertitur.

Ingressusque domum
ad uxorem ait:
«Consolare, coniux,
consolare, cara:
natum tuum perdidi,

einst, da ich
in den Alpen war,
nahm ich Schnee,
um meinen Durst zu löschen:

davon ward ich schwanger, und
– verwünschte Geburt! –
ach, gebar ich diesen Knaben.»

Mehr als fünf der Jahre
waren nun vergangen,
und zur Reise wieder
rüstet er die Ruder,
setzt sein Fahrzeug in den Stand,
zieht die Segel hoch
und nimmt den schnee-
gezeugten Sohn mit.

Jenseits weit des Meeres
stellt er aus den Knaben
und verpfändet diesen
einem fremden Kaufmann,
hundert Pfund nimmt er dafür,
wird so los das Kind
und kehrt als reicher
Mann zur Heimat.

In sein Haus gekommen,
spricht er zu dem Weibe:
«Tröste dich, o Gattin,
tröste dich, du Teure,
mir verloren ging dein Sohn,

quem non ipsa tu
me magis quidem
dilexisti.

Tempestate orta
nos ventosus furor
in vadosas sirtes
nimis fessos egit
et nos omnes graviter
torret sol,
at ille nivis natus
liquescebat.»

Sic perfidam
Suevus coniugem
deluserat;
sic fraus fraudem vicerat:
nam quem genuit
nix, recte hunc sol
liquefecit.

den du mehr gewiß nicht
lieb gehabt als ich ihn selber.

Als ein Sturm entstanden,
warf die Wut der Winde
uns, die hocherschöpften,
hin an seichte Bänke,
wo die heiße Sonne uns
röstete,
und da zerschmolz der Sohn,
der schneegezeugte.»

So vergalt ein Schwabe
seinem ungetreuen Weib.
So besiegte Trug den Trug:
den der Schnee gezeugt,
der mußte an der Sonne
schmelzen.

NATHANIEL HAWTHORNE

1804–1864

Das Schneekind

Ein kindliches Wunder

Eines kalten Winternachmittags, als nach langem Sturm die Sonne mit frostiger Helligkeit hervorleuchtete, baten zwei Kinder ihre Mutter um die Erlaubnis, hinauszulaufen und im neugefallenen Schnee zu spielen. Das ältere der beiden, ein kleines Mädchen, wurde von seinen Eltern und allen, die es gut kannten, seiner Zartheit, Bescheidenheit und außergewöhnlichen Schönheit wegen Violet* genannt. Ihrem Bruder hingegen hatte die Rotwangigkeit seines breiten, runden Gesichtchens, das jedermann an Sonnenschein und große rote Blumen denken ließ, den Namen Peony** eingebracht. Der Vater der beiden Kinder, ein gewisser Mr. Lindsey, ein zwar trefflicher, aber äußerst nüchterner Mensch, seines Zeichens Eisenwarenhändler, pflegte, das muß unbedingt erwähnt werden, alle Dinge, die ihm unter die Augen kamen, starrköpfig mit dem sogenannten gesunden Menschenverstand zu betrachten. Sicher war er im Herzen ebenso gütig wie andere Leute, dafür aber im Kopf so hart und unempfänglich und vielleicht deshalb auch so leer wie die Eisentöpfe, deren Verkauf zu seinen Pflichten gehörte. Dagegen barg sich im Charakter der Mutter ein starker poetischer

* Veilchen

** Pfingstrose

Zug, ein Hang zu unirdischer Schönheit, gleichsam eine zarte, tauige Blume, die sie aus ihrer phantasiereichen Jugend hinüberretten und mitten im staubigen Alltag von Ehe und Mutterschaft hatte frisch erhalten können.

Nun also, Violet und Peony baten, wie ich schon gesagt habe, ihre Mutter, hinauslaufen und im Neuschnee spielen zu dürfen. Denn obgleich dieser, als er aus dem grauen Himmel herunterfiel, recht trübselig und langweilig ausgesehen hatte, bot er doch jetzt, da die Sonne ihn beschien, einen sehr fröhlichen Anblick. Die Kinder wohnten in der Stadt und hatten als Spielplatz nur einen kleinen Garten vor dem Haus, den ein weißer Zaun von der Straße schied. Ein Birnbaum und einige Pflaumenbäume überschatteten ihn; außerdem gab es mehrere Rosenbüsche dicht vor dem Wohnzimmerfenster. Jetzt allerdings standen Bäume und Sträucher kahl da; dafür aber waren ihre Zweige mit leichtem Schnee bedeckt, der ihnen so etwas wie Winterlaub gab, aus dem hie und da ein Eiszapfen als Frucht hervorlugte.

«Ja, Violet, ja, mein kleiner Peony», antwortete die freundliche Mutter, «ihr dürft hinausgehen und im Neuschnee spielen.»

Und die gute Frau packte ihre Lieblinge in Wolljacken und wattierte Mäntel, schlang ihnen Tücher um den Hals, zog über jedes Beinchenpaar ein Paar gestreifte Gamaschen und über die Hände Plüschfäustlinge und gab jedem von ihnen einen Kuß als Ersatz für ein Zauberwort, um den bösen Frost von ihnen fernzuhalten. Und hinaus stürzten die zwei Kinder mit einem solchen Freudensprung, daß sie denn auch sogleich in einem riesigen Schneehaufen landeten, aus dem Violet weiß wie eine Schneeammer hervorkam, während Peonys Gesicht, als er wieder erschien, nur um so runder und blühender leuchtete. Ach, wie sie das genossen! Beim Anblick ihres fröhlichen Treibens im Garten hätte man denken können, der finstere, unbarmherzige Sturm sei nur entfesselt worden, um Peony und Violet mit neuem Spielzeug zu versorgen, und sie selbst seien wie die Schneevögel eigens dazu geschaffen, sich am Unwetter und an der über die Erde gebreiteten Hülle zu entzücken.

Schließlich, als sie einander mit viel Schnee über und über beworfen hatten und Violet bei Peonys Anblick in schallendes Gelächter ausgebrochen war, fiel ihr etwas ganz Neues ein.

«Du schaust genau aus wie ein Schneemann», rief sie, «nur sind deine Wangen zu rot. Und drum habe ich mir etwas ausgedacht. Wir wollen einen Schneemann machen, aber keinen Mann, sondern ein kleines Mädchen, und das soll unsere Schwester sein und den ganzen Winter lang mit uns herumtollen und spielen. Wär' das nicht schön?»

«Oh, ja, das wär' schön», jauchzte Peony, so deutlich er konnte; denn er war noch sehr klein. «Und Mama soll es sehen.»

«Ja», antwortete Violet, «Mama soll das neue kleine Mädchen sehen. Aber sie darf es nicht ins warme Zimmer bitten; denn, weißt du, unser Schneeschwesterchen hat die Wärme nicht gern.»

Und sodann begannen die Kinder mit ihrer großen Aufgabe, ein Schneekind zu bauen, das herumlaufen konnte. Die Mutter, die am Fenster saß und Bruchstücke ihres Geplauders hörte, konnte nicht umhin, über den Ernst zu lächeln, mit dem sie die Aufgabe anpackten. Offenbar schienen sie es gar nicht für schwer zu halten, aus Schnee ein kleines Mädchen zu erschaffen. Und um die Wahrheit zu sagen: wann immer Wunder gewirkt werden, kann es nur so geschehen, daß wir uns genau mit der gleichen schlichten, zweifelsfreien Gemütsverfassung ans Werk machen wie Violet und Peony, ohne auch nur zu ahnen, daß es um ein Wunder gehe. Diese Erkenntnis huschte der Mutter durch den Kopf, und dann dachte sie noch, was für ein treffliches Material dieser frische, soeben aus dem Himmel gefallene Schnee doch zur Erschaffung eines neuen Wesens sei – wenn er nur nicht so kalt wäre. Noch ein Weilchen ließ sie den Blick auf ihren Kindern ruhen und entzückte sich am Beobachten dieser kleinen Gestalten. Das Mädchen war groß für sein Alter, anmutig und behende und von so zarten Farben, daß es mehr einem glücklichen Gedanken als einer physischen Realität glich, während Peony, fast breiter als hoch, auf seinen kurzen Beinchen herumstolperte und, wenn auch nicht so groß, doch so wirklichkeitsnah war wie ein Elefant. Dann nahm die Mutter ihre Beschäftigung wieder auf. Was sie arbeitete, weiß ich nicht mehr; entweder garnierte sie ein Seidenhäubchen für Violet oder stopfte ein Paar Strümpfe für Peonys kräftige Beinchen. Aber wieder und wieder und jetzt noch einmal mußte sie den Kopf zum Fenster drehen und zuschauen, wie die Kinder mit ihrer Schneefigur vorwärtskamen.

Und wirklich war es auch ein außerordentlich

reizvoller Anblick, diese fröhlichen kleinen Wesen bei der Arbeit zu sehen, und noch dazu erstaunlich zu beobachten, wie geschickt und kundig sie die Sache in die Hand nahmen. Violet hatte jetzt die Leitung übernommen und gab Peony eine Reihe von Aufträgen, während sie alle feineren Arbeiten an der Schneegestalt mit den eigenen zarten Fingerchen ausführte. Tatsächlich schien die Gestalt nicht so sehr von den Kindern gemacht zu werden, als aus sich selbst unter ihren Händen zu wachsen, während sie spielten und davon schwatzten. Dies wunderte die Mutter, und je länger sie hinschaute, desto mehr mußte sie darüber staunen.

«Was für eigenartige Kinder ich doch habe!» dachte sie und lächelte in mütterlichem Stolz. Und dann belächelte sie auch noch sich selbst mitsamt ihrem Stolz. «Welche anderen Kinder könnten beim ersten Versuch etwas aus Schnee formen, das einem kleinen Mädchen gleicht? – Nun, aber jetzt muß ich Peonys neuen Anzug fertigmachen; denn morgen kommt sein Großvater, und ich möchte, daß der Kleine dann recht stattlich aussieht.»

Also beugte sie sich über den Stoff und arbeitete bald ebenso emsig an ihrer Aufgabe wie ihre zwei Lieblinge an dem Schneekind. Doch auch noch während ihre Nadel durch die Säume des Kleides hin und her fuhr, machte die Mutter aus ihrer Mühe etwas Leichtes und Glückliches, weil sie den dünnen Stimmchen von Violet und Peony lauschte. Die beiden unterhielten sich die ganze Zeit über und beschäftigten die Zungen ebenso wie Hände und Füße. Abgesehen von vereinzelten Ausnahmen konnte die Mutter ihre Gespräche nicht deutlich verfolgen, hatte aber den wohligen Eindruck, sie beim erbaulich fortschreitenden Schaffen des Schneekindes in freudiger Verfassung zu wissen. Doch gelegentlich, wenn Violet und Peony die Stimmen hoben, hörte sie alles so deutlich, als sprächen sie hier bei ihr im Wohnzimmer. Oh, welch einen wonnigen Widerhall diese Worte in ihrem Herzen fanden, obgleich sie eigentlich gar nicht so etwas besonders Kluges oder Herrliches aussagten!

Aber wie man weiß, lauscht eine Mutter ja viel mehr mit dem Herzen als mit den Ohren, und daher ist sie oft entzückt von Wellen himmlischer Musik, wenn andere Leute gar nichts dergleichen vernehmen.

«Peony! Peony!» rief Violet ihrem Bruder zu, der in einen anderen Teil des Gartens gesprungen war, «bring mir ein wenig frischen Schnee aus der Ecke dort drüben, den wir nicht zertrampelt haben. Ich brauche ihn für die Brust unserer Schneeschwester. Und weißt du, dafür muß er ganz rein sein, genau so, wie er aus dem Himmel kommt.»

«Hier, Violet», antwortete Peony mit seinem derben, aber doch auch sehr süßen Stimmchen, als er durch den halb niedergetretenen Schneehaufen zurücktrottete, «hier ist der Schnee für ihr Brüstchen. Oh, Violet, sie sieht schon ganz wunderschön aus.»

«Ja», erwiderte Violet still und besinnlich, «unsere Schneeschwester ist wirklich schon sehr lieblich. Peony, ich habe gar nicht gewußt, daß wir ein so süßes kleines Mädchen machen können.»

Während die Mutter lauschte, dachte sie, wie

köstlich und durchaus passend es doch wäre, wenn Feen oder, noch besser, Engelskinder aus dem Paradiese kämen, unsichtbar mit ihren Lieblingen spielten, ihnen beim Formen ihrer Schneeschwester hülfen und ihr die Züge himmlischer Kindheit verliehen. Violet und Peony würden ihre unsterblichen Spielgenossen gar nicht gewahren, nur sehen, daß ihr Bildwerk, während sie daran arbeiteten, immer schöner werde, und glauben, sie selber hätten das alles zuwege gebracht.

«Wenn jemals sterbliche Kinder solche Spielgenossen verdient haben, dann sicherlich die meinen», dachte die Mutter und lächelte gleich darauf abermals über ihren mütterlichen Stolz.

Aber trotzdem ergriff dieser Gedanke Besitz von ihrer Phantasie. Und wann immer sie einen halben Blick aus dem Fenster warf, hoffte sie fast, goldhaarige Kinder aus dem Paradies mit ihrer ebenso goldhaarigen Violet und ihrem rotwangigen Peony spielen zu sehen.

Jetzt gab es für einige Augenblicke ein geschäftiges und ernstes, aber undeutliches Gemurmel der beiden Kinderstimmen; doch wurde dabei in aller Eintracht weitergearbeitet. Violet war offenbar noch immer der führende Geist und Peony der Handlanger, der ihr von fern und nah neuen Schnee heranschleppte. Und doch zeigte auch der kleine Schelm vollstes Verständnis für die Sache...

«Peony, Peony!» rief Violet, denn ihr Bruder befand sich wieder auf der anderen Seite des Gartens. «Bring mir die Schneewölkchen, die auf den unteren Birnbaumzweigen liegen. Du kannst sie leicht erreichen, Peony, wenn du auf den Schneehaufen steigst. Ich brauche sie, weil ich unserer Schneeschwester Löckchen um den Kopf machen will.»

«Da sind sie, Violet», antwortete das Bübchen. «Sei aber vorsichtig, daß du sie nicht zerbrichst. Sehr gut! Sehr gut! Wie hübsch!»

«Sieht sie nicht wirklich süß aus?» äußerte Violet höchst befriedigt. «Und jetzt brauchen wir unbedingt ein paar glänzende Eisstückchen, um ihr leuchtende Augen zu machen. Sie ist noch nicht ganz fertig. Mama wird sehen, wie schön sie ist, aber Papa wird sagen: ‹Ach, Unsinn – kommt herein aus der Kälte!›»

«Wir wollen Mama rufen, sie soll herausschauen», meinte Peony und schrie dann fröhlich: «Mama! Mama! Schau heraus, dann siehst du, was für ein schönes tleines Mädchen wir machen.»

Wieder legte die Mutter für einen Augenblick die Arbeit nieder und schaute aus dem Fenster. Aber da sank gerade die Sonne so tief zum Erdrand – denn es war einer der kürzesten Wintertage des Jahres –, daß ihr Abendschein der guten Frau schräg in die Augen fiel. Daher war sie, wie wir wohl verstehen, geblendet und konnte nicht genau sehen, was im Garten vorging. Aber trotz der blendenden Sonnenstrahlen und des neuen Schnees gewahrte sie eine kleine weiße Gestalt da draußen, die wunderbarerweise gar sehr einem lebendigen Menschlein glich. Und sie sah Violet und Peony – denn in Wirklichkeit beachtete sie natürlich diese beiden viel mehr als die kleine Gestalt – und konnte erkennen, daß die Kinder immer noch tief in ihrer Arbeit steckten. Peony trug frischen Schnee herbei, und Violet legte ihn fachmännisch wie ein Bildhauer der werdenden Figur auf. Das Schneekind sah die Mutter nur undeutlich und fand, ein vollendeteres Abbild und geschicktere Kinderhändchen habe es nie zuvor gegeben.

«Sie sind in allem begabter als andere Kinder», dachte sie höchst zufrieden. «Kein Wunder also, daß sie bessere Schneefiguren machen.»

Wieder setzte sie sich zu ihrer Arbeit nieder und eilte damit, so gut sie konnte, weil, obwohl es bald dämmerig werden sollte, Peonys Anzug noch nicht ganz fertig war und der Großvater ziemlich früh am Morgen mit der Eisenbahn erwartet wurde. Daher nähten ihre fliegenden Finger immer schneller und schneller. Auch die Kinder im Garten hielten sich emsig an ihr Werk, und immer wieder horchte die Mutter auf, sobald sie ein Wort erhaschen konnte. Sie freute sich an der Erkenntnis, wie stark die Phantasie der Kleinen in dem aufging, was sie gerade taten, und davon hingerissen wurde. Offenbar waren sie völlig überzeugt, das Schneekind werde umherlaufen und mit ihnen spielen.

«Was für eine nette Spielkameradin wir den ganzen Winter über haben werden!» sagte Violet. «Ich hoffe nur, Papa hat nicht Angst, wir könnten uns ihretwegen erkälten. Wirst du sie auch richtig liebhaben, Peony?»

«Oh, ja!» schrie ihr Brüderchen. «Und ich werde sie in den Arm nehmen, und sie soll neben mir sitzen und von meiner warmen Milch trinken.»

«Oh, nein, Peony!» entgegnete Violet ernst und weise. «Das geht nicht. Warme Milch wird unserer kleinen Schneeschwester nicht guttun. Kleine Schneeleute wie sie essen nur Eiszapfen. Nein, nein, Peony, wir dürfen ihr keine warme Milch zu trinken geben.»

Dann vergingen wieder ein paar Augenblicke in Schweigen; denn Peony, dessen kräftige Beinchen nie müde wurden, war abermals auf die Wanderschaft zum anderen Ende des Gartens gegangen.

Plötzlich rief Violet laut und glücklich aus: «Schau her, Peony! Komm schnell! Aus einer rosigen Wolke ist Licht auf ihre Wangen gefallen und geht nicht mehr weg. Ist das nicht wunderbar?»

«Ja, es ist wun-der-bar», antwortete Peony und sprach die drei Silben mit vorsätzlicher Genauigkeit aus. «Oh, Violet, aber schau dir doch mal ihr Haar an! Es leuchtet genau wie Gold.»

«Nun, sicher», sagte Violet sehr ruhig, als verstehe sich das von selbst. «Weißt du, das kommt von den goldenen Wolken, die dort drüben am Himmel stehen. Jetzt ist sie fast fertig, nur ihre Lippen müßten noch rot gemacht werden – röter als ihre Wangen. Peony, vielleicht werden sie rot, wenn wir sie küssen?»

In der Folge vernahm die Mutter denn auch zwei herzhafte Schmätzchen, welche ihre beiden Kinder dem Eismund des Schneewesens aufdrückten. Doch da dies die Lippen noch nicht rot genug zu machen schien, schlug Violet vor, das Schneekind sollte aufgefordert werden, Peonys scharlachrote Wangen zu küssen.

«Komm, tleine Schneeschwester, tüß mich!» rief Peony.

«Da! Jetzt hat sie dich geküßt», fügte Violet

hinzu, «und jetzt sind auch ihre Lippen rot genug... Sogar im Gesicht ist sie noch ein wenig röter geworden...»

«Ha, was für ein kalter Kuß!» schrie Peony.

Gerade jetzt kam eine Brise eisigen Westwindes auf, fegte durch den Garten und ratterte an den Wohnzimmerfenstern. Das klang so winterlich frostig, daß die Mutter eben mit dem Fingerhut an der Hand gegen die Scheiben klopfen wollte, um die Kinder hereinzuholen, als die beiden einstimmig nach ihr riefen. In ihren Stimmen lag kein überraschter Ton, obgleich sie offenbar sehr erregt waren. Vielmehr klang es so, als freuten sie sich über etwas gerade Geschehenes, das sie erwartet und mit dem sie seit langem gerechnet hatten.

«Mama! Mama! Unsere kleine Schneeschwester ist fertig und läuft mit uns im Garten herum.»

«Was für phantasiebegabte kleine Wesen meine Kinder doch sind!» dachte die Mutter und tat die letzten Stiche an Peonys Anzug. «Und das Seltsame dabei ist, daß sie mich beinahe zu einem ebensolchen Kind machen. Fast kann ich mich nicht gegen den Glauben wehren, das Schneekind sei wirklich lebendig.»

«Liebe Mama!» rief Violet. «Bitte, schau heraus und sieh, was für eine süße Spielkameradin wir haben!»

So flehentlich gebeten, konnte die Mutter nicht länger zögern, aus dem Fenster zu schauen. Inzwischen war die Sonne vom Himmel verschwunden, hatte jedoch auf den purpurnen und goldenen Wolken das reiche Erbe an Helligkeit hinterlassen, das winterliche Sonnenuntergänge so herrlich macht.

Doch gab es nicht die leiseste Glut oder Blendung, weder am Fensterglas noch auf dem Schnee, so daß die gute Frau den ganzen Garten und alles, was darin war, mühelos überblicken konnte. Und was, meint ihr, sah sie? Violet und Peony selbstredend, ihre eigenen zwei geliebten Kinder. Aber wen oder was sah sie außerdem noch? Nun, ob ihr's glauben wollt oder nicht, da war die kleine Gestalt eines Mädchens, ganz in Weiß gekleidet, mit rosigen Wangen und goldenen Löckchen, und spielte mit ihren zwei Kindern im Garten. Obgleich die Kleine hier fremd sein mußte, schienen Violet, Peony und sie auf vertrautem Fuß zu stehen, als wären die drei schon zeit ihres Lebens gute Spielgefährten. Die Mutter sagte sich, daß das zweifellos die Tochter irgendeines Nachbarn sein müsse, die, als sie Violet und Peony im Garten hatte spielen sehen, über die Straße gelaufen war, um sich zu ihnen zu gesellen. Deshalb ging die gute Frau zur Tür mit der Absicht, die kleine Ausreißerin in ihr behagliches Wohnzimmer zu bitten; denn nun, da die Sonne untergegangen war, wurde die Luft draußen zunehmend kälter.

Doch als sie die Haustür öffnete, blieb sie für einen Augenblick auf der Schwelle stehen und zögerte, die Kleine einzuladen, ja überhaupt mit ihr zu sprechen; denn nun zweifelte sie schließlich, ob das ein wirkliches Kind sei oder nur eine vom eiskalten Westwind hierhin und dorthin gefegte Wehe frischgefallenen Schnees. Ganz bestimmt umgab die kleine Fremde ein Hauch der Einzigartigkeit. Unter allen Kindern der Nachbarschaft gab es, soweit die gute Frau sich erinnerte, kein solch weißes und zart rosa getöntes Gesichtchen und keine solch goldenen, über Stirn und Wangen fallenden Locken. Und was das rein weiße Kleid betraf, das in der Brise hin und her flatterte, so war es derart leicht, daß keine vernünftige Mutter es ihrem kleinen Mädchen anzöge, wenn sie es im tiefsten Winter zum Spielen hinausschickt. Diese gütige und treubesorgte Frau erschauerte allein beim Anblick der kleinen Füße, die nur in einem Paar dünner weißer Hausschuhe steckten. Doch trotz dieser luftigen Kleidung schien das Kind nicht im geringsten unter der Kälte zu leiden, sondern tanzte so leicht über den Schnee, daß seine Zehenspitzen kaum einen Abdruck auf der reinen Fläche hinterließen, während Violet Mühe hatte, mit der Kleinen Schritt zu halten, und Peonys kurze Beinchen ihn zwangen, weit zurückzubleiben.

Einmal im Laufe ihres Spieles ergab es sich, daß das fremde Kind zwischen Violet und Peony zu stehen kam, die beiden an der Hand nahm und fröhlich mit ihnen dahintollen wollte. Doch fast im gleichen Augenblick zog Peony seine kleine Faust zurück und rieb sie heftig, als prickelten seine Finger vor Kälte. Violet ließ auch los, allerdings weniger jäh, und bemerkte ernst, es sei besser, sich nicht an den Händen zu halten. Das weißgekleidete Fräuleinchen sagte kein Wort, sondern fuhr ebenso fröhlich wie vorher mit dem Tanzen fort. Wäre es Violet und Peony lieber gewesen, nicht mehr mit der Kleinen herumzuwirbeln, so hätte sie ebensogut die Spielkameradin des scharfen, kalten Westwinds sein können, der sie weiterhin durch den Garten blies und sich solche Freiheiten herausnahm, als seien sie seit langem die besten Freunde. Während der ganzen Zeit stand die Mutter auf der Hausschwelle und fragte sich, wie es möglich sei, daß ein kleines Mädchen aussehe wie eine fliegende Schneewehe oder eine Schneewehe wie ein kleines Mädchen.

Sie rief Violet heran und fragte flüsternd: «Violet, mein Liebling, wie heißt eure Spielkameradin? Wohnt sie hier in unserer Nähe?»

«Aber, liebste Mama», antwortete Violet und lachte bei dem Gedanken, ihre Mutter könne etwas so Einfaches nicht verstehen, «das ist doch unsere kleine Schneeschwester, die wir gerade gemacht haben.»

«Ja, liebe Mama», rief Peony, auf seine Mutter zulaufend, und schaute ihr unbefangen ins Gesicht, «das ist unsere Schneeschwester. Ist sie nicht ein nettes tleines Kind?»

In diesem Augenblick flatterte ein Schwarm von Schneefinken durch die Luft. Wie es nur natürlich war, mieden sie Violet und Peony, flogen aber – und das bot einen seltsamen Anblick – sofort auf die weißgekleidete Kleine zu, umflatterten emsig ihren Kopf, ließen sich dann auf ihren Schultern nieder und schienen sie wie eine liebe Freundin zu begrüßen. Sie ihrerseits war offensichtlich ebenso froh, diese Vögelchen, die Enkel des kalten Winters, zu sehen und hieß sie mit ausgestreckten Händen willkommen. Da versuchten sie allesamt, auf ihren beiden Handflächen und den zehn Fingerchen Platz zu finden und einander unter wildem Geflatter ihrer winzigen Schwingen beiseite zu drängen. Ein zartes kleines Vögelchen ließ sich auf ihrer Brust nieder, ein anderes schnäbelte an ihren Lippen. Und sie waren so fröhlich und ganz in ihrem Element wie immer, wenn sie in einem Schneesturm spielen.

Violet und Peony standen bei diesem Anblick lachend da; denn sie freuten sich über das Vergnügen ihrer neuen Spielgefährtin mit den schmalflügeligen Gästen genau so, als hätten sie selbst daran teilgenommen.

«Violet», fragte die Mutter völlig verwirrt, «sag mir ganz ohne Spaß die Wahrheit: Wer ist das kleine Mädchen?»

«Aber, liebste Mama», antwortete Violet und blickte voller Ernst ihrer Mutter ins Gesicht, überrascht, daß es noch einer näheren Erklärung bedürfe, «ich habe dir doch schon ganz wahrheitsgetreu gesagt, wer sie ist: unsere Schneeschwester, die Peony und ich gemacht haben. Peony wird dir genau das gleiche sagen wie ich.»

«Ja, Mama», beteuerte Peony mit viel Ernst in dem knallroten kleinen Gesicht, «das ist unsere tleine Schneeschwester. Ist sie nicht nett? Aber, Mama, ihre Hand fühlt sich schrecklich kalt an.»

Während Mama sich noch immer nicht entschließen konnte, was sie denken und tun solle, wurde das Straßentor aufgestoßen, und der Vater der Kinder erschien, fest eingehüllt in seine Lotsenjacke, die Pelzkappe bis über die Ohren heruntergezogen und die dicksten Fäustlinge an den Händen. Mr. Lindsey war ein Mann mittleren Alters, dessen vom Wind gerötetes, fast erfrorenes Gesicht müde, doch recht glücklich dreinschaute, da er nach einem langen Arbeitstag in sein stilles Heim zurückkehrte. Beim Anblick von Frau und Kindern leuchteten seine Augen auf, obwohl er ein paar Worte der Überraschung, die ganze Familie an einem so trüben Tag und noch dazu nach Sonnenuntergang im Freien vorzufinden, nicht unterdrücken konnte. Gleich darauf bemerkte er die kleine, wie eine tanzende Schneewehe im Garten hin und her flitzende Fremde und den um ihren Kopf kreisenden Vogelschwarm.

«Mein Gott, wer ist denn dieses kleine Mädchen?» fragte der sehr nüchterne Mann. «Seine Mutter muß wohl verrückt sein, wenn sie es an einem so bitterkalten Tag wie heute in diesem weißen Fähnchen und diesen dünnen Pantoffeln ausgehen läßt.»

«Mein lieber Mann», antwortete seine Frau, «ich weiß über dieses kleine Ding nicht mehr als du. Irgendein Nachbarskind, nehme ich an. Violet und Peony», fügte sie hinzu und lachte über sich selbst, weil sie eine so absurde Geschichte wiederholte, «bestehen darauf, es sei ein Schneekind, das sie fast den ganzen Nachmittag lang selbst gemacht hätten.»

Als sie das sagte, ließ sie die Augen zu der Stelle schweifen, wo die Kinder ihr Schneeschwesterchen hergestellt hatten. Wie groß aber war ihre Überraschung, als sie sah, daß von dieser langen Arbeit nicht die kleinste Spur mehr vorhanden war – kein Schneekind weit und breit, kein aufgeschichteter Schneehaufen mehr –, nichts dergleichen, außer kleinen Fußstapfen rund um den leeren Platz.

«Das ist höchst seltsam», sagte sie.

«Was, liebe Mama?» fragte Violet. «Vater, siehst du denn nicht, wie es ist? Da tanzt unsere Schneeschwester, die Peony und ich gemacht haben, weil wir noch eine Spielkameradin brauchten. Nicht wahr, Peony?»

«Ja, Papa», sagte der rotwangige Peony. «Das ist unsere tleine Schneeschwester. Sieht sie nicht wunderbar aus? Aber sie hat mir einen so kalten Kuß gegeben.»

«Ach, Unsinn, Kinder», rief ihr guter, ehrlicher Vater aus, der, wie wir schon angedeutet haben, eine äußerst sachliche Art hatte, die Dinge zu sehen. «Erzählt mir doch nicht, ihr hättet aus Schnee ein Lebewesen gemacht! Komm, Frau, diese kleine Fremde darf nicht einen Augenblick länger draußen in der rauhen Luft bleiben. Wir wollen sie ins Wohnzimmer bringen, und du gibst ihr Brot und warme Milch zum Abendessen und machst es ihr so angenehm wie möglich. In der Zwischenzeit ziehe ich bei den Nachbarn Erkundigungen ein, schicke, wenn nötig, den öffentlichen Ausrufer durch die Straßen und lasse das verlorene Kind bekanntgeben.»

Mit diesen Worten ging der ehrliche und sehr gutherzige Mann in allerbester Absicht auf das weiße Fräuleinchen zu. Aber Violet und Peony ergriffen ihres Vaters Hände und flehten ihn an, es nicht ins Haus zu bitten.

«Lieber Vater», rief Violet und verstellte ihm den Weg, «alles ist wahr, was ich dir gesagt habe. Das ist unsere kleine Schneeschwester, und sie kann nur leben, solange sie im kalten Westwind atmet. Bringe sie nicht hinein in den warmen Raum!»

«Ja, Vater», brüllte Peony und stampfte mit dem Fuß auf, so ernst war es ihm mit der Sache, «sie ist wirklich nichts anderes als unsere tleine Schneeschwester, und das heiße Feuer kann sie nicht leiden.»

«Unsinn, Kinder! Unsinn, Unsinn!» rief der Vater halb gekränkt, halb belustigt durch ihren, wie er es empfand, törichten Eigensinn. «Lauft sofort ins Haus! Es ist ohnehin zu spät, jetzt im Freien zu spielen. Und ich muß mich gleich dieses Kindes annehmen, sonst erkältet es sich noch zu Tode.»

«Mann! Lieber Mann», sagte die Frau mit leiser Stimme – denn sie hatte das Schneekind jetzt von nahem betrachtet und war verwirrter denn je –, «in alledem steckt etwas sehr Seltsames. Vielleicht hältst du mich jetzt für närrisch – aber... aber... könnte es nicht sein, daß ein unsichtbarer Engel von der Schlichtheit und dem reinen Glauben, mit dem unsere Kinder diese Arbeit verrichtet haben, angezogen wurde? Vielleicht hat er eine Stunde von seiner Unsterblichkeit hergegeben, um mit diesen geliebten Seelchen zu spielen. Und daraus kann das entstanden sein, was wir ein Wunder nennen. Nein, nein, verspotte mich nicht! Ich sehe ja selbst schon ein, wie töricht dieser Gedanke ist.»

«Meine liebe Frau», sagte ihr Gatte herzlich lachend, «du bist ebenso ein Kind wie Violet und Peony.»

Und in einem gewissen Sinne stimmte das auch; denn sie hatte sich durch das ganze Leben hindurch ein Herz voll kindlichen, schlichten Glaubens bewahrt, so rein und klar wie Kristall; und da sie alle Dinge durch dieses transparente Medium sah, erkannte sie manchmal Wahrheiten von einer Tiefe, in der andere Leute weder Sinn noch Verstand entdecken konnten und sie verlachten.

Doch jetzt hatte der gute Mr. Lindsey sich freigemacht von seinen beiden Kindern, die immer noch mit schrillen Stimmen hinter ihm herriefen, das Schneekind draußen im kalten Westwind herumtollen zu lassen, und ging in den Garten. Als er sich näherte, stoben die Schneefinken davon. Auch das kleine weiße Fräuleinchen floh nach hinten, schüttelte den Kopf, als wollte es sagen: «Bitte, rühr mich nicht an!» und zog ihn, wie es schien, schelmisch dorthin, wo der Schnee am tiefsten lag. Bald strauchelte der gute Mann und fiel aufs Gesicht, so daß er, als er sich erhob, den rauhen Lotsenmantel voller Schnee, nun selbst so weiß und winterlich aussah wie ein Schneemann von riesiger Größe. Inzwischen fragten sich ein paar Nachbarn, die ihn von ihren Fenstern aus beobachteten, was den armen Mr. Lindsey so behext haben könnte, daß er im Garten hinter einer Schneewehe herjage, die der Westwind hierhin und dorthin trieb. Schließlich gelang es ihm nach sehr viel Mühe, die kleine Fremde in eine Ecke zu drängen, aus der sie ihm nicht mehr entkommen konnte. Im Zwielicht des endenden Tages schaute seine Frau ihm zu und war ergriffen vor Staunen, als sie sah, wie das Schneekind glänzte und funkelte und einen Lichtschein rings um sich her zu verbreiten schien. Und jetzt, in die Ecke getrieben, leuchtete die

Kleine ganz deutlich wie ein Stern. Es war ein winterlich kaltes Licht, das von ihr ausging, wie von einem Eiszapfen im Mondenschein. Und ebenso staunte sie, daß der gute Mr. Lindsey nichts Bemerkenswertes in der Erscheinung des Schneekindes wahrnahm.

«Komm, du wunderliches kleines Ding!» rief der ehrliche Mann und faßte es bei der Hand. «Nun, schließlich habe ich dich doch noch gefangen und werde es dir behaglich machen, auch gegen deinen Willen. Wir wollen dir hübsche warme Wollsocken über die erfrorenen Füßchen ziehen und dich in einen guten, dicken Schal wickeln. Dein armes Näschen ist, fürchte ich, schon ganz erfroren, aber wir werden es heilen. Komm hinein!»

Und so nahm dieser wohlwollende Ehrenmann mit einem freundlichen Lächeln auf dem klugen, vor Kälte rot angelaufenen Gesicht das Schneekind bei der Hand und führte es auf das Haus zu. Es folgte ihm gebeugt und zögernd. Alles Funkeln und Schimmern war dahin. Und während es soeben noch einem heiteren, frostigen, sternengeschmückten Abend geglichen hatte, schaute es jetzt so matt und schlaff aus wie Tauwetter. Als der gute Mr. Lindsey es die Türstufen hinaufführte, blickten Violet und Peony ihrem Vater ins Gesicht – die Augen voller Tränen, die gefroren, ehe sie die Wangen herabrollen konnten – und flehten ihn abermals an, das Schneekind nicht ins Haus zu bringen.

«Die Kleine nicht hineinbringen!» rief der gutmütige Mann. «Ihr seid wohl närrisch geworden, ihr beiden, Violet und Peony. Sie hat schon so kalt, daß meine Hand fast festfriert an der ihren, trotz meiner dicken Fäustlinge. Wollt ihr, daß sie vor Kälte stirbt?»

Seine Frau warf, als er die Stufen hinaufging, abermals einen langen, fast ehrfürchtigen Blick auf die kleine weiße Fremde. Kaum wußte sie, ob sie träume oder wache, konnte sich aber des Glaubens fast nicht erwehren, auf des Kindes Hals den Abdruck von Violets feinen Fingerchen zu erkennen. Es sah aus, als habe Violet, während sie die Gestalt formte, ihr einen sanften Klaps gegeben und versäumt, die dadurch entstandene Einbuchtung wieder zu glätten.

«Aber schließlich, lieber Mann», sagte die Mutter und griff den Gedanken, die Engel seien ebenso begeistert, mit Violet und Peony zu spielen wie sie selbst, wieder auf, «aber schließlich schaut sie einem Schneekind seltsam ähnlich. Ich glaube doch, daß sie aus Schnee besteht.»

Eine Westwindbö warf sich gegen das fremde Wesen, und wieder funkelte es wie ein Stern.

«Schnee!» wiederholte der gute Mr. Lindsey und zog die Widerstrebende über seine gastliche Schwelle. «Kein Wunder, daß sie dem Schnee gleicht, halb erfroren wie sie ist, die arme Kleine! Aber ein gutes Feuer wird alles wieder in Ordnung bringen.»

Ohne ein weiteres Wort und immer mit der besten Absicht führte dieser äußerst gutartige und vernünftige Mann das weiße Fräuleinchen, das mehr und mehr in sich zusammensank, aus der Eisluft in das behagliche Wohnzimmer.

Ein bis zum Rande mit glühendem Anthrazit aufgefüllter Dauerbrandofen sandte einen hellen

Schimmer aus der Fischleimverglasung seiner Eisentür und ließ das Wasser in dem darauf stehenden Behälter erregt dampfen und sprudeln. Ein warmer, drückender Geruch durchdrang den ganzen Raum. An der vom Ofen fernsten Wand zeigte das Thermometer achtzig Grad Fahrenheit. Das Wohnzimmer war mit roten Vorhängen und einem dunkelroten Teppich ausstaffiert und wirkte dadurch auf das Auge ebenso warm wie auf das Gefühl. Vom winterlich kalten Zwielicht draußen in diese behagliche Atmosphäre zu kommen, war wie ein Sprung von Nowaja Semlja in den heißesten Teil von Indien oder vom Nordpol unmittelbar in ein Backrohr. Oh, hier mußte sich die kleine weiße Fremde bestimmt wohl fühlen!

Der Mann mit dem gesunden Menschenverstand ließ das Kind auf die Matte dicht vor den dampfenden, zischenden Ofen treten.

«Nun wird sie es gut haben», rief Mr. Lindsey, rieb die Hände aneinander und schaute sich mit dem vergnügtesten Lächeln um. «Mach es dir behaglich, mein Kind!»

Traurig, sehr traurig sah das kleine weiße Mädchen aus, als es da gebeugt auf der Matte stand, während der Ofen es mit seinem heißesten Atem durchdrang wie mit einem Pesthauch. Schweigend ließ es die Augen zum Fenster gleiten und erhaschte durch die roten Vorhänge einen Blick auf die schneebedeckten Dächer, die kalt funkelnden Sterne und all die köstliche Gespanntheit einer bitterkalten Nacht. Der rauhe Wind ratterte an den Fensterläden, als fordere er es auf, rasch herauszukommen. Aber da stand es, das arme Schneekind, und sank vor dem heißen Ofen immer mehr in sich zusammen.

Der Mann mit dem gesunden Menschenverstand fand jedoch kein Arg.

«Komm, Frau», sagte er, «bring gleich ein dikkes Paar Strümpfe und einen Wollschal oder eine Decke! Und sage Dora, sie soll ein warmes Abendessen auftischen, sobald die Milch kocht. Und ihr, Violet und Peony, unterhaltet eure kleine Freundin! Sie ist, wie ihr seht, ganz verwirrt an diesem ihr fremden Ort. Ich für mein Teil will bei den Nachbarn die Runde machen und erfahren, wem sie gehört.»

Inzwischen war die Mutter fortgegangen, um einen Schal und Strümpfe zu holen; denn ihre eigene Meinung über diesen ganzen Vorfall hatte sich wie immer dem starren Materialismus ihres Gatten gebeugt. Ohne die Einwendungen seiner beiden Kinder, die immer noch murmelten, ihre kleine Schneeschwester liebe die Wärme nicht, zu beachten, brach der gute Mr. Lindsey auf und schloß die Wohnzimmertür sorgfältig hinter sich ab. Den Mantelkragen bis zu den Ohren hochgeschlagen, trat er aus dem Haus und hatte das Straßentor noch nicht erreicht, als er durch Violets und Peonys Schreie und das Klopfen einer Hand mit Fingerhut gegen das Wohnzimmerfenster zurückgehalten wurde.

«Mann!» rief seine Frau, und ihr entsetztes Gesicht zeigte sich im Fenster. «Du brauchst die Eltern des Kindes nicht mehr zu suchen.»

«Wir haben es dir gleich gesagt, Vater», schrien Violet und Peony, als er das Wohnzimmer wieder betrat. «Aber du wolltest sie unbedingt hereinbringen. Und nun ist unsere arme, liebe, wun-der-bare Schneeschwester geschmolzen.»

Und ihre eigenen süßen Gesichtchen waren auch fast aufgelöst in Tränen. Ihr Vater, der plötzlich sah, was für seltsame Dinge sich gelegentlich in dieser Alltagswelt zutragen können, verspürte keine geringe Angst, seine eigenen Kinder könnten ebenfalls schmelzen. In äußerster Verwirrung forderte er ein erklärendes Wort von seiner Frau. Sie konnte nur antworten, sie habe, herbeigerufen durch Violet und Peonys Klagelaute, keine Spur mehr von dem kleinen weißen Mädchen vorgefunden, es sei denn der Rest eines winzigen Schneehaufens, der, während sie noch hinschaute, auf der Ofenmatte weggeschmolzen sei.

«Und hier siehst du alles, was davon übriggeblieben ist», fügte sie hinzu und zeigte auf die Pfütze vor dem Ofen.

«Ja, Vater», sagte Violet und schaute ihn durch Tränen vorwurfvoll an. «Das ist alles, was von unserm Schneeschwesterchen übriggeblieben ist.»

«Böser Vater!» kreischte Peony, stampfte mit dem Fuß auf und – ich schaudere, es zu sagen – ballte eine kleine Faust gegen den Mann mit dem gesunden Menschenverstand. «Wir haben es dir gleich gesagt. Warum hast du sie hereingebracht?»

Und der Dauerbrandofen schien durch das Fischleimfenster seiner Tür den guten Mr. Lindsey wie ein Dämon anzuschauen und über den Schaden, den er angerichtet hatte, zu frohlocken.

Dies war, wie man bemerken wird, einer jener seltenen, doch gelegentlich eintretenden Fälle, für die der gesunde Menschenverstand nicht ausreicht. Die beachtenswerte Geschichte vom Schneekind scheint mir, obgleich sie jener gescheiten Klasse von Menschen, zu der Mr. Lindsey zählte, nur wie eine kindische Angelegenheit vorkommen mag, doch zu aufschlußreichem Nachsinnen anzuregen. Eine ihrer Lehren könnte zum Beispiel lauten, daß es den Menschen, und besonders den wohlwollenden, geziemt, reiflich zu überlegen, was sie tun, und vor allem sich genau zu versichern, ehe sie zu menschenfreundlichem Zwecke handeln, ob sie die Natur und alle Beziehungen der Angelegenheit richtig erfassen. Was für den einen als gut erkannt wurde, kann sich beim andern zum Schaden auswirken, wie die Wärme des Zimmers wohltätig ist für die Kinder aus Fleisch und Blut wie Violet und Peony – obgleich um Himmels willen auch für sie nicht unbedingt gesund – und dem Schneekind nichts Geringeres bringt als den Tod.

Aber letzten Endes sind so kluge Männer vom Schlag Mr. Lindseys nicht zu belehren. Sie wissen alles – oh, natürlich –, alles Gewesene, alles Gegenwärtige und alles Künftige bis in die fernste Ewigkeit. Und sollte eine Erscheinung der Natur oder der Vorsehung über ihre festgelegten Ansichten hinausgehen, werden sie das nicht erkennen, auch wenn sich das Ganze dicht vor ihrer Nase abspielt.

«Frau», sagte Mr. Lindsey nach einem Augenblick des Schweigens, «sieh nur, wieviel Schnee die Kinder an ihren Schuhen hereingetragen haben. Ein richtiger kleiner Teich ist vor dem Ofen entstanden. Bitte, sag Dora, sie soll ein Tuch bringen und die Bescherung aufwischen!»

ALBIN ZOLLINGER

1895–1941

Wintergewitter

Es blitzt in Explosionen von Schnee.
Weißer Geist
Fährt in Lücken der Lüfte, ein See
Der ergleißt.

Prasselnd in Trommeln voll Reif
Rollt der steinerne Donner aus.
Steif
Steht der Stille getünchtes Gespensterhaus.

Brach mit Kanonen der Sommer schwer
In den Wintertraum?
Schlägt sich jenseitiges Heer
Im Getümmel von Flaum?

Widerhallend in Schüssen des Lichts
Reift die Schlacht
Zu den Ordnungen höchsten Gerichts,
Das mit Gestirnen wacht.

Als blühte der Blitzglanz in Schnee
Aus gestillter Luft,
Rauscht's von flockiger Azalee
In Gewitterduft.

ANTOINE GÉRARD DE SAINT-AMANT

1594–1661

L'hiver des Alpes

Ces atomes de feu qui sur la neige brillent,
Ces étincelles d'or, d'azur et de cristal
Dont l'hiver, au soleil, d'un lustre oriental
Pare ses cheveux blancs que les vents éparpillent;

Ce beau coton du ciel de quoi les monts s'habillent,
Ce pavé transparent fait du second métal,
Et cet air net et sain, propre à l'esprit vital,
Sont si doux à mes yeux que d'aise ils en pétillent.

Cette saison me plaît, j'en aime la froideur;
Sa robe d'innocence et de pure candeur
Couvre en quelque façon les crimes de la terre.

Aussi l'olympien la voit d'un front humain;
Sa colère l'épargne, et jamais le tonnerre
Pour désoler ses jours ne partit de sa main.

ANTOINE GÉRARD DE SAINT-AMANT

1594–1661

Der Winter in den Alpen

Die feurigen Atome, so im Schnee erglänzen,
Die Funken von Azur, von Gold und von
Kristall,
Damit im Sonnenschein die weißen Haare all
Der Winter tut im Wind mit Türkenprunk
bekränzen;

Des Himmels Wollgewand, das ein die Berge
hüllet,
Die Silberfliesen klar (ich meine, was vereist),
Die reine, gute Luft, die Freund dem Lebens-
geist,
Mein leuchtend Auge mir mit großer Lust
erfüllet.

Die Zeit mir wohl gefällt; die Kälte auch, die
wilde;
Ihr Unschuldskleid verhüllt mit unbefleckter
Milde
Die Missetaten schier auf dieser ganzen Erde.

Ein sanfter Antlitz selbst der Götterfürst jetzt
trägt;
Sein Zorn verschont die Zeit: daß kein Ent-
setzen werde,
Den Donnerkeil er nie zu uns herniederschlägt.

December
Kupferstich von Crispin de Passe d. Ä. (um 1565–1637)

ALEXANDER PUSCHKIN

1799–1837

Die Lawine

Zerschellt, zerstäubt am Felsgestein
Stürzt in die Schlucht der Strom hinein:
Ich hör die Adler oben schrein,
  Es rauscht der Wald;
Und aus den Nebeln hebt sich rein
  Des Bergs Gestalt.

Dort riß sich die Lawine los
Und fiel mit dumpfem Prall und Stoß
Dem engen Flußbett in den Schoß
  Und schloß es zu;
Des Tereks Welle, grün und groß,
  Sie kam zur Ruh.

So jäh versiegt und angstversteckt,
O Terek, hast du dich erschreckt?
Doch durch den Schnee hat sich geleckt
  Des Flusses Gier;
Du überschwemmtest, wutgeweckt,
  Nun dein Revier!

Und lange lag an jenem Ort
Die kalte Last, vom Strom durchbohrt,
Und grollend lief er drunter fort;
  Sein nasser Staub
Umhaucht die Gletscherbrücke dort,
  Wittert den Raub.

Und drüber hin mit Roß und Rind,
Mit Hab und Gut und Weib und Kind
Die Menschen all gezogen sind,
   Ganz unversehrt,
Wo jetzt allein nur noch der Wind
   Die Luft durchfährt.

PAOLO MONELLI

1891–1984

Die Lawine

Am letzten Tag im Januar des Jahres 1939 setzte die vierundzwanzigste Gebirgsjäger-Kompanie des Bataillons Intra sich in Marsch zum Finestra di Balme-Paß hinauf, nachdem sie die Nacht auf den «Balme Alte» im oberen Tal von Ollomont zugebracht hatte und um fünf Uhr früh geweckt worden war. Über diesen Paß, so sagt man, soll Calvin am 8. März 1536 vor der Wut der Leute von Aosta geflüchtet sein, die er vergeblich von der Irrlehre zu überzeugen gesucht hatte. Schon einmal war die Kompanie auf ihrem Weg zur Paßhöhe durch die Wetterverhältnisse zurückgetrieben worden; doch dann hatte der Himmel sich kurz aufgehellt, und der Kompaniechef hatte angeordnet, das Unternehmen von neuem zu versuchen.

Es schneite; die Wolken hingen tief und es war neblig. Mit dem heraufziehenden Tag kam auch ein leichter Wind auf, der oben auf dem Kamm schon zum Sturm geworden war. Kurz nach halb zehn erreichte die Kompanie den Paß, und nach einer kurzen Rast trat sie den Rückmarsch an. Seit etwa einer Viertelstunde hatte sie die Paßhöhe verlassen und schickte sich gerade an, eine sehr steile Schlucht zu überqueren, durch die sie schon auf dem Hinweg gekommen war; die Füße fanden die Tritte wieder, die sie beim Aufstieg gemacht hatten. Der Zug der Skifahrer war bald hinüber, und auch ein großer Teil der Kompanie war bereits aus der Schlucht herausgestiegen, als man ein Getöse vernahm, ein dumpfes Dröhnen, das aus dem Inneren der Erde zu kommen schien und sich ausbreitete wie Donnergrollen. Die Soldaten des letzten Zuges spürten, wie ihnen der Halt unter den Schuhen wegrutschte. Der Hang zuckte, begann in Spalten zu bersten, aus denen der Schnee wirbelnd hervorbrach wie rasend schnell ausströmender Schaum. Einer, der die Sache als erster begriff, brüllte: «Die Lawine!» Sie wandten die entsetzten Gesichter nach oben, und ein Windstoß fuhr auf sie herab, der ihnen den Atem verschlug, sie vom Boden hob, etliche umwarf und rücklings niederriß. Wer versuchte, nach vorn an den Rand der Schlucht zu fliehen, über den rollte die Lawine schneller, schnürte ihm die Beine zusammen in einem sprudelnden Sog, überflutete ihn.

Der Gebirgsjäger Nelson Zorio aus Piedicavallo, Einberufener des Jahrgangs 1914, der aus Biella stammte und sich in den Bergen auskannte, verlor keine Zeit, nach oben zu schauen, sondern wendete sich kurz entschlossen dem Tal zu und stürzte in Sprüngen hinunter, während er mit den Augen suchte, wo der Schnee gefroren und unbeweglich aussah, denn er rechnete damit, schneller zu sein als die Lawine und an den Rand der Schlucht zu gelangen. Doch die Zeit reichte ihm nicht. Der Sturzbach des Schnees fesselte ihm die Beine, faltete sich gleichsam unter seinen Schuhen zusammen. Er versuchte, mit geschlossenen Füßen wegzuschlittern, so wie man es mit den Skiern macht, indem man der Wucht der Schneemassen nachgibt; doch er fand keinen Halt, und er fühlte mit einem Mal, wie er ins Weiche gedrückt und hineingerammt wurde, aufrecht stehend wie er war. Zwei große Stücke vereisten Schnees luden sich auf seine Schultern, hämmerten ihn nieder, als schlage man mit einem schweren Hammer auf einen Pfahl, um ihn tief in die Erde zu rammen. Er fand sich bis zu den Hüften fest eingepackt und umschlossen und hoffte, auf diese Weise davonzukommen, da die beiden gefrorenen Brocken, die sich über ihn gelegt hatten, ihm als Schild gegen die herabstürzende Lawine dienten. Sogleich aber bemerkte er, daß der Schnee seitlich und vor ihm aufschäumte, leicht und stiebend sich aufblähte, ihn in Wirbeln einhüllte, betäubte und zudeckte. Dann, plötzlich, beruhigte sich der Strudel; er sah den Nebel rings um sich dichter werden und begriff, daß er verschüttet war. Doch über seinem Kopf hörte er noch die Lawine donnernd dahinströmen.

Bis zur Brust war er eingemauert vom Schnee, der immer kompakter wurde; er spürte jedoch, daß von der Brust an aufwärts der Schnee leichter und nachgiebig war, und er begann, Schultern und Kopf hin und her zu bewegen und sich ringsum ein wenig Luft zu verschaffen; gleich wurde er gewahr, wie das Atmen freier, die Brust weniger zusammengedrückt wurde. Er sah verschleiertes, sanftes Licht und konnte die Enge seines Gefängnisses ermessen. Das Dröhnen der Lawine wurde schwächer, verebbte. Eine gewaltige Stille trat ein. Zorio begann um Hilfe zu schreien, damit sie kämen und ihn herauszögen. Er hörte Schritte, nicht weit entfernt; er schrie immer wieder, bis er sich heiser schrie. Keine Stimme antwortete ihm. Er wartete lange, er hatte das Vertrauen nicht verloren. Aber dann glaubte er, daß die Rettung sich verzögern werde und er darangehen müsse, sich allein herauszuhelfen. Er war aufrecht stehen geblieben, eingemauert mit ausgebreiteten Armen, gleichsam gekreuzigt. Er dachte: «Wirklich ein armer Christus.» Aber er dachte noch nicht, daß er so sterben könnte.

Allerdings, in jenem Winter, als er Rekrut in Valle Stretta war, hatte er gesehen, wie man seinen Leutnant, der nur wenige Stunden zuvor verschüttet worden war, tot barg – ein starres Stück Eis. Er lag einen halben Meter unter der Oberfläche. Als sie ihn fanden und auszugraben begannen, war er ganz und gar eingemauert in diesem nassen Schnee, der sofort hart wird wie Zement; er kam wie eine Skulptur, ein antikes Marmorstandbild zum Vorschein. Er dagegen hatte das Glück, daß der Schnee rings um seine Schultern und seinen Kopf mehlig und geschmeidig war. Es war zu hoffen, daß es so bleibe. Er konnte sich nicht erinnern, wann ihm das Gewehr und der Pickel aus den Händen geglitten waren. Vor allem mußte man die Hände an sich ziehen. Er hatte das Gefühl, sein linker Arm habe ein wenig Spielraum, und er begann, die Finger zu krümmen, bis es ihm gelang, sie zur Faust zu ballen. Mit geschlossener Faust und indem er seinen Arm wie einen Kolben hin- und herstieß und den Schnee zusammendrückte, brachte er es fertig, den Ellenbogen etwas zu bewegen. Auf diese Weise vermochte er durch Ellenbogenstöße gegen die Wände seines Gefängnisses – eigentlich müßte man es eher als eine Form bezeichnen, eine Form, wie Bildhauer und Keramiker sie verwenden – ganz langsam und allmählich die Höhle zu erweitern. Die Arbeit ging äußerst langsam vonstatten; oft mußte er innehalten, um seine Muskeln zu entspannen; doch er kam vorwärts. Als er endlich seinen Arm herausziehen und auf die Uhr an seinem Handgelenk sehen konnte (sie war nicht stehengeblieben), stellte er fest, daß es ein Uhr war. Seit etwa drei Stunden war er nun begraben, und von draußen hörte er nicht das geringste Geräusch. Sein Handschuh war steckengeblieben, seine Hand blutete. Um auch den anderen Arm zu befreien, brauchte er nur eine knappe Stunde; und schließlich konnte er sich mit beiden Ellenbogen auf eine Art Fensterbank stützen.

Jetzt begann die ernsthafte Arbeit. Aber nach welcher Seite sollte er graben? Hier kam ihm ein anderer Vorfall in den Sinn: Ein Holzfäller aus seinen Bergen war von einer Lawine verschüttet worden; er hätte sich retten können, denn er befand sich nur einen halben Meter unter leichtem und trockenem Schnee; doch der Anprall der Lawine hatte ihn umgeworfen, und so hatte er in der falschen Richtung zu graben begonnen. Bei der Schneeschmelze fand man ihn bäuchlings zum Berg gewandt, seine Hände in scharrender Haltung erstarrt, sein Gesicht von Entsetzen verzerrt. Es galt also aufzupassen, sich genau zu erinnern. Er war verschüttet worden, während er talwärts rannte, und seine Stellung hatte sich nicht verändert. Demnach sollte die Mauer vor ihm weniger dick sein, und er mußte geradeaus graben. Nach einer Weile glaubte er tatsächlich zu bemerken, daß die Wand auf dieser Seite ein wenig heller aussah. Er steckte die Finger in die weiche Wand, schabte Schnee heraus, preßte ihn fest in der Faust zusammen, um sein Ausmaß so weit wie möglich zu verringern. Nach und nach öffnete sich vor ihm ein Hohlraum, etwas gegen oben hin, in dem das Licht immer heller wurde. Dies ermutigte ihn, die Richtung stimmte. «Was für ein Glück», dachte er, «daß es noch Tag ist und das Wetter sich aufgehellt haben muß; wäre der düstere Nebel von heute morgen, hätte ich wohl kaum den gleichen Mut.» Schließlich höhlte er soviel Schnee aus, daß er mit ausgestreckten Armen den Raum ausmaß. Doch sein Rumpf war noch immer eingeklemmt. Er hatte unablässig rudernde Bewegungen gemacht und dann und wann die Muskeln seiner reglosen Füße gespannt, damit sie nicht erfrieren konnten. Jetzt begann er, sich mit noch größerer Energie hin und her zu wiegen und um sich herum einen größeren Hohlraum zu schaffen. Nur von den Hüften an abwärts war er wirklich wie eingegipst.

Wieder hörte er Schritte über seinem Kopf. Sie suchten ihn also immer noch, seine zuverlässigen Kameraden. Er fing erneut zu brüllen an; wie war es nur möglich, daß sie ihn nicht hörten? Nach ungefähr zehn Minuten entfernten sich die Schritte, jedoch nicht wie vorher zögernd, als seien sie bereit zurückzukehren, sondern irgend etwas am verhallenden Geräusch ließ ihn ahnen, daß die Kameraden die Suche aufgegeben hatten und fortgingen. Zorio überfiel ein Schwindelgefühl, als er sich bewußt wurde, wie allein er war, im Eisberg gefangen, verlassen und verloren. Einen Augenblick lang erfaßte ihn vollkommene Mutlosigkeit, und mit der Gewißheit, nie mehr aus diesem Loch herauszukommen, allmählich auch der resignierte Wunsch zu sterben. So stand er eine Weile regungslos, wozu konnte es noch gut sein, dieses ständige Sich-hinundher-Bewegen? Und er spürte, daß seine Muskeln vor Müdigkeit schmerzten; doch es war eine angenehme und träge Müdigkeit. Irgend etwas Sanftes, Genüßliches umhüllte seine Glieder, stieg in die Augen und machte sie schwer; sein Kopf war dumpf und betäubt von einer Schläfrigkeit. So war es also, nach und nach würden ihm die Sinne schwinden, er würde für immer einschlafen, schmerzlos, sich einer süßen Trägheit hingeben... Bereits früher einmal, als Knabe, war er auf die gleiche Weise dem Tode nah gewesen. Er kehrte mit einigen Gefährten im Winter von einer langen und mühsamen Bergbesteigung zurück; der Abend war schon hereingebrochen; er war sehr müde, und es schien ihm unmöglich, bis zur Hütte zu gelangen. Er war der letzte in der Schlange und schon ein Stückchen hinter den Gefährten zurückgeblieben; mit weichen Knien und verschleierten Augen, mit denen er die Sterne als große, verschwommene Scheiben sah, hatte er sich in den Schnee geworfen, um sich kurze Zeit auszuruhen. Der Schnee war wie ein ganz weiches Bett, selig sank er hinein, und sanft war der Schlaf, der ihm die Augen zudrückte; er verstand und fühlte nichts mehr. Als er wieder zum Bewußtsein kam, lag er auf einem Deckenhaufen in der Berghütte, und die Gefährten rieben ihm mit groben Tüchern den nackten Körper ab; sie beugten sich besorgt über sein Gesicht. Später erklärten sie ihm, daß irgendeiner sich umgewandt und ihn nicht mehr gesehen habe; sie waren gerade noch rechtzeitig umgekehrt, um ihn zu suchen; eine Viertelstunde später, und er wäre erfroren gewesen. Und der Knabe staunte, daß man so köstlich sterben konnte.

Mit der Erinnerung an jenes Erlebnis wurde er sich der heimtückischen Gefahr bewußt, der er sich jetzt überließ. Er reckte sich, rieb sich die Augen kräftig mit Schnee; was war mit ihm los? Bestand denn ein Grund, den Mut zu verlieren? «Zum Teufel, ja, es war fünf vorbei» (er schaute auf das Leuchtzifferblatt und zog die Uhr auf), «die Kompanie muß für sich schauen und sich in Sicherheit bringen; aber später wird bestimmt jemand zurückkommen und die geeigneten Geräte mitbringen.» Jetzt mußte er sich allein bemühen. Es war sechs Uhr vorüber, als es ihm gelang, die Hand an die Hüfte zu ziehen und das Bajonett zu umklammern; er krümmte sich und brachte es mit großer Mühe und Anstrengung fertig, es aus der Scheide zu ziehen. Endlich hatte er ein Werkzeug. Unter Einsatz aller Kräfte fing er wieder an zu arbeiten. Mit der Spitze der Waffe stieß er Schneebrokken herunter, die er plattklopfte und zusammendrückte. Er sah das schwache Licht heller werden und atmete leichter; aber er fror auch mehr. Jetzt war der Stollen um so viel höher geworden, daß das Bajonett gerade noch die Decke ritzte. Zorio ging nun dazu über, die Waffe schräg hochzuwerfen, so daß sie die Decke, die ihm jetzt sehr dünn zu sein schien, weiter aufschürfte und in Reichweite wieder herunterfiel. Bei einem letzten Wurf gab die Decke nach und öffnete sich. Zorio sah durch das Loch den Abendhimmel und zwei oder drei sehr helle Sterne; ein eisiger Windhauch stieß auf ihn herab. Das Bajonett war weit weg von ihm heruntergekommen, er mußte den Patronengurt lösen und es mühsam mit dem Haken wieder heranziehen. Sein Unterkörper steckte immer noch reglos in der eisigen Gußform. Er brüllte, brüllte, aber keine Stimme gab Antwort. Seine Hände waren blutig gerissen; zum erstenmal spürte er, daß sie steif geworden waren. Er steckte sie unter die Uniformjacke, rieb sie am Pullover, um sie zu wärmen. Am übrigen Körper fror er nicht, im Gegenteil, er war in Schweiß gebadet; auch in seinen Füßen hatte er Gefühl, und sie waren warm, da er unablässig die Muskeln anspannte und lokkerte. Er schrie immer wieder. Nichts war zu hören als ein fernes Rauschen aus dem Talgrund, Wasser, das unter dem Schnee dahinfloß. Er dachte, vor morgen früh würden sie wohl nicht zurückkommen, um ihn zu suchen. Es bestand keine Hoffnung, selbst wenn er die ganze Nacht hindurch arbeitete, daß es ihm gelingen würde, den übrigen Körper zu befreien. So war es ratsam, das Loch wieder zu schließen, es mit einem ordentlichen Schneeball zuzustopfen, um bis zum Morgengrauen ausruhen zu können, ohne sich vor der Kälte fürchten zu müssen. Allerdings durfte man es nicht wagen einzuschlafen. Aber wenn er sich ein wenig in Bewegung hielt und in der vor der Luft geschützten Nische weitergrub, konnte er auf den Morgen warten, ohne zu erfrieren.

Dann aber hielt er es für ratsam, das Loch noch eine Weile offen zu lassen. Wenn die Kameraden nach einer kleinen Stärkung auf der Alp die notwendigen Geräte heraufbringen und gleich zurückkommen würden? *Tucc'un,* dies war der Wahlspruch des Bataillons Intra, *tutti come uno solo,* alle wie einer allein. Man mußte aufpassen und sie durch Rufe lenken, wann immer sie zurückkehrten. *Wann immer* und nicht *wenn* sie zurückkehrten. Diese Gewißheit wärmte ihn mehr, als wenn er das Loch verstopft hätte, die Gewähr für diesen brüderlichen Eifer, der keine Ruhe findet, solange noch Hoffnung besteht, den Gefährten lebend zu bergen oder ihn wenigstens christlich zu bestatten. Er wußte, daß auch er diese Ungeduld verspürt hätte, wäre er unter den glücklich Geretteten gewesen, und er war sicher, daß die Gefährten sie in gleichem Maße empfanden. *Tucc'un.* So wartete er. Ein großer funkelnder Stern wanderte eine Weile über den kurzen Ausschnitt des Himmels, den er durch die Öffnung sah, dann verschwand er nach rechts. Es war zehn Uhr, schon zwölf Stunden, seit er verschüttet worden war. Seltsam, er hatte weder Hunger noch Durst. «Du wirst sehen», dachte er, «dir sind Magen und Eingeweide erfroren, und du wirst sie nie mehr in Gang bringen.» Plötzlich war ihm, als hörte er Skier klappern, und dann eine Stimme. Er schrie. Nach einer Ewigkeit kam eine Antwort, von sehr weit weg, vom Talgrund herauf, wie ihm schien. Er schrie von neuem. Die Antwort drang rascher und deutlicher zu ihm.

Und nun waren es zahlreiche Stimmen, die den Hang heraufstiegen. Aber wie sollten sie ihn im Dunkeln finden? Er stieß das Bajonett aus dem Loch und schrie: «Achtung, ich hab' das Bajonett hinausgestreckt, das ist das Zeichen!» Die Retter näherten sich.

«Vierundzwanzigste Kompanie?» fragte er.

Er vernahm Gelächter. «Na klar, Kamerad. Wer denn sonst?»

Im Schein ihrer Windlichter sahen die Heraufsteigenden die blitzende Spitze des Bajonetts. «Mut!» schrien sie.

«Mut hab' ich schon, aber wenn ich es nicht geschafft hätte, mir das Loch zu bohren, dann hättet ihr mich im Frühling gefunden.»

Sie gruben mit Schaufeln und Spitzhacken rasch um ihn herum. Erst jetzt fühlte Zorio den beißenden Frost der Nachtluft.

«Da drinnen ging's mir besser», sagte er.

Er erfuhr, daß alle verschütteten Kameraden gerettet worden waren, sie waren alle da; bei einigen hatte der Rücken noch herausgeschaut, bei anderen das Gewehr; aber er, der versucht hatte, vor der Lawine herzurennen, er war etwa hundert Meter weiter unten gelandet. Zwar hatten sie ihn jetzt freigeschaufelt, doch vermochten sie ihn nicht hochzuheben. Die Krampen unter seinen Schuhsohlen hatten sich festgeklammert, daß er wie angeschraubt war. Endlich konnten sie ihn bewegen.

«Wie fühlst du dich?» fragten sie besorgt. «Meinst du, daß du Erfrierungen hast?»

«Mir scheint, es geht mir gut. Aber bevor wir weggehen, schaut doch mal nach, ob ihr mein

Gewehr findet, es muß hier in der Nähe verlorengegangen sein.»

Sie lachten. «Wenn du an dein Gewehr denkst, ist es das Zeichen, daß es dir wirklich gut geht. Das Gewehr suchen wir später; vorerst geben wir dir eine Massage, bei den Alphütten.»

Bei den Hütten von By massierten sie ihn und wechselten seine Kleider; dann legten sie ihn wieder auf die Tragbahre und machten sich auf den Weg. Merkwürdig war es: er hatte zwölf Stunden lang unter der Schneekruste gearbeitet, und als sie ihn herauszogen, fühlte er sich ausgezeichnet, aber er war nicht fähig, auf den Beinen zu stehen. Füße und Beine waren warm, sie taten ihm nicht weh, aber er hatte das Gefühl, als seien sie Lappen. «Naja», dachte er, «vielleicht hatte ich schon angefangen zu sterben.»

Das Wetter war von neuem umgeschlagen, es schneite. Als sie etwas unterhalb der Alphütten eine Schlucht durchquerten, war es plötzlich wieder da, dieses Grollen, dieses verfluchte Grollen. Die Lawine glitt in rasender Schnelle herab; zwei Mann, die mit den Skiern vorausfuhren, wurden hochgehoben und weggeschleudert, und nur mit großer Mühe gelang es ihnen, sich zu befreien und aus der Schlucht herauszustürzen. Gerade oberhalb der Tragbahre brachte eine Abstufung im Hang einige Schneebrocken zum Stillstand, die sonst senkrecht heruntergerutscht wären und sie mitgerissen hätten; als ob ein Wunder die Schneebrocken gebremst und in der Schwebe gehalten hätte. «Eifersüchtig ist der Berg», dachte Zorio, «er verzeiht mir nicht, daß ich ihm entwischt bin.»

Die Retter hielten es für gefährlich, in der Dunkelheit über durchweichte Hänge abzusteigen, und beschlossen, zu den Alphütten zurückzukehren und dort die Nacht zu verbringen. Am nächsten Morgen machten sie sich wieder auf den Weg. Und am Abend konnte Zorio sich endlich in einem Bett in der Krankenstube des Bataillons ausruhen.

Er war unversehrt, keine Anzeichen von Erfrierungen, keine inneren Schmerzen. Aber er kam nicht wieder zu Kräften; Arme und Beine hingen schlaff an seinem Körper herab, als hätten sie keine Muskeln mehr. Und er hatte zu nichts Lust, weder zu essen noch aufzustehen, noch zu denken; es war, als ob seine Energie, seine Sinne, sein Leben im Eissarg eingeschlossen geblieben wären.

Draußen schneite es; es schneite zwei, drei Tage lang. Zorio betrachtete durch die Fensterscheiben das beharrliche Fallen des Schnees; resigniert dachte er: «Der Berg will mich noch immer haben, jetzt kommt er und holt mich.» Und er wartete darauf, zu sterben oder von neuem dieses triumphierende Heulen der Lawine zu vernehmen, die sich auf das Krankenzimmer stürzte. Eine süße Trägheit wie damals in jener Nacht, als er im Schnee eingeschlafen war, lähmte ihm die Glieder. Doch eines Morgens sah er die Sonne auf den Fensterscheiben glänzen und oben eine helle Bläue; und er verstand, daß der Berg auf sein Leben verzichtete und es ihm wiederschenkte. Sogleich fühlte er sich gut und verspürte großen Hunger. Am nächsten Tag verließ er die Krankenstube und erzählte mir seine Geschichte. Dies ist sie, ich habe kein Wort daran geändert.

L'Hyver

Kupferstichvignette nach Charles Eisen (1720–1778).
Zu einer französischen Übertragung
von Thomsons «The Seasons», Paris 1802

ADALBERT STIFTER

1805–1868

Bergkristall

Unsere Kirche feiert verschiedene Feste, welche zum Herzen dringen. Man kann sich kaum etwas Lieblicheres denken als Pfingsten und kaum etwas Ernsteres und Heiligeres als Ostern. Das Traurige und Schwermütige der Karwoche und darauf das Feierliche des Sonntags begleiten uns durch das Leben. Eines der schönsten Feste feiert die Kirche fast mitten im Winter, wo beinahe die längsten Nächte und die kürzesten Tage sind, wo die Sonne am schiefsten gegen unsere Gefilde steht, und Schnee alle Fluren deckt, das Fest der Weihnacht. Wie in vielen Ländern der Tag vor dem Geburtsfeste des Herrn der Christabend heißt, so heißt er bei uns der heilige Abend, der darauf folgende Tag der heilige Tag, und die dazwischenliegende Nacht die Weihnacht. Die katholische Kirche begeht den Christtag, als den Tag der Geburt des Heilandes, mit ihrer allergrößten kirchlichen Feier, in den meisten Gegenden wird schon die Mitternachtstunde, als die Geburtstunde des Herrn, mit prangender Nachtfeier geheiligt, zu der die Glokken durch die stille, finstere, winterliche Mitternachtluft laden, zu der die Bewohner mit Lichtern oder auf dunkeln, wohlbekannten Pfaden aus schneeigen Bergen, an bereiften Wäldern vorbei und durch knarrende Obstgärten, zu der Kirche eilen, aus der die feierlichen Töne kommen und die aus der Mitte des in beeiste Bäume gehüllten Dorfes mit den langen, beleuchteten Fenstern emporragt.

Mit dem Kirchenfeste ist auch ein häusliches verbunden. Es hat sich fast in allen christlichen Ländern verbreitet, daß man den Kindern die Ankunft des Christkindleins – auch eines Kindes, des wunderbarsten, das je auf der Welt war – als ein heiteres, glänzendes, feierliches Ding zeigt, das durch das ganze Leben fortwirkt und manchmal noch spät im Alter bei trüben, schwermütigen oder rührenden Erinnerungen, gleichsam als Rückblick in die einstige Zeit, mit den bunten, schimmernden Fittigen durch den öden, traurigen und ausgeleerten Nachthimmel fliegt. Man pflegt den Kindern die Geschenke zu geben, die das heilige Christkindlein gebracht hat, um ihnen Freude zu machen. Das tut man gewöhnlich am heiligen Abende, wenn die tiefe Dämmerung eingetreten ist. Man zündet Lichter und meistens sehr viele an, die oft mit den kleinen Kerzlein auf den schönen grünen Ästen eines Tannen- oder Fichtenbäumchens schweben, das mitten in der Stube steht. Die Kinder dürfen nicht eher kommen, als bis das Zeichen gegeben wird, daß der heilige Christ zugegen gewesen ist und die Geschenke, die er mitgebracht, hinterlassen hat. Dann geht die Tür auf, die Kleinen dürfen hinein, und bei dem herrlichen, schimmernden Lichterglanze sehen sie Dinge auf dem Baume hängen oder auf dem Tische herumgebreitet, die alle Vorstellungen ihrer Einbildungskraft weit übertreffen, die sie sich nicht anzurühren getrauen, und die sie endlich, wenn sie sie bekommen haben, den ganzen Abend in ihren Ärmchen herumtragen und mit sich in das Bett nehmen. Wenn sie dann zuweilen in ihre Träume hinein die Glokkentöne der Mitternacht hören, durch welche die Großen in die Kirche zur Andacht gerufen werden, dann mag es ihnen sein, als zögen jetzt die Englein durch den Himmel oder als kehre der heilige Christ nach Hause, welcher nunmehr bei allen Kindern gewesen ist und jedem von ihnen ein herrliches Geschenk hinterbracht hat.

Wenn dann der folgende Tag, der Christtag, kömmt, so ist er ihnen so feierlich, wenn sie früh morgens, mit ihren schönsten Kleidern angetan, in der warmen Stube stehen, wenn der Vater und die Mutter sich zum Kirchgange schmücken, wenn zu Mittage ein feierliches Mahl ist, ein besseres als in jedem Tage des ganzen Jahres, und wenn nachmittags oder gegen den Abend hin Freunde und Bekannte kommen, auf den Stühlen und Bänken herumsitzen, miteinander reden und behaglich durch die Fenster in die Wintergegend hinausschauen können, wo entweder die langsamen Flocken niederfallen, oder ein trübender Nebel um die Berge steht, oder die blutrote, kalte Sonne hinabsinkt. An verschiedenen Stellen der Stube, entweder auf einem Stühlchen, oder auf der Bank, oder auf dem Fensterbrettchen, liegen die zaubrischen, nun aber schon bekannteren und vertrauteren Geschenke von gestern abend herum.

Hierauf vergeht der lange Winter, es kömmt der Frühling und der unendlich dauernde Sommer – und wenn die Mutter wieder vom heiligen Christe erzählt, daß nun bald sein Festtag sein wird, und daß er auch diesmal herabkommen werde, ist es den Kindern, als sei seit seinem letzten Erscheinen eine ewige Zeit vergangen, und als liege die damalige Freude in einer weiten, nebelgrauen Ferne.

Weil dieses Fest so lange nachhält, weil sein Abglanz so hoch in das Alter hinaufreicht, so stehen wir so gerne dabei, wenn Kinder dasselbe begehen und sich darüber freuen. –

In den hohen Gebirgen unsers Vaterlandes steht ein Dörfchen mit einem kleinen, aber sehr spitzigen Kirchturme, der mit seiner roten Farbe, mit welcher die Schindeln bemalt sind, aus dem Grün vieler Obstbäume hervorragt und wegen derselben roten Farbe in dem duftigen und blauen Dämmern der Berge weithin ersichtlich ist. Das Dörfchen liegt gerade mitten in einem ziemlich weiten Tale, das fast wie ein länglicher Kreis gestaltet ist. Es enthält außer der Kirche eine Schule, ein Gemeindehaus und noch mehrere stattliche Häuser, die einen Platz gestalten, auf welchem vier Linden stehen, die ein steinernes Kreuz in ihrer Mitte haben. Diese Häuser sind nicht bloße Landwirtschaftshäuser, sondern sie bergen auch noch diejenigen Handwerke in ihrem Schoße, die dem menschlichen Geschlechte unentbehrlich sind, und die bestimmt sind, den Gebirgsbewohnern ihren einzigen Bedarf an Kunsterzeugnissen zu decken. Im Tale und an den Bergen herum sind noch sehr viele zerstreute Hütten, wie das in Gebirgsgegenden sehr oft der Fall ist, welche alle nicht nur zur Kirche und Schule gehören, sondern auch jenen Handwerken, von denen gesprochen wurde, durch Abnahme der Erzeugnisse ihren Zoll entrichten.

Es gehören sogar noch weitere Hütten zu dem Dörfchen, die man von dem Tale aus gar nicht sehen kann, die noch tiefer in den Gebirgen stekken, deren Bewohner selten zu ihren Gemeindemitbrüdern herauskommen, und die im Winter oft ihre Toten aufbewahren müssen, um sie nach dem Wegschmelzen des Schnees zum Begräbnisse bringen zu können. Der größte Herr, den die Dörfler im Laufe des Jahres zu sehen bekommen, ist der Pfarrer. Sie verehren ihn sehr, und es geschieht gewöhnlich, daß derselbe durch längeren Aufenthalt im Dörfchen ein der Einsamkeit gewöhnter Mann wird, daß er nicht ungerne bleibt und einfach fortlebt. Wenigstens hat man seit Menschengedenken nicht erlebt, daß der Pfarrer des Dörfchens ein auswärtssüchtiger oder seines Standes unwürdiger Mann gewesen wäre.

Es gehen keine Straßen durch das Tal, sie haben ihre zweigleisigen Wege, auf denen sie ihre Felderzeugnisse mit einspännigen Wäglein nach Hause bringen, es kommen daher wenig Menschen in das Tal, unter diesen manchmal ein einsamer Fußreisender, der ein Liebhaber der Natur ist, eine Weile in der bemalten Oberstube des Wirtes wohnt und die Berge betrachtet, oder gar ein Maler, der den kleinen, spitzen Kirchturm und die schönen Gipfel der Felsen in seine Mappe zeichnet. Daher bilden die Bewohner eine eigene Welt, sie kennen einander alle mit Namen und mit den einzelnen Geschichten von Großvater und Urgroßvater her, trauern alle, wenn einer stirbt, wissen, wie er heißt, wenn einer geboren wird, haben eine Sprache, die von der der Ebene draußen abweicht, haben ihre

Streitigkeiten, die sie schlichten, stehen einander bei und laufen zusammen, wenn sich etwas Außerordentliches begibt.

Sie sind sehr stetig, und es bleibt immer beim alten. Wenn ein Stein aus einer Mauer fällt, wird derselbe wieder hineingesetzt, die neuen Häuser werden, wie die alten, gebaut, die schadhaften Dächer werden mit gleichen Schindeln ausgebessert, und wenn in einem Hause scheckige Kühe sind, so werden immer solche Kälber aufgezogen, und die Farbe bleibt bei dem Hause.

Gegen Mittag sieht man von dem Dorfe einen Schneeberg, der mit seinen glänzenden Hörnern fast oberhalb der Hausdächer zu sein scheint, aber in der Tat doch nicht so nahe ist. Er sieht das ganze Jahr, Sommer und Winter, mit seinen vorstehenden Felsen und mit seinen weißen Flächen in das Tal herab. Als das Auffallendste, was sie in ihrer Umgebung haben, ist der Berg der Gegenstand der Betrachtung der Bewohner, und er ist der Mittelpunkt vieler Geschichten geworden. Es lebt kein Mann und Greis in dem Dorfe, der nicht von den Zacken und Spitzen des Berges, von seinen Eisspalten und Höhlen, von seinen Wässern und Geröllströmen etwas zu erzählen wüßte, was er entweder selbst erfahren oder von andern erzählen gehört hat. Dieser Berg ist auch der Stolz des Dorfes, als hätten sie ihn selber gemacht, und es ist nicht so ganz entschieden, wenn man auch die Biederkeit und Wahrheitsliebe der Talbewohner hoch anschlägt, ob sie nicht zuweilen zur Ehre und zum Ruhme des Berges lügen. Der Berg gibt den Bewohnern außerdem, daß er ihre Merkwürdigkeit ist, auch wirklichen Nutzen; denn wenn eine Gesellschaft von Gebirgsreisenden hereinkömmt, um von dem Tale aus den Berg zu besteigen, so dienen die Bewohner des Dorfes als Führer, und einmal Führer gewesen zu sein, dieses und jenes erlebt zu haben, diese und jene Stelle zu kennen, ist eine Auszeichnung, die jeder gerne von sich darlegt. Sie reden oft davon, wenn sie in der Wirtsstube beieinander sitzen, und erzählen ihre Wagnisse und ihre wunderbaren Erfahrungen und versäumen aber auch nie zu sagen, was dieser oder jener Reisende gesprochen habe und was sie von ihm als Lohn für ihre Bemühungen empfangen hätten. Dann sendet der Berg von seinen Schneeflächen die Wasser ab, welche einen See in seinen Hochwäldern speisen und den Bach erzeugen, der lustig durch das Tal strömt, die Brettersäge, die Mahlmühle und andere kleine Werke treibt, das Dorf reinigt und das Vieh tränkt. Von den Wäldern des Berges kömmt das Holz, und sie halten die Lawinen auf. Durch die innern Gänge und Lockerheiten der Höhen sinken die Wasser durch, die dann in Adern durch das Tal gehen und in Brünnlein und Quellen hervorkommen, daraus die Menschen trinken und ihr herrliches, oft belobtes Wasser dem Fremden reichen. Allein an letzteren Nutzen denken sie nicht und meinen, das sei immer so gewesen.

Wenn man auf die Jahresgeschichte des Berges sieht, so sind im Winter die zwei Zacken seines Gipfels, die sie Hörner heißen, schneeweiß und stehen, wenn sie an hellen Tagen sichtbar sind, blendend in der finstern Bläue der Luft; alle Bergfelder, die um diese Gipfel herum lagern, sind dann weiß; alle Abhänge sind so; selbst die steilrechten Wände, die die Bewohner Mauern heißen, sind mit einem angeflogenen weißen Reife bedeckt und mit zartem Eise, wie mit einem Firnisse, belegt, so daß die ganze Masse, wie ein Zauberpalast, aus dem bereiften Grau der Wälderlast emporragt, welche schwer um ihre Füße herum ausgebreitet ist. Im Sommer, wo Sonne und warmer Wind den Schnee von den Steilseiten wegnimmt, ragen die Hörner nach dem Ausdrucke der Bewohner schwarz in den Himmel und haben nur schöne weiße Äderchen und Sprenkeln auf ihrem Rücken, in der Tat aber sind sie zart fernblau, und was sie Äderchen und Sprenkeln heißen, das ist nicht weiß, sondern hat das schöne Milchblau des fernen Schnees gegen das dunklere der Felsen. Die Bergfelder um die Hörner aber verlieren, wenn es recht heiß ist, an ihren höheren Teilen wohl den Firn nicht, der gerade dann recht weiß auf das Grün der Talbäume herabsieht, aber es weicht von ihren unteren Teilen der Winterschnee, der nur einen Flaum machte, und es wird das unbestimmte Schillern von Bläulich und Grünlich sichtbar, das das Geschiebe von Eis ist, das dann bloßliegt und auf die Bewohner unten hinabgrüßt. Am Rande dieses Schillerns, wo es von ferne wie ein Saum von Edelsteinsplittern aussieht, ist es in der Nähe ein Gemenge wilder, riesenhafter Blöcke, Platten und Trümmer, die sich drängen und verwirrt ineinander geschoben sind. Wenn ein Sommer gar heiß und lang ist, werden die Eisfelder weit hinauf entblößt, und dann schaut eine viel größere Fläche von Grün und

Blau in das Tal, manche Kuppen und Räume werden entkleidet, die man sonst nur weiß erblickt hatte, der schmutzige Saum des Eises wird sichtbar, wo es Felsen, Erde und Schlamm schiebt, und viel reichlichere Wasser als sonst fließen in das Tal. Dies geht fort, bis es nach und nach wieder Herbst wird, das Wasser sich verringert, zu einer Zeit einmal ein grauer Landregen die ganze Ebene des Tales bedeckt, worauf, wenn sich die Nebel von den Höhen wieder lösen, der Berg seine weiche Hülle abermals umgetan hat, und alle Felsen, Kegel und Zacken in weißem Kleide dastehen. So spinnt es sich ein Jahr um das andere mit geringen Abwechslungen ab und wird sich fortspinnen, solange die Natur so bleibt und auf den Bergen Schnee und in den Tälern Menschen sind. Die Bewohner des Tales heißen die geringen Veränderungen große, bemerken sie wohl und berechnen an ihnen den Fortschritt des Jahres. Sie bezeichnen an den Entblößungen die Hitze und die Ausnahmen der Sommer.

Was nun noch die Besteigung des Berges betrifft, so geschieht dieselbe von dem Tale aus. Man geht nach der Mittagsrichtung zu auf einem guten, schönen Wege, der über einen sogenannten Hals in ein anderes Tal führt. Hals heißen sie einen mäßig hohen Bergrücken, der zwei größere und bedeutendere Gebirge miteinander verbindet und über den man zwischen den Gebirgen von einem Tale in ein anderes gelangen kann. Auf dem Halse, der den Schneeberg mit einem gegenüberliegenden großen Gebirgszuge verbindet, ist lauter Tannenwald. Etwa auf der größten Erhöhung desselben, wo nach und nach sich der Weg in das jenseitige Tal hinabzusenken beginnt, steht eine sogenannte Unglücksäule. Es ist einmal ein Bäcker, welcher Brot in seinem Korbe über den Hals trug, an jener Stelle tot gefunden worden. Man hat den toten Bäcker mit dem Korbe und mit den umringenden Tannenbäumen auf ein Bild gemalt, darunter eine Erklärung und eine Bitte um ein Gebet geschrieben, das Bild auf eine rot angestrichene hölzerne Säule getan und die Säule an der Stelle des Unglücks aufgerichtet. Bei dieser Säule biegt man von dem Wege ab und geht auf der Länge des Halses fort, statt über seine Breite in das jenseitige Tal hinüberzuwandern. Die Tannen bilden dort einen Durchlaß, als ob eine Straße zwischen ihnen hinginge. Es führt auch manchmal ein Weg in dieser Richtung hin, der dazu dient, das Holz von den höheren Gegenden zu der Unglücksäule herabzubringen, der aber dann wieder mit Gras verwächst. Wenn man auf diesem Wege fortgeht, der sachte bergan führt, so gelangt man endlich auf eine freie, von Bäumen entblößte Stelle. Dieselbe ist dürrer Heideboden, hat nicht einmal einen Strauch, sondern ist mit schwachem Heidekraute, mit trockenen Moosen und mit Dürrbodenpflanzen bewachsen. Die Stelle wird immer steiler, und man geht lange hinan; man geht aber immer in einer Rinne, gleichsam wie in einem ausgerundeten Graben, hinan, was den Nutzen hat, daß man auf der großen, baumlosen und überall gleichen Stelle nicht leicht irren kann. Nach einer Zeit erscheinen Felsen, die, wie Kirchen, gerade aus dem Grasboden aufsteigen, und zwischen deren Mauern man längere Zeit hinangehen kann. Dann erscheinen wieder kahle, fast pflanzenlose Rücken, die bereits in die Lufträume der höhern Gegenden ragen und gerade zu dem Eise führen. Zu beiden Seiten dieses Weges sind steile Wände, und durch diesen Damm hängt der Schneeberg mit dem Halse zusammen. Um das Eis zu überwinden, geht man eine geraume Zeit an der Grenze desselben, wo es von den Felsen umstanden ist, dahin, bis man zu dem ältern Firn gelangt, der die Eisspalten überbaut und in den meisten Zeiten des Jahres den Wanderer trägt. An der höchsten Stelle des Firns erheben sich die zwei Hörner aus dem Schnee, wovon eines das höhere, mithin die Spitze des Berges ist. Diese Kuppen sind sehr schwer zu erklimmen; da sie mit einem oft breiteren, oft engeren Schneegraben – dem Firnschrunde – umgeben sind, der übersprungen werden muß, und da ihre steilrechten Wände nur kleine Absätze haben, in welche der Fuß eingesetzt werden muß, so begnügen sich die meisten Besteiger des Berges damit, bis zu dem Firnschrunde gelangt zu sein und dort die Rundsicht, soweit sie nicht durch das Horn verdeckt ist, zu genießen. Die den Gipfel besteigen wollen, müssen dies mit Hilfe von Steigeisen, Stricken und Klammern tun.

Außer diesem Berge stehen an derselben Mittagseite noch andere, aber keiner ist so hoch, wenn sie sich auch früh im Herbste mit Schnee bedecken und ihn bis tief in den Frühling hinein behalten. Der Sommer aber nimmt denselben immer weg, und die Felsen glänzen freundlich im Sonnenscheine, und die tiefer gelegenen Wälder zeigen ihr sanftes Grün von breiten, blauen Schatten durchschnitten, die so schön sind, daß man sich in seinem Leben nicht satt daran sehen kann.

An den andern Seiten des Tales, nämlich von Mitternacht, Morgen und Abend her, sind die Berge langgestreckt und niederer, manche Felder und Wiesen steigen ziemlich hoch hinauf, und oberhalb ihrer sieht man verschiedene Waldblößen, Alpenhütten und dergleichen, bis sie an ihrem Rande mit feingezacktem Walde am Himmel hingehen, welche Auszackung eben ihre geringe Höhe anzeigt, während die mittäglichen Berge, obwohl sie noch großartigere Wälder hegen, doch mit einem ganz glatten Rande an dem glänzenden Himmel hinstreichen.

Wenn man so ziemlich mitten in dem Tale steht, so hat man die Empfindung, als ginge nirgends ein Weg in dieses Becken herein und keiner daraus hinaus; allein diejenigen, welche öfter im Gebirge gewesen sind, kennen diese Täuschung gar wohl: in der Tat führen nicht nur verschiedene Wege, und darunter sogar manche durch die Verschiebungen der Berge fast auf ebenem Boden, in die nördlichen Flächen hinaus, sondern gegen Mittag, wo das Tal durch steilrechte Mauern fast geschlossen scheint, geht sogar ein Weg über den obbenannten Hals.

Das Dörflein heißt Gschaid, und der Schneeberg, der auf seine Häuser herabschaut, heißt Gars.

Jenseits des Halses liegt ein viel schöneres und blühenderes Tal, als das von Gschaid ist, und es führt von der Unglücksäule der gebahnte Weg hinab. Es hat an seinem Eingange einen stattlichen Marktflecken, Millsdorf, der sehr groß ist, verschiedene Werke hat und in manchen Häusern städtische Gewerbe und Nahrung treibt. Die Bewohner sind viel wohlhabender als die in Gschaid, und obwohl nur drei Wegstunden zwischen den beiden Tälern liegen, was für die an große Entfernungen gewöhnten und Mühseligkeiten liebenden Gebirgsbewohner eine unbedeutende Kleinigkeit ist, so sind doch Sitten und Gewohnheiten in den beiden Tälern so verschieden, selbst der äußere Anblick derselben ist so ungleich, als ob eine große Anzahl Meilen zwischen ihnen läge. Das ist in Gebirgen sehr oft der Fall und hängt nicht nur von der verschiedenen Lage der Täler gegen die Sonne ab, die sie oft mehr oder weniger begünstigt, sondern auch von dem Geiste der Bewohner, der durch gewisse Beschäftigungen nach dieser oder jener Richtung gezogen wird. Darin stimmen aber alle überein, daß sie an Herkömmlichkeiten und Väterweise hängen, großen Verkehr leicht entbehren, ihr Tal außerordentlich lieben und ohne denselben kaum leben können.

Es vergehen oft Monate, oft fast ein Jahr, ehe ein Bewohner von Gschaid in das jenseitige Tal hinüberkömmt und den großen Marktflecken Millsdorf besucht. Die Millsdorfer halten es ebenso, obwohl sie ihrerseits doch Verkehr mit dem Lande draußen pflegen und daher nicht so abgeschieden sind wie die Gschaider. Es geht sogar ein Weg, der eine Straße heißen könnte, längs ihres Tales, und mancher Reisende und mancher Wanderer geht hindurch, ohne nur im geringsten zu ahnen, daß mitternachtwärts seines Weges, jenseits des hohen, herabblickenden Schneebergs, noch ein Tal sei, in dem viele Häuser zerstreut sind, und in dem das Dörflein mit dem spitzigen Kirchturme steht.

Unter den Gewerben des Dorfes, welche bestimmt sind, den Bedarf des Tales zu decken, ist auch das eines Schusters, das nirgends entbehrt werden kann, wo die Menschen nicht in ihrem Urzustande sind. Die Gschaider aber sind so weit über diesem Stande, daß sie recht gute und tüchtige Gebirgsfußbekleidung brauchen. Der Schuster ist mit einer kleinen Ausnahme der einzige im Tale. Sein Haus steht auf dem Platze in Gschaid, wo überhaupt die besseren stehen, und schaut mit seinen grauen Mauern, weißen Fenstersimsen und grün angestrichenen Fensterläden auf die vier Linden hinaus. Es hat im Erdgeschosse die Arbeitsstube, die Gesellenstube, eine größere und kleinere Wohnstube, ein Verkaufstübchen nebst Küche und Speisekammer und allen zugehörigen Gelassen; im ersten Stockwerke, oder eigentlich im Raume des Giebels, hat es die Oberstube oder eigentliche Prunkstube. Zwei Prachtbetten, schöne geglättete Kästen mit Kleidern stehen da, dann ein Gläserkästchen mit Geschirren, ein Tisch mit eingelegter Arbeit, gepolsterte Sessel, ein Mauerkästchen mit den Ersparnissen, dann hängen an den Wänden Heiligenbilder, zwei schöne Sackuhren, gewonnene Preise im Schießen, und endlich sind auch Scheibengewehre und Jagdbüchsen nebst ihrem Zugehöre in einem eigenen, mit Glastafeln versehenen Kasten aufgehängt. An das Schusterhaus ist ein kleineres Häuschen, nur durch den Einfahrtsschwibbogen getrennt, angebaut, welches genau dieselbe Bauart hat und zum Schusterhause, wie ein Teil zum Ganzen, gehört. Es hat nur eine Stube mit den dazu gehörigen Wohnteilen. Es hat die Bestimmung, dem Hausbesitzer, sobald er das Anwesen seinem Sohne oder Nachfolger übergeben hat, als sogenanntes Ausnahmstübchen zu dienen, in welchem er mit seinem Weibe so lange haust, bis beide gestorben sind, die Stube wieder leer steht und auf einen neuen Bewohner wartet. Das Schusterhaus hat nach rückwärts Stall und Scheune; denn jeder Talbewohner ist, selbst wenn er ein Gewerbe treibt, auch Landbebauer und zieht hieraus seine gute und nachhaltige Nahrung. Hinter diesen Gebäuden ist endlich der Garten, der fast bei keinem besseren Hause in Gschaid fehlt, und von dem sie ihre Gemüse, ihr Obst und für festliche Gelegenheiten ihre Blumen ziehen. Wie oft im Gebirge, so ist auch in Gschaid die Bienenzucht in diesen Gärten sehr verbreitet.

Die kleine Ausnahme, deren oben Erwähnung geschah, und die Nebenbuhlerschaft der Alleinherrlichkeit des Schusters ist ein anderer Schuster, der alte Tobias, der aber eigentlich kein Nebenbuhler ist, weil er nur mehr flickt, hierin viel zu tun hat und es sich nicht im entferntesten beikommen läßt, mit dem vornehmen Platzschuster in einen Wettstreit einzugehen, insbesondere, da der Platzschuster ihn häufig mit Lederflecken, Sohlenabschnitten und dergleichen Dingen unentgeltlich versieht. Der alte Tobias sitzt im Sommer am Ende des Dörfchens unter Holunderbüschen und arbeitet. Er ist umringt von Schuhen und Bundschuhen, die aber sämtlich alt, grau, kotig und zerrissen sind. Stiefel mit langen Röhren sind nicht da, weil sie im

Dorfe und in der Gegend nicht getragen werden; nur zwei Personen haben solche, der Pfarrer und der Schullehrer, welche aber beides, flicken und neue Ware machen, nur bei dem Platzschuster lassen. Im Winter sitzt der alte Tobias in seinem Stübchen hinter den Holunderstauden und hat warm geheizt, weil das Holz in Gschaid nicht teuer ist.

Der Platzschuster ist, ehe er das Haus angetreten hat, ein Gemsewildschütze gewesen und hat überhaupt in seiner Jugend, wie die Gschaider sagen, nicht gut getan. Er war in der Schule immer einer der besten Schüler gewesen, hatte dann von seinem Vater das Handwerk gelernt, ist auf Wanderung gegangen und ist endlich wieder zurückgekehrt. Statt, wie es sich für einen Gewerbsmann ziemt, und wie sein Vater es zeitlebens getan, einen schwarzen Hut zu tragen, tat er einen grünen auf, steckte noch alle bestehenden Federn darauf und stolzierte mit ihm und mit dem kürzesten Lodenrocke, den es im Tale gab, herum, während sein Vater immer einen Rock von dunkler, wo möglich schwarzer Farbe hatte, der auch, weil er einem Gewerbsmanne angehörte, immer sehr weit herab geschnitten sein mußte. Der junge Schuster war auf allen Tanzplätzen und Kegelbahnen zu sehen. Wenn ihm jemand eine gute Lehre gab, so pfiff er ein Liedlein. Er ging mit seinem Scheibengewehre zu allen Schießen der Nachbarschaft und brachte manchmal einen Preis nach Hause, was er für einen großen Sieg hielt. Der Preis bestand meistens aus Münzen, die künstlich gefaßt waren und zu deren Gewinnung der Schuster mehr gleiche Münzen ausgeben mußte, als der Preis enthielt, besonders, da er wenig haushälterisch mit dem Gelde war. Er ging auf alle Jagden, die in der Gegend abgehalten wurden, und hatte sich den Namen eines guten Schützen erworben. Er ging aber auch manchmal allein mit seiner Doppelbüchse und mit Steigeisen fort, und einmal sagte man, daß er eine schwere Wunde im Kopfe erhalten habe.

In Millsdorf war ein Färber, welcher gleich am Anfange des Marktfleckens, wenn man auf dem Wege von Gschaid hinüberkam, ein sehr ansehnliches Gewerbe hatte, mit vielen Leuten und sogar, was im Tale etwas Unerhörtes war, mit Maschinen arbeitete. Außerdem besaß er noch eine ausgebreitete Feldwirtschaft. Zu der Tochter dieses reichen Färbers ging der Schuster über das Gebirge, um sie zu gewinnen. Sie war wegen ihrer Schönheit weit und breit berühmt, aber auch wegen ihrer Eingezogenheit, Sittsamkeit und Häuslichkeit belobt. Dennoch, hieß es, soll der Schuster ihre Aufmerksamkeit erregt haben. Der Färber ließ ihn nicht in sein Haus kommen; und hatte die schöne Tochter schon früher keine öffentlichen Plätze und Lustbarkeiten besucht und war selten außer dem Hause ihrer Eltern zu sehen gewesen: so ging sie jetzt schon gar nirgends mehr hin als in die Kirche, oder in ihrem Garten, oder in den Räumen des Hauses herum.

Einige Zeit nach dem Tode seiner Eltern, durch welchen ihm das Haus derselben zugefallen war, das er nun allein bewohnte, änderte sich der Schuster gänzlich. So wie er früher getollt hatte, so saß er jetzt in seiner Stube und hämmerte Tag und

Nacht an seinen Sohlen. Er setzte prahlend einen Preis darauf, wenn es jemand gäbe, der bessere Schuhe und Fußbekleidungen machen könne. Er nahm keine andern Arbeiter als die besten und trillte sie noch sehr herum, wenn sie in seiner Werkstätte arbeiteten, daß sie ihm folgten und die Sache so einrichteten, wie er befahl. Wirklich brachte er es jetzt auch dahin, daß nicht nur das ganze Dorf Gschaid, das zum größten Teile die Schusterarbeit aus benachbarten Tälern bezogen hatte, bei ihm arbeiten ließ, daß das ganze Tal bei ihm arbeiten ließ, und daß endlich sogar einzelne von Millsdorf und andern Tälern hereinkamen und sich ihre Fußbekleidungen von dem Schuster in Gschaid machen ließen. Sogar in die Ebene hinaus verbreitete sich sein Ruhm, daß manche, die in die Gebirge gehen wollten, sich die Schuhe dazu von ihm machen ließen.

Er richtete das Haus sehr schön zusammen, und in dem Warengewölbe glänzten auf den Brettern die Schuhe, Bundstiefel und Stiefel; und wenn am Sonntage die ganze Bevölkerung des Tales hereinkam, und man bei den vier Linden des Platzes stand, ging man gerne zu dem Schusterhause hin und sah durch die Gläser in die Warenstube, wo die Käufer und Besteller waren.

Nach seiner Vorliebe zu den Bergen machte er auch jetzt die Gebirgsbundschuhe am besten. Er pflegte in der Wirtsstube zu sagen: es gäbe keinen, der ihm einen fremden Gebirgsbundschuh zeigen könne, der sich mit einem seinigen vergleichen lasse. «Sie wissen es nicht», pflegte er beizufügen, «sie haben es in ihrem Leben nicht erfahren, wie ein solcher Schuh sein muß, daß der gestirnte Himmel der Nägel recht auf der Sohle sitze und das gebührende Eisen enthalte, daß der Schuh außen hart sei, damit kein Geröllstein, wie scharf er auch sei, empfunden werde, und daß er sich von innen doch weich und zärtlich, wie ein Handschuh, an die Füße lege.»

Der Schuster hatte sich ein sehr großes Buch machen lassen, in welches er alle verfertigte Ware eintrug, die Namen derer beifügte, die den Stoff geliefert und die Ware gekauft hatten, und eine kurze Bemerkung über die Güte des Erzeugnisses beischrieb. Die gleichartigen Fußbekleidungen hatten ihre fortlaufenden Zahlen, und das Buch lag in der großen Lade seines Gewölbes.

Wenn die schöne Färberstochter von Millsdorf auch nicht aus der Eltern Hause kam, wenn sie auch weder Freunde noch Verwandte besuchte, so konnte es der Schuster von Gschaid doch so machen, daß sie ihn von ferne sah, wenn sie in die Kirche ging, wenn sie in dem Garten war, und wenn sie aus den Fenstern ihres Zimmers auf die Matten blickte. Wegen dieses unausgesetzten Sehens hatte es die Färberin durch langes, inständiges und ausdauerndes Flehen für ihre Tochter dahin gebracht, daß der halsstarrige Färber nachgab, und daß der Schuster, weil er denn nun doch besser geworden, die schöne, reiche Millsdorferin als Eheweib nach Gschaid führte. Aber der Färber war desungeachtet auch ein Mann, der seinen Kopf hatte. Ein rechter Mensch, sagte er, müsse sein Gewerbe treiben, daß es blühe und vorwärts komme, er müsse daher sein Weib, seine Kinder, sich und sein Gesinde ernähren, Hof und Haus im Stande des Glanzes halten und sich noch ein Erkleckliches erübrigen, welches letztere doch allein imstande sei, ihm Ansehen und Ehre in der Welt zu geben; darum erhalte seine Tochter nichts als eine vortreffliche Ausstattung, das andere ist Sache des Ehemanns, daß er es mache und für alle Zukunft es besorge. Die Färberei in Millsdorf und die Landwirtschaft auf dem Färberhause sei für sich ein ansehnliches und ehrenwertes Gewerbe, das seiner Ehre willen bestehen, und wozu alles, was da sei, als Grundstock dienen müsse, daher er nichts weggebe. Wenn einmal er und sein Eheweib, die Färberin, tot seien, dann gehöre Färberei und Landwirtschaft in Millsdorf ihrer einzigen Tochter, nämlich der Schusterin in Gschaid, und Schuster und Schusterin könnten dann damit tun, was sie wollten: aber alles dieses nur, wenn die Erben es wert wären, das Erbe zu empfangen; wären sie es nicht wert, so ginge das Erbe auf die Kinder derselben, und wenn keine vorhanden wären, mit der Ausnahme des lediglichen Pflichtteiles auf andere Verwandte über. Der Schuster verlangte auch nichts, er zeigte im Stolze, daß es ihm nur um die schöne Färberstochter in Millsdorf zu tun gewesen, und daß er sie schon ernähren und erhalten könne, wie sie zu Hause ernährt und erhalten worden ist. Er kleidete sie als sein Eheweib nicht nur schöner als alle Gschaiderinnen und alle Bewohnerinnen des Tales, sondern auch schöner, als sie sich je zu Hause getragen hatte, und Speise, Trank und übrige Behandlung mußte besser und rücksichtsvoller sein, als sie das gleiche im väterlichen Hause genossen hatte. Und um dem Schwiegervater zu trotzen, kaufte er mit erübrigten Summen nach und nach immer mehr Grundstücke so ein, daß er einen tüchtigen Besitz beisammen hatte.

Weil die Bewohner von Gschaid so selten aus ihrem Tale kommen und nicht einmal oft nach Millsdorf hinübergehen, von dem sie durch Bergrücken und durch Sitten geschieden sind, weil ferner ihnen gar kein Fall vorkömmt, daß ein Mann sein Tal verläßt und sich in dem benachbarten ansiedelt (Ansiedlungen in großen Entfernungen kommen öfter vor), weil endlich auch kein Weib oder Mädchen gerne von einem Tale in ein anderes auswandert, außer in dem ziemlich seltenen Falle, wenn sie der Liebe folgt und als Eheweib zu dem Ehemann in ein anderes Tal kömmt: so geschah es, daß die schöne Färberstochter von Millsdorf, da sie Schusterin in Gschaid geworden war, doch immer von allen Gschaidern als Fremde angesehen wurde, und wenn man ihr auch nichts Übels antat, ja, wenn man sie ihres schönen Wesens und ihrer Sitten wegen sogar liebte, doch immer etwas vorhanden war, das wie Scheu oder, wenn man will, wie Rücksicht aussah und nicht zu dem Innigen und Gleichartigen kommen ließ, wie Gschaiderinnen gegen Gschaiderinnen, Gschaider gegen Gschaider hatten. Es war so, ließ sich nicht abstellen und wurde durch die bessere Tracht und durch das erleichtertere häusliche Leben der Schusterin noch vermehrt.

Sie hatte ihrem Manne nach dem ersten Jahre einen Sohn und in einigen Jahren darauf ein Töchterlein geboren. Sie glaubte aber, daß er die Kinder nicht so liebe, wie sie sich vorstellte, daß es sein solle, und wie sie sich bewußt war, daß sie dieselben liebe; denn sein Angesicht war meistens ernsthaft und mit seinen Arbeiten beschäftigt. Er spielte und tändelte selten mit den Kindern und sprach stets ruhig mit ihnen, gleichsam so, wie man mit Erwachsenen spricht. Was Nahrung und Kleidung und andere äußere Dinge anbelangte, hielt er die Kinder untadelich.

In der ersten Zeit der Ehe kam die Färberin öfter nach Gschaid, und die jungen Eheleute besuchten auch Millsdorf zuweilen bei Kirchweihen oder anderen festlichen Gelegenheiten. Als aber die Kinder auf der Welt waren, war die Sache anders geworden. Wenn schon Mütter ihre Kinder lieben und sich nach ihnen sehnen, so ist dieses von Großmüttern öfter in noch höherem Grade der Fall: sie verlangen zuweilen mit wahrlich krankhafter Sehnsucht nach ihren Enkeln. Die Färberin kam sehr oft nach Gschaid herüber, um die Kinder zu sehen, ihnen Geschenke zu bringen, eine Weile dazubleiben und dann mit guten Ermahnungen zu scheiden. Da aber das Alter und die Gesundheitsumstände der Färberin die öfteren Fahrten nicht mehr so möglich machten, und der Färber aus dieser Ursache Einsprache tat, wurde auf etwas anderes gesonnen, die Sache wurde umgekehrt, und die Kinder kamen jetzt zur Großmutter. Die Mutter brachte sie selber öfter in einem Wagen, öfter aber wurden sie, da sie noch im zarten Alter waren, eingemummt einer Magd mitgegeben, die sie in einem Fuhrwerke über den Hals brachte. Als sie aber größer waren, gingen sie zu Fuße, entweder mit der Mutter oder mit einer Magd nach Millsdorf, ja, da der Knabe geschickt, stark und klug geworden war, ließ man ihn allein den bekannten Weg über den Hals gehen, und wenn es sehr schön war, und er bat, erlaubte man auch, daß ihn die kleine Schwester begleite. Dies ist bei den Gschaidern gebräuchlich, weil sie an starkes Fußgehen gewöhnt sind, und die Eltern überhaupt, namentlich aber ein Mann wie der Schuster, es gerne sehen und eine Freude daran haben, wenn ihre Kinder tüchtig werden.

So geschah es, daß die zwei Kinder den Weg über den Hals öfter zurücklegten als die übrigen Dörfler zusammengenommen, und da schon ihre Mutter in Gschaid immer gewissermaßen wie eine Fremde behandelt wurde, so wurden durch diesen Umstand auch die Kinder fremd, sie waren kaum Gschaider und gehörten halb nach Millsdorf hinüber.

Der Knabe Konrad hatte schon das ernste Wesen seines Vaters, und das Mädchen Susanna, nach ihrer Mutter so genannt, oder, wie man es zur Abkürzung nannte, Sanna, hatte viel Glauben zu seinen Kenntnissen, seiner Einsicht und seiner Macht und gab sich unbedingt unter seine Leitung, gerade so, wie die Mutter sich unbedingt unter die Leitung des Vaters gab, dem sie alle Einsicht und Geschicklichkeit zutraute.

An schönen Tagen konnte man morgens die Kinder durch das Tal gegen Mittag wandern sehen, über die Wiese gehen und dort anlangen, wo der Wald des Halses gegen sie herschaut. Sie näherten sich dem Walde, gingen auf seinem Wege allgemach über die Erhöhung hinan und kamen, ehe der Mittag eingetreten war, auf den offenen Wiesen auf der anderen Seite gegen Millsdorf hinunter. Konrad zeigte Sanna die Wiesen, die dem Großvater gehörten, dann gingen sie durch seine Felder, auf denen er ihr die Getreidearten erklärte, dann sahen sie auf Stangen unter dem Vorsprunge des Daches die langen Tücher zum Trocknen herabhängen, die sich im Winde schlängelten oder närrische Gesichter machten, dann hörten sie seine Walkmühle und seinen Lohstampf, die er an seinem Bache für Tuchmacher und Gerber angelegt hatte, dann bogen sie noch um eine Ecke der Felder und gingen im kurzen durch die Hintertür in den Garten der Färberei, wo sie von der Großmutter empfangen wurden. Diese ahnte immer, wenn die Kinder kamen, sah zu den Fenstern aus und erkannte sie von weitem, wenn Sannas rotes Tuch recht in der Sonne leuchtete.

Sie führte die Kinder dann durch die Waschstube und Presse in das Zimmer, ließ sie niedersetzen, ließ nicht zu, daß sie Halstücher oder Jäckchen lüfteten, damit sie sich nicht verkühlten, und behielt sie beim Essen da. Nach dem Essen durften sie sich lüften, spielen, durften in den Räumen des großväterlichen Hauses herumgehen oder sonst tun, was sie wollten, wenn es nur nicht unschicklich oder verboten war. Der Färber, welcher immer bei dem Essen war, fragte sie um ihre Schulgegenstände aus und schärfte ihnen besonders ein, was sie lernen sollten. Nachmittags wurden sie von der Großmutter schon, ehe die Zeit kam, zum Aufbruche getrieben, daß sie ja nicht zu spät kä-

Winter
Radierung von Rudolf Meyer (1605–1638)

men. Obgleich der Färber keine Mitgift gegeben hatte und vor seinem Tode von seinem Vermögen nichts wegzugeben gelobt hatte, glaubte sich die Färberin an diese Dinge doch nicht so strenge gebunden, und sie gab den Kindern nicht allein während ihrer Anwesenheit allerlei, worunter nicht selten ein Münzstück und zuweilen gar von ansehnlichem Werte war, sondern sie band ihnen auch immer zwei Bündelchen zusammen, in denen sich Dinge befanden, von denen sie glaubte, daß sie notwendig wären oder daß sie den Kindern Freude machen könnten. Und wenn oft die nämlichen Dinge im Schusterhause in Gschaid ohnedem in aller Trefflichkeit vorhanden waren, so gab sie die Großmutter in der Freude des Gebens doch, und die Kinder trugen sie, als etwas Besonderes, nach Hause. So geschah es nun, daß die Kinder am heiligen Abende schon unwissend die Geschenke in Schachteln, gut versiegelt und verwahrt, nach Hause trugen, die ihnen in der Nacht einbeschert werden sollten.

Weil die Großmutter die Kinder immer schon vor der Zeit zum Fortgehen drängte, damit sie nicht zu spät nach Hause kämen, so erzielte sie hiedurch, daß die Kinder gerade auf dem Wege bald an dieser, bald an jener Stelle sich aufhielten. Sie saßen gerne an dem Haselnußgehäge, das auf dem Halse ist, und schlugen mit Steinen Nüsse auf, oder spielten, wenn keine Nüsse waren, mit Blättern oder mit Hölzlein oder mit den weichen, braunen Zäpfchen, die im ersten Frühjahre von den Zweigen der Nadelbäume herabfielen. Manchmal erzählte Konrad dem Schwesterchen Geschichten, oder wenn sie zu der roten Unglücksäule kamen, führte er sie ein Stück auf dem Seitenwege links gegen die Höhen hinan und sagte ihr, daß man da auf den Schneeberg gelange, daß dort Felsen und Steine seien, daß die Gemsen herumspringen und große Vögel fliegen. Er führte sie oft über den Wald hinaus, sie betrachteten dann den dürren Rasen und die kleinen Sträucher der Heidekräuter; aber er führte sie wieder zurück und brachte sie immer vor der Abenddämmerung nach Hause, was ihm stets Lob eintrug.

Einmal war am heiligen Abende, da die erste Morgendämmerung in dem Tale von Gschaid in Helle übergegangen war, ein dünner, trockener Schleier über den ganzen Himmel gebreitet, so daß man die ohnedem schiefe und ferne Sonne im Südosten nur als einen undeutlichen roten Fleck sah, überdies war an diesem Tage eine milde, beinahe laulichte Luft unbeweglich im ganzen Tale und auch an dem Himmel, wie die unveränderte und ruhige Gestalt der Wolken zeigte. Da sagte die Schustersfrau zu ihren Kindern: «Weil ein so angenehmer Tag ist, weil es so lange nicht geregnet hat und die Wege fest sind, und weil es auch der Vater gestern unter der Bedingung erlaubt hat, wenn der heutige Tag dazu geeignet ist, so dürft ihr zur Großmutter nach Millsdorf gehen; aber ihr müßt den Vater noch vorher fragen.»

Die Kinder, welche noch in ihren Nachtkleidchen dastanden, liefen in die Nebenstube, in welcher der Vater mit einem Kunden sprach, und baten um die Wiederholung der gestrigen Erlaubnis, weil ein so schöner Tag sei. Sie wurde ihnen erteilt, und sie liefen wieder zur Mutter zurück.

Die Schustersfrau zog nun ihre Kinder vorsorglich an, oder eigentlich, sie zog das Mädchen mit dichten, gut verwahrenden Kleidern an; denn der Knabe begann sich selber anzukleiden und stand viel früher fertig da, als die Mutter mit dem Mädchen hatte ins reine kommen können. Als sie dieses Geschäft vollendet hatte, sagte sie: «Konrad, gib wohl acht: weil ich dir das Mädchen mitgehen lasse, so müsset ihr bei Zeiten fortgehen, ihr müsset an keinem Platze stehen bleiben, und wenn ihr bei der Großmutter gegessen habt, so müsset ihr gleich wieder umkehren und nach Hause trachten; denn die Tage sind jetzt sehr kurz, und die Sonne geht gar bald unter.»

«Ich weiß es schon, Mutter», sagte Konrad.

«Und siehe gut auf Sanna, daß sie nicht fällt oder sich erhitzt.»

«Ja, Mutter.»

«So, Gott behüte euch, und geht noch zum Vater und sagt, daß ihr jetzt fortgehet.»

Der Knabe nahm eine von seinem Vater kunstvoll aus Kalbfellen genähte Tasche an einem Riemen um die Schulter, und die Kinder gingen in die Nebenstube, um dem Vater Lebewohl zu sagen. Aus dieser kamen sie bald heraus und hüpften, von der Mutter mit einem Kreuze besegnet, fröhlich auf die Gasse.

Sie gingen schleunig längs des Dorfplatzes hinab und dann durch die Häusergasse und endlich zwischen den Planken der Obstgärten in das Freie hinaus. Die Sonne stand schon über dem mit milchigen Wolkenstreifen durchwobenen Wald der morgendlichen Anhöhen, und ihr trübes, rötliches Bild schritt durch die laublosen Zweige der Holzäpfelbäume mit den Kindern fort.

In dem ganzen Tale war kein Schnee, die größeren Berge, von denen er schon viele Wochen herabgeglänzt hatte, waren damit bedeckt, die kleineren standen in dem Mantel ihrer Tannenwälder und im Fahlrot ihrer entblößten Zweige unbeschneit und ruhig da. Der Boden war noch nicht gefroren, und er wäre, vermöge der vorhergegangenen langen regenlosen Zeit, ganz trocken gewesen, wenn ihn nicht die Jahreszeit mit einer zarten Feuchtigkeit überzogen hätte, die ihn aber nicht schlüpfrig, sondern eher fest und widerprallend machte, daß sie leicht und gering darauf fortgingen. Das wenige Gras, welches noch auf den Wiesen und vorzüglich an den Wassergräben derselben war, stand in herbstlichem Ansehen. Es lag kein Reif und bei näherem Anblicke nicht einmal ein Tau, was nach der Meinung der Landleute baldigen Regen bedeutet.

Gegen die Grenzen der Wiesen zu war ein Gebirgsbach, über welchen ein hoher Steg führte. Die Kinder gingen auf den Steg und schauten hinab. Im Bache war schier kein Wasser, ein dünner Faden von sehr stark blauer Farbe ging durch die trockenen Kiesel des Gerölles, die wegen Regenlosigkeit ganz weiß geworden waren, und sowohl die Wenigkeit als auch die Farbe des Wassers zeigten an, daß in den größeren Höhen schon Kälte herrschen müsse, die den Boden verschließe, daß er mit seiner Erde das Wasser nicht trübe, und die das Eis erhärte, daß es in seinem Innern nur wenige klare Tropfen abgeben könne.

Von dem Stege liefen die Kinder durch die Gründe fort und näherten sich immer mehr den Waldungen.

Sie trafen endlich die Grenze des Holzes und gingen in demselben weiter.

Als sie in die höheren Wälder des Halses hinaufgekommen waren, zeigten sich die langen Furchen des Fahrweges nicht mehr weich, wie es unten im Tale der Fall gewesen war, sondern sie waren fest, und zwar nicht aus Trockenheit, sondern, wie die Kinder sich bald überzeugten, weil sie gefroren waren. An manchen Stellen waren sie so überfroren, daß sie die Körper der Kinder trugen. Nach der Natur der Kinder gingen sie nun nicht mehr auf dem glatten Pfade neben dem Fahrwege, sondern in den Gleisen und versuchten, ob dieser oder jener Furchenaufwurf sie schon trage. Als sie nach Verlauf einer Stunde auf der Höhe des Halses angekommen waren, war der Boden bereits so hart, daß er klang und Schollen wie Steine hatte.

An der roten Unglücksäule des Bäckers bemerkte Sanna zuerst, daß sie heute gar nicht dastehe. Sie gingen zu dem Platze hinzu und sahen, daß der runde, rot angestrichene Balken, der das Bild trug, in dem dürren Grase liege, das, wie dünnes Stroh, an der Stelle stand und den Anblick der liegenden Säule verdeckte. Sie sahen zwar nicht ein, warum die Säule liege, ob sie umgeworfen worden oder ob sie von selber umgefallen sei. Das sahen sie, daß sie an der Stelle, wo sie in die Erde ragte, sehr morsch war, und daß sie daher sehr leicht habe umfallen können; aber da sie einmal lag, so machte es ihnen Freude, daß sie das Bild und die Schrift so nahe betrachten konnten, wie es sonst nie der Fall gewesen war. Als sie alles – den Korb mit den Semmeln, die bleichen Hände des Bäckers, seine geschlossenen Augen, seinen grauen Rock und die umstehenden Tannen – betrachtet hatten, als sie die Schrift gelesen und laut gesagt hatten, gingen sie wieder weiter.

Abermal nach einer Stunde wichen die dunkeln Wälder zu beiden Seiten zurück, dünn stehende Bäume, teils einzelne Eichen, teils Birken und Gebüschgruppen, empfingen sie, geleiteten sie weiter, und nach kurzem liefen sie auf den Wiesen in das Millsdorfer Tal hinab.

Obwohl dieses Tal bedeutend tiefer liegt als das von Gschaid, und auch um so viel wärmer war, daß man die Ernte immer um vierzehn Tage früher beginnen konnte als in Gschaid, so war doch auch hier der Boden gefroren, und als die Kinder bis zu den Loh- und Walkwerken des Großvaters gekommen waren, lagen auf dem Wege, auf den die Räder oft Tropfen herausspritzten, schöne Eistäfelchen. Den Kindern ist das gewöhnlich ein sehr großes Vergnügen.

Die Großmutter hatte sie kommen gesehen, war ihnen entgegengegangen, nahm Sanna bei den erfrornen Händchen und führte sie in die Stube.

Sie nahm ihnen die wärmeren Kleider ab, sie ließ in dem Ofen nachlegen und fragte sie, wie es ihnen im Herübergehen gegangen sei.

Als sie hierauf die Antwort erhalten hatte, sagte sie: «Das ist schon recht, das ist gut, es freut mich gar sehr, daß ihr wieder gekommen seid; aber heute müßt ihr bald fort, der Tag ist kurz, und es wird auch kälter, am Morgen war es in Millsdorf nicht gefroren.»

«In Gschaid auch nicht», sagte der Knabe.

«Siehst du, darum müßt ihr euch sputen, daß euch gegen Abend nicht zu kalt wird», antwortete die Großmutter.

Hierauf fragte sie, was die Mutter mache, was der Vater mache, und ob nichts Besonderes in Gschaid geschehen sei.

Nach diesen Fragen bekümmerte sie sich um das Essen, sorgte, daß es früher bereitet wurde als gewöhnlich, und richtete selber den Kindern kleine Leckerbissen zusammen, von denen sie wußte, daß sie eine Freude damit erregen würde. Dann wurde der Färber gerufen, die Kinder bekamen an dem Tische aufgedeckt wie große Personen, und aßen nun mit Großvater und Großmutter, und die letzte legte ihnen hiebei besonders Gutes vor. Nach dem Essen streichelte sie Sannas unterdessen sehr rot gewordene Wangen.

Hierauf ging sie geschäftig hin und her und steckte das Kalbfellränzchen des Knaben voll und steckte ihm noch allerlei in die Taschen. Auch in die Täschchen von Sanna tat sie allerlei Dinge. Sie gab jedem ein Stück Brot, es auf dem Wege zu verzehren, und in dem Ränzchen, sagte sie, seien noch zwei Weißbrote, wenn etwa der Hunger zu groß würde.

«Für die Mutter habe ich einen guten gebrannten Kaffee mitgegeben», sagte sie, «und in dem Fläschchen, das zugestopft und gut verbunden ist, befindet sich auch ein schwarzer Kaffeeaufguß, ein besserer, als die Mutter bei euch gewöhnlich macht, sie soll ihn nur kosten, wie er ist, er ist eine wahre Arznei, so kräftig, daß nur ein Schlückchen den Magen so wärmt, daß es den Körper in den kältesten Wintertagen nicht frieren kann. Die anderen Sachen, die in der Schachtel und in den Papieren im Ränzchen sind, bringt unversehrt nach Hause.»

Da sie noch ein Weilchen mit den Kindern geredet hatte, sagte sie, daß sie gehen sollten.

«Habe acht, Sanna», sagte sie, «daß du nicht frierst, erhitze dich nicht; und daß ihr nicht über die Wiesen hinauf und unter den Bäumen lauft. Etwa kömmt gegen Abend ein Wind, da müßt ihr langsamer gehen. Grüßet Vater und Mutter und sagt, sie sollen recht glückliche Feiertage haben.»

Die Großmutter küßte beide Kinder auf die Wangen und schob sie durch die Tür hinaus. Nichtsdestoweniger ging sie aber auch selber mit, geleitete sie durch den Garten, ließ sie durch das Hinterpförtchen hinaus, schloß wieder und ging in das Haus zurück.

Die Kinder gingen an den Eistäfelchen neben den Werken des Großvaters vorbei, sie gingen durch die Millsdorfer Felder und wendeten sich gegen die Wiesen hinan.

Als sie auf den Anhöhen gingen, wo, wie gesagt wurde, zerstreute Bäume und Gebüschgruppen standen, fielen äußerst langsam einzelne Schneeflocken.

«Siehst du, Sanna», sagte der Knabe, «ich habe es gleich gedacht, daß wir Schnee bekommen;

weißt du, da wir von Hause weggingen, sahen wir noch die Sonne, die so blutrot war wie eine Lampe bei dem heiligen Grabe, und jetzt ist nichts mehr von ihr zu erblicken, und nur der graue Nebel ist über den Baumwipfeln oben. Das bedeutet allemal Schnee.»

Die Kinder gingen freudiger fort, und Sanna war recht froh, wenn sie mit dem dunkeln Ärmel ihres Röckchens eine der fallenden Flocken auffangen konnte, und wenn dieselbe recht lange nicht auf dem Ärmel zerfloß. Als sie endlich an dem äußersten Rand der Millsdorfer Höhen angekommen waren, wo es gegen die dunkeln Tannen des Halses hineingeht, war die dichte Waldwand schon recht lieblich gesprenkelt von den immer reichlicher herabfallenden Flocken. Sie gingen nunmehr in den dicken Wald hinein, der den größten Teil ihrer noch bevorstehenden Wanderung einnahm.

Es geht von dem Waldrande noch immer aufwärts, und zwar bis man zur roten Unglücksäule kömmt, von wo sich, wie schon oben angedeutet wurde, der Weg gegen das Tal von Gschaid hinabwendet. Die Erhebung des Waldes von der Millsdorfer Seite aus ist sogar so steil, daß der Weg nicht gerade hinangeht, sondern daß er in sehr langen Abweichungen von Abend nach Morgen und von Morgen nach Abend hinanklimmt. An der ganzen Länge des Weges hinauf zur Säule und hinab bis zu den Wiesen von Gschaid sind hohe, dichte, ungelichtete Waldbestände, und sie werden erst ein wenig dünner, wenn man in die Ebene gelangt ist und gegen die Wiesen des Tales von Gschaid hinauskömmt. Der Hals ist auch, wenn er gleich nur eine kleine Verbindung zwischen zwei großen Gebirgshäuptern abgibt, doch selbst so groß, daß er, in die Ebene gelegt, einen bedeutenden Gebirgsrücken abgeben würde.

Das erste, was die Kinder sahen, als sie die Waldung betraten, war, daß der gefrorne Boden sich grau zeigte, als ob er mit Mehl besät wäre, daß die Fahne manches dünnen Halmes des am Wege hin und zwischen den Bäumen stehenden dürren Grases mit Flocken beschwert war, und daß auf den verschiedenen grünen Zweigen der Tannen und Fichten, die sich wie Hände öffneten, schon weiße Fläumchen saßen.

«Schneit es denn jetzt bei dem Vater zu Hause auch?» fragte Sanna.

«Freilich», antwortete der Knabe, «es wird auch kälter, und du wirst sehen, daß morgen der ganze Teich gefroren ist.»

«Ja, Konrad», sagte das Mädchen.

Es verdoppelte beinahe seine kleinen Schritte, um mit denen des dahinschreitenden Knaben gleich bleiben zu können.

Sie gingen nun rüstig in den Windungen fort, jetzt von Abend nach Morgen, jetzt von Morgen nach Abend. Der von der Großmutter vorausgesagte Wind stellte sich nicht ein, im Gegenteile war es so stille, daß sich nicht ein Ästchen oder Zweig rührte, ja sogar, es schien im Walde wärmer, wie es in lockeren Körpern, dergleichen ein Wald auch ist, immer im Winter zu sein pflegt, und die Schneeflocken fielen stets reichlicher, so daß der ganze Boden schon weiß war, daß der Wald sich grau zu bestäuben anfing, und daß auf dem Hute und den Kleidern des Knaben, so wie auf denen des Mädchens, der Schnee lag.

Die Freude der Kinder war sehr groß. Sie traten auf den weichen Flaum, suchten mit dem Fuße absichtlich solche Stellen, wo er dichter zu liegen schien, um dorthin zu treten und sich den Anschein zu geben, als wateten sie bereits. Sie schüttelten den Schnee nicht von den Kleidern ab.

Es war große Ruhe eingetreten. Von den Vögeln, deren doch manche auch zuweilen im Winter in dem Walde hin- und herfliegen, und von denen die Kinder im Herübergehen sogar mehrere zwitschern gehört hatten, war nichts zu vernehmen, sie sahen auch keine auf irgendeinem Zweige sitzen oder fliegen, und der ganze Wald war gleichsam ausgestorben.

Weil nur die bloßen Fußstapfen der Kinder hinter ihnen blieben, und weil vor ihnen der Schnee rein und unverletzt war, so war daraus zu erkennen, daß sie die einzigen waren, die heute über den Hals gingen.

Sie gingen in ihrer Richtung fort, sie näherten sich öfter den Bäumen, öfter entfernten sie sich, und wo dichtes Unterholz war, konnten sie den Schnee auf den Zweigen liegen sehen.

Ihre Freude wuchs noch immer; denn die Flokken fielen stets dichter, und nach kurzer Zeit brauchten sie nicht mehr den Schnee aufzusuchen, um in ihm zu waten; denn er lag schon so dicht, daß sie ihn überall weich unter den Sohlen empfanden, und daß er sich bereits um ihre Schuhe zu legen begann; und wenn es so ruhig und heimlich war, so war es, als ob sie das Knistern des in die Nadeln herabfallenden Schnees vernehmen könnten.

«Werden wir heute auch die Unglücksäule sehen?» fragte das Mädchen, «sie ist ja umgefallen, und da wird es darauf schneien, und da wird die rote Farbe weiß sein.»

«Darum können wir sie doch sehen», antwortete der Knabe, «wenn auch der Schnee auf sie fällt, und wenn sie auch weiß ist, so müssen wir sie liegen sehen, weil sie eine dicke Säule ist, und weil sie das schwarze eiserne Kreuz auf der Spitze hat, das doch immer herausragen wird.»

«Ja, Konrad.»

Indessen, da sie noch weiter gegangen waren, war der Schneefall so dicht geworden, daß sie nur mehr die allernächsten Bäume sehen konnten.

Von der Härte des Weges oder gar von Furchenaufwerfungen war nichts zu empfinden, der Weg war vom Schnee überall gleich weich und war überhaupt nur daran zu erkennen, daß er, als ein gleichmäßiger, weißer Streifen, in dem Walde fortlief. Auf allen Zweigen lag schon die schöne, weiße Hülle.

Die Kinder gingen jetzt mitten auf dem Wege, sie furchten den Schnee mit ihren Füßlein und gingen langsamer, weil das Gehen beschwerlicher ward. Der Knabe zog seine Jacke empor an dem Halse zusammen, damit ihm nicht der Schnee in den Nacken falle, und er setzte den Hut tiefer in das Haupt, daß er geschützter sei. Er zog auch seinem Schwesterlein das Tuch, das ihm die Mutter um die Schultern gegeben hatte, besser zusammen und zog es ihm mehr vorwärts in die Stirne, daß es ein Dach bilde.

Der von der Großmutter vorausgesagte Wind war noch immer nicht gekommen; aber dafür wurde der Schneefall nach und nach so dicht, daß auch nicht mehr die nächsten Bäume zu erkennen waren, sondern daß sie, wie neblige Säcke, in der Luft standen.

Die Kinder gingen fort. Sie duckten die Köpfe dichter in ihre Kleider und gingen fort.

Sanna nahm den Riemen, an welchem Konrad die Kalbfelltasche um die Schulter hängen hatte, mit den Händchen, hielt sich daran, und so gingen sie ihres Weges.

Die Unglücksäule hatten sie noch immer nicht erreicht. Der Knabe konnte die Zeit nicht ermessen, weil keine Sonne am Himmel stand und weil es immer gleichmäßig grau war.

«Werden wir bald zu der Unglücksäule kommen?» fragte Sanna.

«Ich weiß es nicht», antwortete der Knabe, «ich kann heute die Bäume nicht sehen und den Weg nicht erkennen, weil er so weiß ist. Die Unglücksäule werden wir wohl gar nicht sehen, weil so viel Schnee liegen wird, daß sie verhüllt sein wird, und daß kaum ein Gräschen oder ein Arm des schwarzen Kreuzes hervorragen wird. Aber es macht nichts. Wir gehen immer auf dem Wege fort, der Weg geht zwischen den Bäumen, und wenn er zu dem Platze der Unglücksäule kömmt, dann wird er abwärtsgehen, wir gehen auf ihm fort, und wenn er aus den Bäumen hinausgeht, dann sind wir schon auf den Wiesen von Gschaid, dann kömmt der Steg, und dann haben wir nicht mehr weit nach Hause.»

«Ja, Konrad», sagte das Mädchen.

Sie gingen auf ihrem aufwärtsführenden Wege fort. Die hinter ihnen liegenden Fußstapfen waren jetzt nicht mehr lange sichtbar; denn die ungemeine Fülle des herabfallenden Schnees deckte sie bald zu, daß sie verschwanden. Der Schnee knisterte in seinem Falle nun auch nicht mehr in den Nadeln, sondern legte sich eilig und heimlich auf die weiße, schon daliegende Decke nieder. Die Kinder nahmen die Kleider noch fester, um das immerwährende, allseitige Hineinrieseln abzuhalten.

Sie gingen sehr schleunig, und der Weg führte noch stets aufwärts.

Nach langer Zeit war noch immer die Höhe nicht erreicht, auf welcher die Unglücksäule stehen sollte und von wo der Weg gegen die Gschaider Seite sich hinunterwenden mußte.

Endlich kamen die Kinder in eine Gegend, in welcher keine Bäume standen.

«Ich sehe keine Bäume mehr», sagte Sanna.

«Vielleicht ist nur der Weg so breit, daß wir sie wegen des Schnees nicht sehen können», antwortete der Knabe.

«Ja, Konrad», sagte das Mädchen.

Nach einer Weile blieb der Knabe stehen und sagte: «Ich sehe selber keine Bäume mehr, wir müssen aus dem Walde gekommen sein, auch geht der Weg immer bergan. Wir wollen ein wenig stehen bleiben und herumsehen, vielleicht erblikken wir etwas.»

Aber sie erblickten nichts. Sie sahen durch einen trüben Raum in den Himmel. Wie bei dem Hagel über die weißen oder grünlich gedunsenen Wolken die finsteren, fransenartigen Streifen herabstarren, so war es hier, und das stumme Schütten dauerte fort. Auf der Erde sahen sie nur einen runden Fleck Weiß und dann nichts mehr.

«Weißt du, Sanna», sagte der Knabe, «wir sind auf dem dürren Grase, auf welches ich dich oft im Sommer heraufgeführt habe, wo wir saßen und wo wir den Rasen betrachteten, der nacheinander hinaufgeht, und wo die schönen Kräuterbüschel wachsen. Wir werden da jetzt gleich rechts hinabgehen!»

«Ja, Konrad.»

«Der Tag ist kurz, wie die Großmutter gesagt hat, und wie du auch wissen wirst, wir müssen uns daher sputen.»

«Ja, Konrad», sagte das Mädchen.

«Warte ein wenig, ich will dich besser einrichten», erwiderte der Knabe.

Er nahm seinen Hut ab, setzte ihn Sanna auf das Haupt und befestigte ihn mit den beiden Bändchen unter ihrem Kinne. Das Tüchlein, welches sie umhatte, schützte sie zu wenig, während auf seinem Haupte eine solche Menge dichter Locken war, daß noch lange Schnee darauffallen konnte, ehe Nässe und Kälte durchzudringen vermochten. Dann zog er sein Pelzjäckchen aus und zog dasselbe über die Ärmelein der Schwester. Um seine eigenen Schultern und Arme, die jetzt das bloße Hemd zeigten, band er das kleinere Tüchlein, das Sanna über die Brust, und das größere, das sie über die Schultern gehabt hatte. Das sei für ihn genug, dachte er, wenn er nur stark auftrete, werde ihn nicht frieren.

Er nahm das Mädchen bei der Hand, und so gingen sie jetzt fort.

Das Mädchen schaute mit den willigen Äuglein in das ringsum herrschende Grau und folgte ihm gerne, nur daß es mit den kleinen, eilenden Füßlein nicht so nachkommen konnte, wie er vorwärts strebte, gleich einem, der es zur Entscheidung bringen wollte.

Sie gingen nun mit der Unablässigkeit und Kraft, die Kinder und Tiere haben, weil sie nicht wissen, wie viel ihnen beschieden ist und wann ihr Vorrat erschöpft ist.

Aber wie sie gingen, so konnten sie nicht merken, ob sie über den Berg hinabkämen oder nicht. Sie hatten gleich rechts nach abwärts gebogen, allein sie kamen wieder in Richtungen, die bergan führten, bergab und wieder bergan. Oft begegneten ihnen Steilheiten, denen sie ausweichen mußten, und ein Graben, in dem sie fortgingen, führte sie in einer Krümmung herum. Sie erklommen Höhen, die sich unter ihren Füßen steiler gestalteten, als sie dachten, und was sie für abwärts hielten, war wieder eben, oder es war eine Höhlung, oder es ging immer gedehnt fort.

«Wo sind wir denn, Konrad?» fragte das Mädchen.

«Ich weiß es nicht», antwortete er.

«Wenn ich nur mit diesen meinen Augen etwas zu erblicken imstande wäre», fuhr er fort, «daß ich mich darnach richten könnte.»

Aber es war rings um sie nichts als das blendende Weiß, überall das Weiß, das aber selber nur einen immer kleineren Kreis um sie zog und dann in einen lichten, streifenweise niederfallenden Nebel überging, der jedes Weitere verzehrte und verhüllte und zuletzt nichts anderes war als der unersättlich niederfallende Schnee.

«Warte, Sanna», sagte der Knabe, «wir wollen ein wenig stehen bleiben und horchen, ob wir nicht etwas hören können, was sich im Tale meldet, sei es nun ein Hund, oder eine Glocke, oder die Mühle, oder sei es ein Ruf, der sich hören läßt; hören müssen wir etwas, und dann werden wir wissen, wohin wir zu gehen haben.»

Sie blieben nun stehen, aber sie hörten nichts. Sie blieben noch ein wenig länger stehen, aber es meldete sich nichts, es war nicht ein einziger Laut, auch nicht der leiseste, außer ihrem Atem zu vernehmen, ja, in der Stille, die herrschte, war es, als sollten sie den Schnee hören, der auf ihre Wimpern fiel. Die Voraussage der Großmutter hatte sich noch immer nicht erfüllt, der Wind war nicht gekommen, ja, was in diesen Gegenden selten ist, nicht das leiseste Lüftchen rührte sich an dem ganzen Himmel.

Nachdem sie lange gewartet hatten, gingen sie wieder fort.

«Es tut auch nichts, Sanna», sagte der Knabe, «sei nur nicht verzagt, folge mir, ich werde dich doch noch hinüberführen. – Wenn nur das Schneien aufhörte!»

Sie war nicht verzagt, sondern hob die Füßchen, so gut es gehen wollte, und folgte ihm. Er führte sie in dem weißen, lichten, regsamen, undurchsichtigen Raume fort.

Nach einer Weile sahen sie Felsen. Sie hoben sich dunkel und undeutlich aus dem weißen und undurchsichtigen Lichte empor. Da die Kinder sich näherten, stießen sie fast daran. Sie stiegen wie eine Mauer hinauf und waren ganz gerade, so daß kaum ein Schnee an ihrer Seite haften konnte.

«Sanna, Sanna», sagte er, «da sind die Felsen, gehen wir nur weiter, gehen wir weiter.»

Sie gingen weiter, sie mußten zwischen die Felsen hinein und unter ihnen fort. Die Felsen ließen sie nicht rechts und nicht links ausweichen und führten sie in einem engen Wege dahin. Nach einer Zeit verloren sie dieselben wieder und konnten sie nicht mehr erblicken. So wie sie unversehens unter sie gekommen waren, kamen sie wieder unversehens von ihnen. Es war wieder nichts um sie als das Weiß, und ringsum war kein unterbrechendes Dunkel zu schauen. Es schien eine große Lichtfülle zu sein, und doch konnte man nicht drei Schritte vor sich sehen; alles war, wenn man so sagen darf, in eine einzige weiße Finsternis gehüllt, und weil kein Schatten war, so war kein Urteil über die Größe der Dinge, und die Kinder konnten nicht wissen, ob sie aufwärts oder abwärts gehen würden, bis eine Steilheit ihren Fuß faßte und ihn aufwärts zu gehen zwang.

«Mir tun die Augen weh», sagte Sanna.

«Schaue nicht auf den Schnee», antwortete der Knabe, «sondern in die Wolken. Mir tun sie schon lange weh; aber es tut nichts, ich muß doch auf den Schnee schauen, weil ich auf den Weg zu achten habe. Fürchte dich nur nicht, ich führe dich doch hinunter ins Gschaid.»

«Ja, Konrad.»

Sie gingen wieder fort; aber wie sie auch gehen mochten, wie sie sich auch wenden mochten, es wollte kein Anfang zum Hinabwärtsgehen kommen. An beiden Seiten waren steile Dachlehnen nach aufwärts, mitten gingen sie fort, aber auch immer aufwärts. Wenn sie den Dachlehnen entrannen und sie nach abwärts beugten, wurde es gleich so steil, daß sie wieder umkehren mußten, die Füßlein stießen oft auf Unebenheiten, und sie mußten häufig Büheln ausweichen.

Sie merkten auch, daß ihr Fuß, wo er tiefer durch den jungen Schnee einsank, nicht erdigen Boden unter sich empfand, sondern etwas anderes, das wie älterer, gefrorner Schnee war; aber sie gingen immer fort, und sie liefen mit Hast und Ausdauer. Wenn sie stehen blieben, war alles still, unermeßlich still; wenn sie gingen, hörten sie das Rascheln ihrer Füße, sonst nichts; denn die Hüllen des Himmels sanken ohne Laut hernieder und so reich, daß man den Schnee hätte wachsen sehen können. Sie selber waren so bedeckt, daß sie sich von dem allgemeinen Weiß nicht hervorhoben und sich, wenn sie um ein paar Schritte getrennt worden wären, nicht mehr gesehen hätten.

Eine Wohltat war es, daß der Schnee so trocken war wie Sand, so daß er von ihren Füßen und den Bundschühlein und Strümpfen daran leicht abglitt und abrieselte, ohne Ballen und Nässe zu machen.

Endlich gelangten sie wieder zu Gegenständen.

Es waren riesenhaft große, sehr durcheinander liegende Trümmer, die mit Schnee bedeckt waren, der überall in die Klüfte hineinrieselte, und an die sie sich ebenfalls fast anstießen, ehe sie sie sahen. Sie gingen ganz hinzu, die Dinge anzublicken.

Es war Eis – lauter Eis.

Es lagen Platten da, die mit Schnee bedeckt waren, an deren Seitenwänden aber das glatte, grünliche Eis sichtbar war, es lagen Hügel da, die wie zusammengeschobener Schaum aussahen, an deren Seiten es aber matt nach einwärts flimmerte und glänzte, als wären Balken und Stangen von Edelsteinen durcheinander geworfen worden, es lagen ferner gerundete Kugeln da, die ganz mit Schnee umhüllt waren, es standen Platten und andere Körper auch schief oder gerade aufwärts, so hoch, wie der Kirchturm in Gschaid oder wie Häuser. In einigen waren Höhlen eingefressen, durch die man mit einem Arme durchfahren konnte, mit einem Kopfe, mit einem Körper, mit einem ganzen großen Wagen voll Heu. Alle diese Stücke waren zusammen- oder emporgedrängt und starrten, so daß sie oft Dächer bildeten oder Überhänge, über deren Ränder sich der Schnee herüberlegte und herabgriff wie lange, weiße Tatzen. Selbst ein großer, schreckhaft schwarzer Stein, wie ein Haus, lag unter dem Eise und war emporgestellt, daß er auf der Spitze stand, daß kein Schnee an seinen Seiten liegen bleiben konnte. Und nicht dieser Stein allein – noch mehrere und größere staken in dem Eise, die man erst später sah, und die wie eine Trümmermauer an ihm hingingen.

«Da muß recht viel Wasser gewesen sein, weil so viel Eis ist», sagte Sanna.

«Nein, das ist von keinem Wasser», antwortete der Bruder, «das ist das Eis des Berges, das immer oben ist, weil es so eingerichtet ist.»

«Ja, Konrad», sagte Sanna.

«Wir sind jetzt bis zu dem Eise gekommen», sagte der Knabe, «wir sind auf dem Berge, Sanna, weißt du, den man von unserm Garten aus im Sonnenscheine so weiß sieht. Merke gut auf, was ich dir sagen werde. Erinnerst du dich noch, wie wir oft nachmittags in dem Garten saßen, wie es recht schön war, wie die Bienen um uns summten, die Linden dufteten und die Sonne von dem Himmel schien?»

«Ja, Konrad, ich erinnere mich.»

«Da sahen wir auch den Berg. Wir sahen, wie er so blau war, so blau wie das sanfte Firmament, wir sahen den Schnee, der oben ist, wenn auch bei uns Sommer war, eine Hitze herrschte und die Getreide reif wurden.»

«Ja, Konrad.»

«Und unten, wo der Schnee aufhört, da sieht man allerlei Farben, wenn man genau schaut, grün, blau, weißlich – das ist das Eis, das unten nur so klein ausschaut, weil man sehr weit entfernt ist, und das, wie der Vater sagte, nicht weggeht bis an das Ende der Welt. Und da habe ich oft gesehen, daß unterhalb des Eises die blaue Farbe noch fortgeht. Das werden Steine sein, dachte ich, oder es wird Erde und Weidegrund sein, und dann fangen die Wälder an, die gehen herab und immer weiter herab; man sieht auch allerlei Felsen in ihnen, dann folgen die Wiesen, die schon grün sind, und dann die grünen Laubwälder, und dann kommen unsere Wiesen und Felder, die in dem Tale von Gschaid sind. Siehst du nun, Sanna, weil wir jetzt bei dem Eise sind, so werden wir über die blaue Farbe hinabgehen, dann durch die Wälder, in denen die Felsen sind, dann über die Wiesen und dann durch die grünen Laubwälder, und dann werden wir in dem Tale von Gschaid sein und recht leicht unser Dorf finden.»

«Ja, Konrad», sagte das Mädchen.

Die Kinder gingen nun in das Eis hinein, wo es zugänglich war.

Sie waren winzigkleine, wandelnde Punkte in diesen ungeheuern Stücken.

Wie sie so unter die Überhänge hineinsahen, gleichsam, als gäbe ihnen ein Trieb ein, ein Obdach zu suchen, gelangten sie in einen Graben, in einen breiten, tiefgefurchten Graben, der gerade aus dem Eise hervorging. Er sah aus wie das Bett eines Stromes, der aber jetzt ausgetrocknet und überall mit frischem Schnee bedeckt war. Wo er aus dem Eise hervorkam, ging er gerade unter einem Kellergewölbe heraus, das recht schön aus Eis über ihn gespannt war. Die Kinder gingen in dem Graben fort und gingen in das Gewölbe hinein und immer tiefer hinein. Es war ganz trocken, und unter ihren Füßen hatten sie glattes Eis. In der ganzen Höhlung aber war es blau, so blau, wie gar nichts in der Welt ist, viel tiefer und viel schöner blau als das Firmament, gleichsam wie himmelblau gefärbtes Glas, durch welches lichter Schein hineinsinkt. Es waren dickere und dünnere Bogen, es hingen Zacken,

Spitzen und Troddeln herab; der Gang wäre noch tiefer zurückgegangen, sie wußten nicht, wie tief, aber sie gingen nicht mehr weiter. Es wäre auch sehr gut in der Höhle gewesen, es war warm, es fiel kein Schnee, aber es war so schreckhaft blau, die Kinder fürchteten sich und gingen wieder hinaus. Sie gingen eine Weile in dem Graben fort und kletterten dann über seinen Rand hinaus.

Sie gingen an dem Eise hin, sofern es möglich war, durch das Getrümmer und zwischen den Platten durchzudringen.

«Wir werden jetzt da noch hinübergehen und dann von dem Eise abwärtslaufen», sagte Konrad.

«Ja», sagte Sanna und klammerte sich an ihn an.

Sie schlugen von dem Eise eine Richtung durch den Schnee abwärts ein, die sie in das Tal führen sollte. Aber sie kamen nicht weit hinab. Ein neuer Strom von Eis, gleichsam ein riesenhaft aufgetürmter und aufgewölbter Wall, lag quer durch den weichen Schnee und griff, gleichsam mit Armen, rechts und links um sie herum. Unter der weißen Decke, die ihn verhüllte, glimmerte es seitwärts grünlich und bläulich und dunkel und schwarz und selbst gelblich und rötlich heraus. Sie konnten es nun auf weitere Strecken sehen, weil das ungeheure und unermüdliche Schneien sich gemildert hatte und nur mehr, wie an gewöhnlichen Schneetagen, vom Himmel fiel. Mit dem Starkmute der Unwissenheit kletterten sie in das Eis hinein, um den vorgeschobenen Strom desselben zu überschreiten und dann jenseits weiter hinabzukommen. Sie schoben sich in die Zwischenräume hinein, sie setzten den Fuß auf jedes Körperstück, das mit einer weißen Schneehaube versehen war, war es Fels oder Eis, sie nahmen die Hände zur Hilfe, krochen, wo sie nicht gehen konnten, und arbeiteten sich mit ihren leichten Körpern hinauf, bis sie die Seite des Walles überwunden hatten und oben waren.

Jenseits wollten sie wieder hinabklettern.

Aber es gab kein Jenseits.

So weit die Augen der Kinder reichen konnten, war lauter Eis. Es standen Spitzen und Unebenheiten und Schollen empor, wie lauter furchtbares, überschneites Eis. Statt ein Wall zu sein, über den man hinübergehen könnte, und der dann wieder von Schnee abgelöst würde, wie sie sich unten dachten, stiegen aus der Wölbung neue Wände von Eis empor, geborsten und geklüftet, mit unzähligen blauen, geschlängelten Linien versehen, und hinter ihnen waren wieder solche Wände, und hinter diesen wieder solche, bis der Schneefall das Weitere mit seinem Grau verdeckte.

«Sanna, da können wir nicht gehen», sagte der Knabe.

«Nein», antwortete die Schwester.

«Da werden wir wieder umkehren und anderswo hinabzukommen suchen.»

«Ja, Konrad.»

Die Kinder versuchten nun, von dem Eiswalle wieder da hinabzukommen, wo sie hinaufgeklettert waren, aber sie kamen nicht hinab. Es war lauter Eis, als hätten sie die Richtung, in der sie gekommen waren, verfehlt. Sie wandten sich hierhin und dorthin und konnten aus dem Eise nicht herauskommen, als wären sie von ihm umschlungen. Sie kletterten abwärts und kamen wieder in Eis. Endlich, da der Knabe die Richtung immer verfolgte, in der sie nach seiner Meinung gekommen waren, gelangten sie in zerstreutere Trümmer, aber sie waren auch größer und furchtbarer, wie sie gerne am Rande des Eises zu sein pflegen, und die Kinder gelangten kriechend und kletternd hinaus. An dem Eisessaume waren ungeheure Steine, sie waren gehäuft, wie sie die Kinder ihr Leben lang nicht gesehen hatten. Viele waren in Weiß gehüllt, viele zeigten die unteren schiefen Wände sehr glatt und fein geschliffen, als wären sie daraufgeschoben worden, viele waren, wie Hütten und Dächer, gegeneinander gestellt, viele lagen aufeinander, wie ungeschlachte Knollen. Nicht weit von dem Standorte der Kinder standen mehrere mit den Köpfen gegeneinander gelehnt, und über sie lagen breite, gelagerte Blöcke, wie ein Dach. Es war ein Häuschen, das gebildet war, das gegen vorne offen, rückwärts und an den Seiten aber geschützt war. Im Innern war es trocken, da der steilrechte Schneefall keine einzige Flocke hineingetragen hatte. Die Kinder waren recht froh, daß sie nicht mehr in dem Eise waren und auf ihrer Erde standen.

Aber es war auch endlich finster geworden.

«Sanna», sagte der Knabe, «wir können nicht mehr hinabgehen, weil es Nacht geworden ist, und weil wir fallen oder gar in eine Grube geraten könnten. Wir werden da unter die Steine hineingehen, wo es so trocken und so warm ist, und da werden wir warten. Die Sonne geht bald wieder auf, dann laufen wir hinunter. Weine nicht, ich

Kupferstich von Johann Adam Klein (1792–1875)
auf dem Einband des «Taschenbuch für Jung und Alt
über die Kunst des Schlittschuhlaufens», Nürnberg 1825

bitte dich recht schön, weine nicht, ich gebe dir alle Dinge zu essen, welche uns die Großmutter mitgegeben hat.»

Sie weinte auch nicht, sondern nachdem sie beide unter das steinerne Überdach hineingegangen waren, wo sie nicht nur bequem sitzen, sondern auch stehen und herumgehen konnten, setzte sie sich recht dicht an ihn und war mäuschenstille.

«Die Mutter», sagte Konrad, «wird nicht böse sein, wir werden ihr von dem vielen Schnee erzählen, der uns aufgehalten hat, und sie wird nichts sagen; der Vater auch nicht. Wenn uns kalt wird – weißt du –, dann mußt du mit den Händen an deinen Leib schlagen, wie die Holzhauer getan haben, und dann wird dir wärmer werden.»

«Ja, Konrad», sagte das Mädchen.

Sanna war nicht gar so untröstlich, daß sie heute nicht mehr über den Berg hinabgingen und nach Hause liefen, wie er etwa glauben mochte; denn die unermeßliche Anstrengung, von der die Kinder nicht einmal gewußt hatten, wie groß sie gewesen sei, ließ ihnen das Sitzen süß, unsäglich süß erscheinen, und sie gaben sich hin.

Jetzt machte sich aber auch der Hunger geltend. Beide nahmen fast zu gleicher Zeit ihre Brote aus den Taschen und aßen sie. Sie aßen auch die Dinge – kleine Stückchen Kuchen, Mandeln und Nüsse und andere Kleinigkeiten –, die die Großmutter ihnen in die Tasche gesteckt hatte.

«Sanna, jetzt müssen wir aber auch den Schnee von unsern Kleidern tun», sagte der Knabe, «daß wir nicht naß werden.»

«Ja, Konrad», erwiderte Sanna.

Die Kinder gingen aus ihrem Häuschen, und zuerst reinigte Konrad das Schwesterlein von Schnee. Er nahm die Kleiderzipfel, schüttelte sie, nahm ihr den Hut ab, den er ihr aufgesetzt hatte, entleerte ihn von Schnee, und was noch zurückgeblieben war, das stäubte er mit einem Tuche ab. Dann entledigte er auch sich, so gut es ging, des auf ihm liegenden Schnees.

Der Schneefall hatte zu dieser Stunde ganz aufgehört. Die Kinder spürten keine Flocke.

Sie gingen wieder in die Steinhütte und setzten sich nieder. Das Aufstehen hatte ihnen ihre Müdigkeit erst recht gezeigt, und sie freuten sich auf das Sitzen. Konrad legte die Tasche aus Kalbfell ab. Er nahm das Tuch heraus, in welches die Großmutter eine Schachtel und mehrere Papierpäckchen gewickelt hatte, und tat es zu größerer Wärme um seine Schultern. Auch die zwei Weißbrote nahm er aus dem Ränzchen und reichte sie beide an Sanna: das Kind aß begierig. Es aß eines der Brote und von dem zweiten auch noch einen Teil. Den Rest reichte es aber Konrad, da es sah, daß er nicht aß. Er nahm es und verzehrte es.

Von da an saßen die Kinder und schauten.

So weit sie in der Dämmerung zu sehen vermochten, lag überall der flimmernde Schnee hinab, dessen einzelne winzige Täfelchen hie und da in der Finsternis seltsam zu funkeln begannen, als hätte er bei Tag das Licht eingesogen und gäbe es jetzt von sich.

Die Nacht brach mit der in großen Höhen gewöhnlichen Schnelligkeit herein. Bald war es ringsherum finster, nur der Schnee fuhr fort, mit seinem bleichen Lichte zu leuchten. Der Schneefall hatte nicht nur aufgehört, sondern der Schleier an dem Himmel fing auch an, sich zu verdünnen und zu verteilen; denn die Kinder sahen ein Sternlein blitzen. Weil der Schnee wirklich gleichsam ein Licht von sich gab, und weil von den Wolken kein Schleier mehr herabhing, so konnten die Kinder von ihrer Höhle aus die Schneehügel sehen, wie sie sich in Linien von dem dunkeln Himmel abschnitten. Weil es in der Höhle viel wärmer war, als es an jedem andern Platze im ganzen Tage gewesen war, so ruhten die Kinder, enge aneinander sitzend, und vergaßen sogar, die Finsternis zu fürchten. Bald vermehrten sich auch die Sterne, jetzt kam hier einer zum Vorscheine, jetzt dort, bis es schien, als wäre am ganzen Himmel keine Wolke mehr.

Das war der Zeitpunkt, in welchem man in den Tälern die Lichter anzuzünden pflegt. Zuerst wird eines angezündet und auf den Tisch gestellt, um die Stube zu erleuchten, oder es brennt auch nur ein Span, oder es brennt das Feuer auf der Leuchte, und es erhellen sich alle Fenster von bewohnten Stuben und glänzen in die Schneenacht hinaus – aber heute erst – am heiligen Abende –, da wurden viel mehrere angezündet, um die Gaben zu beleuchten, welche für die Kinder auf den Tischen lagen oder an den Bäumen hingen, es wurden wohl unzählige angezündet; denn beinahe in jedem Hause, in jeder Hütte, jedem Zimmer war eines oder mehrere Kinder, denen der heilige Christ etwas gebracht hatte, und wozu man Lichter stellen mußte. Der Knabe hatte geglaubt, daß man sehr bald von dem Berge hinabkommen könne, und doch, von den vielen Lichtern, die heute in dem Tale brannten, kam nicht ein einziges zu ihnen herauf; sie sahen nichts als den blassen Schnee und den dunkeln Himmel, alles andere war ihnen in die unsichtbare Ferne hinabgerückt. In allen Tälern bekamen die Kinder in dieser Stunde die Geschenke des heiligen Christ: nur die zwei saßen oben am Rande des Eises, und die vorzüglichsten Geschenke, die sie heute hätten bekommen sollen, lagen in versiegelten Päckchen in der Kalbfelltasche im Hintergrunde der Höhle.

Die Schneewolken waren ringsum hinter die Berge hinabgesunken, und ein ganz dunkelblaues, fast schwarzes Gewölbe spannte sich um die Kinder, voll von dichten, brennenden Sternen, und mitten durch diese Sterne war ein schimmerndes, breites, milchiges Band gewoben, das sie wohl auch unten im Tale, aber nie so deutlich gesehen hatten. Die Nacht rückte vor. Die Kinder wußten nicht, daß die Sterne gegen Westen rücken und weiterwandeln, sonst hätten sie an ihrem Vorschreiten den Stand der Nacht erkennen können; aber es kamen neue und gingen die alten, sie aber glaubten, es seien immer dieselben. Es wurde von dem Scheine der Sterne auch lichter um die Kinder; aber sie sahen kein Tal, keine Gegend, sondern überall nur Weiß – lauter Weiß. Bloß ein dunkles Horn, ein dunkles Haupt, ein dunkler Arm wurde sichtbar und ragte dort und hier aus dem Schimmer empor. Der Mond war nirgends am Himmel zu erblicken, vielleicht war er schon frühe mit der Sonne untergegangen, oder er ist noch nicht erschienen.

Als eine lange Zeit vergangen war, sagte der Knabe: «Sanna, du mußt nicht schlafen; denn weißt du, wie der Vater gesagt hat, wenn man im Gebirge schläft, muß man erfrieren, so wie der alte Eschenjäger auch geschlafen hat und vier Monate tot auf dem Steine gesessen ist, ohne daß jemand gewußt hatte, wo er sei.»

«Nein, ich werde nicht schlafen», sagte das Mädchen matt.

Konrad hatte es an dem Zipfel des Kleides geschüttelt, um es zu jenen Worten zu erwecken.

Nun war es wieder stille.

Nach einer Zeit empfand der Knabe ein sanftes Drücken gegen seinen Arm, das immer schwerer wurde. Sanna war eingeschlafen und war gegen ihn herübergesunken.

«Sanna, schlafe nicht, ich bitte dich, schlafe nicht», sagte er.

«Nein», lallte sie schlaftrunken, «ich schlafe nicht.»

Er rückte weiter von ihr, um sie in Bewegung zu bringen, allein sie sank um und hätte, auf der Erde liegend, fortgeschlafen. Er nahm sie an der Schulter und rüttelte sie. Da er sich dabei selber etwas stärker bewegte, merkte er, daß ihn friere und daß sein Arm schwerer sei. Er erschrak und sprang auf. Er ergriff die Schwester, schüttelte sie stärker und sagte: «Sanna, stehe ein wenig auf, wir wollen eine Zeit stehen, daß es besser wird.»

«Mich friert nicht, Konrad», antwortete sie.

«Ja, ja, es friert dich, Sanna, stehe auf», rief er.

«Die Pelzjacke ist warm», sagte sie.

«Ich werde dir emporhelfen», sagte er.

«Nein», erwiderte sie und war stille.

Da fiel dem Knaben etwas anderes ein. Die Großmutter hatte gesagt: «Nur ein Schlückchen wärmt den Magen so, daß es den Körper in den kältesten Wintertagen nicht frieren kann.»

Er nahm das Kalbfellränzchen, öffnete es und griff so lange, bis er das Fläschchen fand, in welchem die Großmutter der Mutter einen schwarzen Kaffeeabsud schicken wollte. Er nahm das Fläschchen heraus, tat den Verband weg und öffnete mit Anstrengung den Kork. Dann bückte er sich zu Sanna und sagte: «Da ist der Kaffee, den die Großmutter der Mutter schickt, koste ihn ein wenig, er wird dir warm machen. Die Mutter gibt ihn uns, wenn sie nur weiß, wozu wir ihn nötig gehabt haben.»

Das Mädchen, dessen Natur zur Ruhe zog, antwortete: «Mich friert nicht.»

«Nimm nur etwas», sagte der Knabe, «dann darfst du schlafen.»

Diese Aussicht verlockte Sanna, sie bewältigte sich so weit, daß sie das fast eingegossene Getränk verschluckte. Hierauf trank der Knabe auch etwas.

Der ungemein starke Auszug wirkte sogleich, und zwar um so heftiger, da die Kinder in ihrem Leben keinen Kaffee gekostet hatten. Statt zu schlafen, wurde Sanna nun lebhafter und sagte selber, daß sie friere, daß es aber von innen recht warm sei, und auch schon so in die Hände und Füße gehe. Die Kinder redeten sogar eine Weile miteinander.

So tranken sie trotz der Bitterkeit immer wieder von dem Getränke, sobald die Wirkung nachzulassen begann, und steigerten ihre unschuldigen Nerven zu einem Fieber, das imstande war, den zum Schlummer ziehenden Gewichten entgegenzuwirken.

Es war nun Mitternacht gekommen. Weil sie noch so jung waren und an jedem heiligen Abende in höchstem Drange der Freude stets erst sehr spät entschlummerten, wenn sie nämlich der körperliche Drang übermannt hatte, so hatten sie nie das mitternächtliche Läuten der Glocken, nie die Orgel der Kirche gehört, wenn das Fest gefeiert wurde, obwohl sie nahe an der Kirche wohnten. In diesem Augenblicke der heutigen Nacht wurde nun mit allen Glocken geläutet, es läuteten die Glocken in Millsdorf, es läuteten die Glocken in Gschaid, und hinter dem Berge war noch ein Kirchlein mit drei hellen, klingenden Glocken, die läuteten. In den fernen Ländern draußen waren unzählige Kirchen und Glocken, und mit allen wurde zu dieser Zeit geläutet, von Dorf zu Dorf ging die Tonwelle, ja, man konnte wohl zuweilen von einem Dorfe zum andern durch die blätterlosen Zweige das Läuten hören: nur zu den Kindern herauf kam kein Laut, hier wurde nichts vernommen; denn hier war nichts zu verkündigen. In den Talkrümmen gingen jetzt an den Berghängen die Lichter der Laternen hin, und von manchem Hofe tönte das Hausglöcklein, um die Leute zu erinnern; aber dieses konnte um so weniger herauf gesehen und gehört werden, es glänzten nur die Sterne, und sie leuchteten und funkelten ruhig fort.

Wenn auch Konrad sich das Schicksal des erfrornen Eschenjägers vor Augen hielt, wenn auch die Kinder das Fläschchen mit dem schwarzen Kaffee fast ausgeleert hatten, wodurch sie ihr Blut zu größerer Tätigkeit brachten, aber gerade dadurch eine folgende Ermattung herbeizogen: so würden sie den Schlaf nicht haben überwinden können, dessen verführende Süßigkeit alle Gründe überwiegt, wenn nicht die Natur in ihrer Größe ihnen beigestanden wäre und in ihrem Innern eine Kraft aufgerufen hätte, welche imstande war, dem Schlafe zu widerstehen.

In der ungeheueren Stille, die herrschte, in der Stille, in der sich kein Schneespitzchen zu rühren schien, hörten die Kinder dreimal das Krachen des Eises. Was das Starrste scheint und doch das Regsamste und Lebendigste ist, der Gletscher, hatte die Töne hervorgebracht. Dreimal hörten sie hinter sich den Schall, der entsetzlich war, als ob die Erde entzwei gesprungen wäre, der sich nach allen Richtungen im Eise verbreitete und gleichsam durch alle Aderchen des Eises lief. Die Kinder blieben mit offenen Augen sitzen und schauten in die Sterne hinaus.

Auch für die Augen begann sich etwas zu entwickeln. Wie die Kinder so saßen, erblühte am Himmel vor ihnen ein bleiches Licht mitten unter den Sternen und spannte einen schwachen Bogen durch dieselben. Es hatte einen grünlichen Schimmer, der sich sachte nach unten zog. Aber der Boden wurde immer heller und heller, bis sich die Sterne vor ihm zurückzogen und erblaßten. Auch in andere Gegenden des Himmels sandte er einen Schein, der schimmergrün sachte und lebendig unter die Sterne floß. Dann standen Garben verschiedenen Lichtes auf der Höhe des Bogens, wie

Zacken einer Krone, und brannten. Es floß helle durch die benachbarten Himmelsgegenden, es sprühte leise und ging in sanftem Zucken durch lange Räume. Hatte sich nun der Gewitterstoff des Himmels durch den unerhörten Schneefall so gespannt, daß er in diesen stummen, herrlichen Strömen des Lichtes ausfloß, oder war es eine andere Ursache der unergründlichen Natur. Nach und nach wurde es schwächer und immer schwächer, die Garben erloschen zuerst, bis es allmählich und unmerklich immer geringer wurde, und wieder nichts am Himmel war als die tausend und tausend einfachen Sterne.

Die Kinder sagten keines zu dem andern ein Wort, sie blieben fort und fort sitzen und schauten mit offenen Augen in den Himmel.

Es geschah nun nichts Besonderes mehr. Die Sterne glänzten, funkelten und zitterten, nur manche schießende Schnuppe fuhr durch sie.

Endlich, nachdem die Sterne lange allein geschienen hatten und nie ein Stückchen Mond an dem Himmel zu erblicken gewesen war, geschah etwas anderes. Es fing der Himmel an, heller zu werden, langsam heller, aber doch zu erkennen; es wurde seine Farbe sichtbar, die bleichsten Sterne erloschen, und die anderen standen nicht mehr so dicht. Endlich wichen auch die stärkeren, und der Schnee vor den Höhen wurde deutlicher sichtbar. Zuletzt färbte sich eine Himmelsgegend gelb, und ein Wolkenstreifen, der in derselben war, wurde zu einem leuchtenden Faden entzündet. Alle Dinge waren klar zu sehen, und die entfernten Schneehügel zeichneten sich scharf in die Luft.

«Sanna, der Tag bricht an», sagte der Knabe.

«Ja, Konrad», antwortete das Mädchen.

«Wenn es nur noch ein bißchen heller wird, dann gehen wir aus der Höhle und laufen über den Berg hinunter.»

Es wurde heller, an dem ganzen Himmel war kein Stern mehr sichtbar, und alle Gegenstände standen in der Morgendämmerung da.

«Nun, jetzt gehen wir», sagte der Knabe.

«Ja, wir gehen», antwortete Sanna.

Die Kinder standen auf und versuchten ihre erst heute recht müden Glieder. Obwohl sie nichts geschlafen hatten, waren sie doch durch den Morgen gestärkt, wie das immer so ist. Der Knabe hing sich das Kalbfellränzchen um und machte das Pelzjäckchen an Sanna fester zu. Dann führte er sie aus der Höhle.

Weil sie nach ihrer Meinung nur über den Berg hinabzulaufen hatten, dachten sie an kein Essen und untersuchten das Ränzchen nicht, ob noch Weißbrote oder andere Eßwaren darinnen seien.

Von dem Berge wollte nun Konrad, weil der Himmel ganz heiter war, in die Täler hinabschauen, um das Gschaider Tal zu erkennen und in dasselbe hinunterzugehen. Aber er sah gar keine Täler. Es war nicht, als ob sie sich auf einem Berge befänden, von dem man hinabsieht, sondern in einer fremden, seltsamen Gegend, in der lauter unbekannte Gegenstände sind. Sie sahen heute auch in größerer Entfernung furchtbare Felsen aus dem Schnee emporstehen, die sie gestern nicht gesehen hatten, sie sahen das Eis, sie sahen Hügel und Schneelehnen emporstarren, und hinter diesen war entweder der Himmel, oder es ragte die blaue Spitze eines sehr fernen Berges am Schneerande hervor.

In diesem Augenblicke ging die Sonne auf.

Eine riesengroße, blutrote Scheibe erhob sich an dem Schneesaume in den Himmel, und in dem Augenblicke errötete der Schnee um die Kinder, als wäre er mit Millionen Rosen überstreut worden. Die Kuppen und die Hörner warfen sehr lange, grünliche Schatten längs des Schnees.

«Sanna, wir werden jetzt da weiter vorwärtsgehen, bis wir an den Rand des Berges kommen und hinuntersehen», sagte der Knabe.

Sie gingen nun in den Schnee hinaus. Er war in der heiteren Nacht noch trockener geworden und wich den Tritten noch besser aus. Sie wateten rüstig fort. Ihre Glieder wurden sogar geschmeidiger und stärker, da sie gingen. Allein sie kamen an keinen Rand und sahen nicht hinunter. Schneefeld entwickelte sich aus Schneefeld, und am Saume eines jeden stand alle Male wieder der Himmel.

Sie gingen desohngeachtet fort.

Da kamen sie wieder in das Eis. Sie wußten nicht, wie das Eis daher gekommen sei, aber unter den Füßen empfanden sie den glatten Boden, und waren gleich nicht die fürchterlichen Trümmer wie an jenem Rande, an dem sie die Nacht zugebracht hatten, so sahen sie doch, daß sie auf glattem Eise fortgingen, sie sahen hie und da Stücke, die immer mehr wurden, die sich näher an sie drängten, und die sie wieder zu klettern zwangen.

Aber sie verfolgten doch ihre Richtung.

Sie kletterten neuerdings an Blöcken empor. Da

standen sie wieder auf dem Eisfelde. Heute bei der hellen Sonne konnten sie erst erblicken, was es ist. Es war ungeheuer groß, und jenseits standen wieder schwarze Felsen empor, es ragte, gleichsam Welle hinter Welle, auf, das beschneite Eis war gedrängt, gequollen, emporgehoben, gleichsam als schöbe es sich noch vorwärts und flösse gegen die Brust der Kinder heran. In dem Weiß sahen sie unzählige vorwärtsgehende, geschlängelte, blaue Linien. Zwischen jenen Stellen, wo die Eiskörper, gleichsam wie aneinander geschmettert, starrten, gingen auch Linien, wie Wege, aber sie waren weiß und waren Streifen, wo sich fester Eisboden vorfand oder die Stücke doch nicht gar so sehr verschoben waren. In diese Pfade gingen die Kinder hinein, weil sie doch einen Teil des Eises überschreiten wollten, um an den Bergrand zu gelangen und endlich einmal hinunterzusehen. Sie sagten kein Wörtlein. Das Mädchen folgte dem Knaben. Aber es war auch heute wieder Eis, lauter Eis. Wo sie hinübergelangen wollten, wurde es gleichsam immer breiter und breiter. Da schlugen sie, ihre Richtung aufgebend, den Rückweg ein. Wo sie nicht gehen konnten, griffen sie sich durch die Mengen des Schnees hindurch, der oft dicht vor ihrem Auge wegbrach und den sehr blauen Streifen einer Eisspalte zeigte, wo doch früher alles weiß gewesen war; aber sie kümmerten sich nicht darum, sie arbeiteten sich fort, bis sie wieder irgendwo aus dem Eise herauskamen.

«Sanna», sagte der Knabe, «wir werden gar nicht mehr in das Eis hineingehen, weil wir in demselben nicht fortkommen. Und weil wir schon in unser Tal gar nicht hinabsehen können, so werden wir gerade über den Berg hinabgehen. Wir müssen in ein Tal kommen, dort werden wir den Leuten sagen, daß wir aus Gschaid sind, die werden uns einen Wegweiser nach Hause mitgeben.»

«Ja, Konrad», sagte das Mädchen.

So begannen sie nun in dem Schnee nach jener Richtung abwärtszugehen, welche sich ihnen eben darbot. Der Knabe führte das Mädchen an der Hand. Allein nachdem sie eine Weile abwärtsgegangen waren, hörte in dieser Richtung das Gehänge auf, und der Schnee stieg wieder empor. Also änderten die Kinder die Richtung und gingen nach der Länge einer Mulde hinab. Aber da fanden sie wieder Eis. Sie stiegen also an der Seite der Mulde empor, um nach einer andern Richtung ein Abwärts zu suchen. Es führte sie eine Fläche hinab, allein die wurde nach und nach so steil, daß sie kaum noch einen Fuß einsetzen konnten und abwärtszugleiten fürchteten. Sie klommen also wieder empor, um wieder einen andern Weg nach abwärts zu suchen. Nachdem sie lange im Schnee emporgeklommen und dann auf einem ebenen Rücken fortgelaufen waren, war es wie früher: entweder ging der Schnee so steil ab, daß sie gestürzt wären, oder er stieg wieder hinan, daß sie auf den Berggipfel zu kommen fürchteten. Und so ging es immer fort.

Da wollten sie die Richtung suchen, in der sie gekommen waren, und zur roten Unglücksäule hinabgehen. Weil es nicht schneit und der Himmel so helle ist, so würden sie, dachte der Knabe, die Stelle schon erkennen, wo die Säule sein solle, und würden von dort nach Gschaid hinabgehen können.

Der Knabe sagte diesen Gedanken dem Schwesterchen, und diese folgte.

Allein auch der Weg auf den Hals hinab war nicht zu finden.

So klar die Sonne schien, so schön die Schneehöhen dastanden und die Schneefelder dalagen, so konnten sie doch die Gegenden nicht erkennen, durch die sie gestern heraufgegangen waren. Gestern war alles durch den fürchterlichen Schneefall verhängt gewesen, daß sie kaum einige Schritte von sich gesehen hatten, und da war alles ein einziges Weiß und Grau durcheinander gewesen. Nur die Felsen hatten sie gesehen, an denen und zwischen denen sie gegangen waren: allein auch heute hatten sie bereits viele Felsen gesehen, die alle den nämlichen Anschein gehabt hatten wie die gestern gesehenen. Heute ließen sie frische Spuren in dem Schnee zurück; aber gestern sind alle Spuren von dem fallenden Schnee verdeckt worden. Auch aus dem bloßen Anblicke konnten sie nicht erraten, welche Gegend auf den Hals führe, da alle Gegenden gleich waren. Schnee, lauter Schnee. Sie gingen aber doch immer fort und meinten, es zu erringen. Sie wichen den steilen Abstürzen aus und kletterten keine steilen Anhöhen hinauf.

Auch heute blieben sie öfter stehen, um zu horchen; aber sie vernahmen auch heute nichts, nicht den geringsten Laut. Zu sehen war auch nichts als der Schnee, der helle, weiße Schnee, aus dem hie und da die schwarzen Hörner und die schwarzen Steinrippen emporstanden.

Endlich war es dem Knaben, als sähe er auf einem fernen, schiefen Schneefelde ein hüpfendes Feuer. Es tauchte auf, es tauchte nieder. Jetzt sahen sie es, jetzt sahen sie es nicht. Sie blieben stehen und blickten unverwandt auf jene Gegend hin. Das Feuer hüpfte immer fort, und es schien, als ob es näher käme; denn sie sahen es größer und sahen das Hüpfen deutlicher. Es verschwand nicht mehr so oft und nicht mehr auf so lange Zeit wie früher. Nach einer Weile vernahmen sie in der stillen, blauen Luft schwach, sehr schwach etwas, wie einen lange anhaltenden Ton aus einem Hirtenhorne. Wie aus Instinkt schrieen beide Kinder laut. Nach einer Zeit hörten sie den Ton wieder. Sie schrieen wieder und blieben auf der nämlichen Stelle stehen. Das Feuer näherte sich auch. Der Ton wurde zum dritten Male vernommen, und dieses Mal deutlicher. Die Kinder antworteten wieder durch lautes Schreien. Nach einer geraumen Weile erkannten sie auch das Feuer. Es war kein Feuer, es war eine rote Fahne, die geschwungen wurde. Zugleich ertönte das Hirtenhorn näher, und die Kinder antworteten.

«Sanna», rief der Knabe, «da kommen Leute aus Gschaid, ich kenne die Fahne, es ist die rote Fahne, welche der fremde Herr, der mit dem jungen Eschenjäger den Gars bestiegen hatte, auf dem Gipfel aufpflanzte, daß sie der Herr Pfarrer mit dem Fernrohre sähe, was als Zeichen gälte, daß sie oben seien, und welche Fahne damals der fremde Herr dem Herrn Pfarrer geschenkt hat. Du warst noch ein recht kleines Kind.»

«Ja, Konrad.»

Nach einer Zeit sahen die Kinder auch die Menschen, die bei der Fahne waren, kleine schwarze Stellen, die sich zu bewegen schienen. Der Ruf des Hornes wiederholte sich von Zeit zu Zeit und kam immer näher. Die Kinder antworteten jedes Mal.

Endlich sahen sie über den Schneeabhang gegen sich her mehrere Männer mit ihren Stöcken herabfahren, die die Fahne in ihrer Mitte hatten. Da sie näher kamen, erkannten sie dieselben. Es war der Hirt Philipp mit dem Horne, seine zwei Söhne, dann der junge Eschenjäger und mehrere Bewohner von Gschaid.

«Gebenedeit sei Gott», schrie Philipp, «da seid ihr ja. Der ganze Berg ist voll Leute. Laufe doch einer gleich in die Sideralpe hinab und läute die Glocke, daß die dort hören, daß wir sie gefunden haben, und einer muß auf den Krebsstein gehen und die Fahne dort aufpflanzen, daß sie dieselbe in dem Tale sehen und die Böller abschießen, damit die es wissen, die im Millsdorfer Walde suchen, und damit sie in Gschaid die Rauchfeuer anzünden, die in der Luft gesehen werden, und alle, die noch auf dem Berge sind, in die Sideralpe hinabbedeuten. Das sind Weihnachten!»

«Ich laufe in die Alpe hinab», sagte einer.

«Ich trage die Fahne auf den Krebsstein», sagte ein anderer.

«Und wir werden die Kinder in die Sideralpe hinabbringen, so gut wir es vermögen und so gut uns Gott helfe», sagte Philipp.

Ein Sohn Philips schlug den Weg nach abwärts ein, und der andere ging mit der Fahne durch den Schnee dahin.

Der Eschenjäger nahm das Mädchen bei der Hand, der Hirt Philipp den Knaben. Die andern halfen, wie sie konnten. So begann man den Weg. Er ging in Windungen. Bald gingen sie nach einer Richtung, bald schlugen sie die entgegengesetzte ein, bald gingen sie abwärts, bald aufwärts. Immer ging es durch Schnee, immer durch Schnee, und die Gegend blieb sich beständig gleich. Über sehr schiefe Flächen taten sie Steigeisen an die Füße und trugen die Kinder. Endlich nach langer Zeit hörten sie ein Glöcklein, das sanft und fein zu ihnen heraufkam und das erste Zeichen war, das ihnen die niederen Gegenden wieder zusandten. Sie mußten wirklich sehr tief herabgekommen sein; denn sie sahen ein Schneehaupt recht hoch und recht blau über sich ragen. Das Glöcklein aber, das sie hörten, war das der Sideralpe, das geläutet wurde, weil dort die Zusammenkunft verabredet war. Da sie noch weiter kamen, hörten sie auch schwach in die stille Luft die Böllerschüsse herauf, die in Folge der ausgesteckten Fahne abgefeuert wurden, und sahen dann in die Luft feine Rauchsäulen aufsteigen.

Da sie nach einer Weile über eine sanfte schiefe Fläche abgingen, erblickten sie die Sideralphütte. Sie gingen auf sie zu. In der Hütte brannte ein Feuer, die Mutter der Kinder war da, und mit einem furchtbaren Schrei sank sie in den Schnee zurück, als sie die Kinder mit dem Eschenjäger kommen sah.

Dann lief sie herzu, betrachtete sie überall, wollte ihnen zu essen geben, wollte sie wärmen, wollte sie in vorhandenes Heu legen; aber bald überzeugte sie sich, daß die Kinder durch die Freude stärker seien, als sie gedacht hatte, daß sie nur einiger warmer Speise bedurften, die sie bekamen, und daß sie nur ein wenig ausruhen mußten, was ihnen ebenfalls zuteil werden sollte.

Da nach einer Zeit der Ruhe wieder eine Gruppe Männer über die Schneefläche herabkam, während das Hüttenglöcklein immerfort läutete, liefen die Kinder selber mit den andern hinaus, um zu sehen, wer es sei. Der Schuster war es, der einstige Alpensteiger, mit Alpenstock und Steigeisen, begleitet von seinen Freunden und Kameraden.

«Sebastian, da sind sie», schrie das Weib.

Er aber war stumm, zitterte und lief auf sie zu. Dann rührte er die Lippen, als wollte er etwas sagen, sagte aber nichts, riß die Kinder an sich und hielt sie lange. Dann wandte er sich gegen sein Weib, schloß es an sich und rief: «Sanna, Sanna!»

Nach einer Weile nahm er den Hut, der ihm in den Schnee gefallen war, auf, trat unter die Männer und wollte reden. Er sagte aber nur: «Nachbarn, Freunde, ich danke euch.»

Da man noch gewartet hatte, bis die Kinder sich zur Beruhigung erholt hatten, sagte er: «Wenn wir alle beisammen sind, so können wir in Gottes Namen aufbrechen.»

«Es sind wohl noch nicht alle», sagte der Hirt Philipp, «aber die noch abgehen, wissen aus dem Rauche, daß wir die Kinder haben, und sie werden schon nach Hause gehen, wenn sie die Alphütte leer finden.»

Man machte sich zum Aufbruche bereit.

Man war auf der Sideralphütte nicht gar weit

von Gschaid entfernt, aus dessen Fenstern man im Sommer recht gut die grüne Matte sehen konnte, auf der die graue Hütte mit dem kleinen Glockentürmlein stand; aber es war unterhalb eine fallrechte Wand, die viele Klaftern hoch hinabging und auf der man im Sommer nur mit Steigeisen, im Winter gar nicht hinabkommen konnte. Man mußte daher den Umweg zum Halse machen, um von der Unglücksäule aus nach Gschaid hinabzukommen. Auf dem Wege gelangte man über die Siderwiese, die noch näher an Gschaid ist, so daß man die Fenster des Dörfleins zu erblicken meinte.

Als man über diese Wiese ging, tönte hell und deutlich das Glöcklein der Gschaider Kirche herauf, die Wandlung des heiligen Hochamtes verkündend.

Der Pfarrer hatte wegen der allgemeinen Bewegung, die am Morgen in Gschaid war, die Abhaltung des Hochamtes verschoben, da er dachte, daß die Kinder zum Vorscheine kommen würden. Allein endlich, da noch immer keine Nachricht eintraf, mußte die heilige Handlung doch vollzogen werden.

Als das Wandlungsglöcklein tönte, sanken alle, die über die Siderwiese gingen, auf die Knie in den Schnee und beteten. Als der Klang des Glöckleins aus war, standen sie auf und gingen weiter.

Der Schuster trug meistens das Mädchen und ließ sich von ihm alles erzählen.

Als sie schon gegen den Wald des Halses kamen, trafen sie Spuren, von denen der Schuster sagte: «Das sind keine Fußstapfen von Schuhen meiner Arbeit.»

Die Sache klärte sich bald auf. Wahrscheinlich durch die vielen Stimmen, die auf dem Platze tönten, angelockt, kam wieder eine Abteilung Männer auf die Herabgehenden zu. Es war der aus Angst aschenhaft entfärbte Färber, der an der Spitze seiner Knechte, seiner Gesellen und mehrerer Millsdorfer bergab kam.

«Sie sind über das Gletschereis und über die Schründe gegangen, ohne es zu wissen», rief der Schuster seinem Schwiegervater zu.

«Da sind sie ja – da sind sie ja – Gott sei Dank», antwortete der Färber, «ich weiß es schon, daß sie oben waren; als dein Bote in der Nacht zu uns kam, und wir mit Lichtern den ganzen Wald durchsucht und nichts gefunden hatten – und als dann das Morgengrau anbrach, bemerkte ich an dem Wege, der von der roten Unglücksäule links gegen den Schneeberg hinanführt, daß dort, wo man eben von der Säule weggeht, hin und wieder mehrere Reiserchen und Rütchen geknickt sind, wie Kinder gerne tun, wo sie eines Weges gehen – da wußte ich es – die Richtung ließ sie nicht mehr aus, weil sie in der Höhlung gingen, weil sie zwischen den Felsen gingen, und weil sie dann auf dem Grat gingen, der rechts und links so steil ist, daß sie nicht hinabkommen konnten. Sie mußten hinauf. Ich schickte nach dieser Beobachtung gleich nach Gschaid, aber der Holzknecht Michael, der hinüberging, sagte bei der Rückkunft, da er uns fast am Eise oben traf, daß ihr sie schon habet, weshalb wir wieder heruntergingen.»

«Ja», sagte Michael, «ich habe es gesagt, weil die rote Fahne schon auf dem Krebssteine steckt und die Gschaider dieses als Zeichen erkannten, das verabredet worden war. Ich sagte euch, daß auf diesem Wege da alle herabkommen müssen, weil man über die Wand nicht gehen kann.»

«Und kniee nieder und danke Gott auf den Knieen, mein Schwiegersohn», fuhr der Färber fort, «daß kein Wind gegangen ist. Hundert Jahre werden wieder vergehen, daß ein so wunderbarer Schneefall niederfällt, und daß er gerade niederfällt, wie nasse Schnüre von einer Stange hängen. Wäre ein Wind gegangen, so wären die Kinder verloren gewesen.»

«Ja, danken wir Gott, danken wir Gott», sagte der Schuster.

Der Färber, der seit der Ehe seiner Tochter nie in Gschaid gewesen war, beschloß, die Leute nach Gschaid zu begleiten.

Da man schon gegen die rote Unglücksäule zukam, wo der Holzweg begann, wartete ein Schlitten, den der Schuster auf alle Fälle dahin bestellt hatte. Man tat die Mutter und die Kinder hinein, versah sie hinreichend mit Decken und Pelzen, die im Schlitten waren, und ließ sie nach Gschaid vorausfahren.

Die andern folgten und kamen am Nachmittage in Gschaid an.

Die, welche noch auf dem Berge gewesen waren und erst durch den Rauch das Rückzugszeichen erfahren hatten, fanden sich auch nach und nach ein. Der letzte, welcher erst am Abende kam, war der Sohn des Hirten Philipp, der die rote Fahne auf den Krebsstein getragen und sie dort aufgepflanzt hatte.

In Gschaid wartete die Großmutter, welche herübergefahren war.

«Nie, nie», rief sie aus, «dürfen die Kinder in ihrem ganzen Leben mehr im Winter über den Hals gehen.»

Die Kinder waren von dem Getriebe betäubt. Sie hatten noch etwas zu essen bekommen, und man hatte sie in das Bett gebracht. Spät gegen Abend, da sie sich ein wenig erholt hatten, da einige Nachbarn und Freunde sich in der Stube eingefunden hatten und dort von dem Ereignisse redeten, die Mutter aber in der Kammer an dem Bettchen Sannas saß und sie streichelte, sagte das Mädchen: «Mutter, ich habe heute nachts, als wir auf dem Berge saßen, den heiligen Christ gesehen.»

«O du mein geduldiges, du mein liebes, du mein herziges Kind», antwortete die Mutter, «er hat dir auch Gaben gesendet, die du bald bekommen wirst.»

Die Schachteln waren ausgepackt worden, die Lichter waren angezündet, die Tür in die Stube wurde geöffnet, und die Kinder sahen von dem Bette auf den verspäteten, hell leuchtenden, freundlichen Christbaum hinaus. Trotz der Erschöpfung mußte man sie noch ein wenig ankleiden, daß sie hinausgingen, die Gaben empfingen, bewunderten und endlich mit ihnen entschliefen.

In dem Wirtshause in Gschaid war es an diesem Abende lebhafter als je. Alle, die nicht in der Kirche gewesen waren, waren jetzt dort, und die andern auch. Jeder erzählte, was er gesehen und gehört, was er getan, was er geraten, und was für Begegnisse und Gefahren er erlebt hat. Besonders aber wurde hervorgehoben, wie man alles hätte anders und besser machen können.

Das Ereignis hat einen Abschnitt in die Geschichte von Gschaid gebracht, es hat auf lange den Stoff zu Gesprächen gegeben, und man wird noch nach Jahren davon reden, wenn man den Berg an heitern Tagen besonders deutlich sieht, oder wenn man den Fremden von seinen Merkwürdigkeiten erzählt.

Die Kinder waren von dem Tage an erst recht das Eigentum des Dorfes geworden, sie wurden von nun an nicht mehr als Auswärtige, sondern als Eingeborne betrachtet, die man sich von dem Berge herabgeholt hatte.

Auch ihre Mutter Sanna war nun eine Eingeborne von Gschaid.

Die Kinder aber werden den Berg nicht vergessen und werden ihn jetzt noch ernster betrachten, wenn sie in dem Garten sind, wenn, wie in der Vergangenheit, die Sonne sehr schön scheint, der Lindenbaum duftet, die Bienen summen, und er so schön und so blau, wie das sanfte Firmament, auf sie herniederschaut.

KAZIMIERZ TETMAJER

1865–1940

Von der Tatra

Es hüllte die Berge alle
Mit Schnee der Winter ein.
Es glitzern die weißen Kristalle
Im hellen Sonnenschein.

Und alle Blütenwiesen,
Beete und Sträucher auch,
Sind wie die Felsenriesen
Erstorben vom Eiseshauch.

Es streicht der Wind so schaurig
Die kahle Eiswand entlang.
Dumpf klingt es dort und traurig
Wie Sterbeglockengesang.

Doch kommt die Frühlingssonne,
Erwacht aus dem Winterschlaf
Erneut zu Leben und Wonne,
Was ihre Wärme traf.

Doch wer den Vorhang gehoben
Und sah den Jammer der Welt,
Der spürt, daß in seine Seele
Der Rauhreif des Zweifels fällt.

Er hüllt ihm mit kaltem Schauer
Die Hoffnungsblüte ein,
Und *diese* tödliche Mauer
Zersprengt kein Frühlingsschein.

GUY DE MAUPASSANT

1850–1893

Das Berghaus

Wie alle aus Holz gebauten Berghäuser, die im Hochgebirge am Fuß der Gletscher, in diesen felsigen, kahlen, die weißen Gipfel der Berge durchschneidenden Rinnen aufgestellt worden sind, so diente auch das Berghaus von Schwarenbach am Weg über den Gemmipaß den Reisenden als Zufluchtsort.

Sechs Monate lang war es jeweils offen, bewohnt von der Familie des Johann Hauser; dann, bevor der Schnee sich anhäufte, die Talmulde füllte und den Weg nach Leukerbad hinunter ungangbar machte, gingen die beiden Frauen, der Vater und die drei Söhne weg. Zur Beaufsichtigung des Hauses wollten sie diesmal Kaspar Hari und Ulrich Künzi zurücklassen, den alten und den jungen Bergführer, zusammen mit Sam, dem großen Hirtenhund.

Die beiden Männer und das Tier würden bis im Frühjahr in diesem Gefängnis aus Schnee bleiben, vor sich nichts als den riesigen weißen Abhang des Balmhorns, umgeben von fahlen, schimmernden Gipfeln, eingeschlossen, abgeschnitten, begraben unter dem Schnee, der um sie herum in die Höhe wachsen, das kleine Haus einhüllen, umschlingen, erdrücken, der sich auf dem Dach türmen, die Fenster erreichen und die Tür zumauern würde.

Es war an dem Tag, als die Familie Hauser nach

Leukerbad zurückkehrte, weil der Winter nahte und der Abstieg gefährlich wurde.

Drei Maultiere gingen voraus, beladen mit allerlei Gepäck und geführt von den drei Söhnen. Die Mutter, Johanna Hauser, und ihre Tochter Luise bestiegen ein viertes Maultier und machten sich ebenfalls auf den Weg.

Der Vater folgte ihnen mit den beiden Haushütern, welche die Familie bis zum höchsten Punkt vor dem Abstieg begleiten würden.

Sie gingen zunächst den kleinen, zu der Zeit schon zugefrorenen See entlang, am Grund der großen Felsmulde, die sich vor dem Berghaus ausdehnt; dann folgten sie dem kleinen Tal, das rein wie ein Laken dalag und auf allen Seiten von Schneebergen beherrscht wurde.

Ein Sonnenschauer fiel auf diese glänzend weiße eisige Wüste, zündete sie mit blendend kalter Flamme an; keinerlei Leben zeigte sich in diesem Ozean von Bergen, keinerlei Bewegung in dieser grenzenlosen Einsamkeit; kein Lärm störte deren tiefe Stille.

Allmählich ließ der junge Bergführer Ulrich Künzi, ein großgewachsener Schweizer mit langen Beinen, den Vater Hauser und den alten Kaspar Hari hinter sich, um zum Maultier aufzuschließen, das die beiden Frauen trug.

Die jüngere sah zu, wie er näher kam, sie schien ihn mit einem traurigen Blick herbeizurufen. Sie war eine kleine blonde Bäuerin, deren milchige Wangen und fahles Haar von den langen Aufenthalten inmitten des Eises verblichen schienen.

Als er das Tier eingeholt hatte, das sie trug, legte

er die Hand auf dessen Kruppe und verlangsamte den Schritt. Die Mutter Hauser begann mit ihm zu sprechen und zählte in unendlich vielen Einzelheiten auf, was beim Überwintern zu beachten war. Es war das erste Mal, daß er oben blieb, während der alte Hari bereits vierzehn Winter in der vom Schnee eingeschlossenen Berghütte von Schwarenbach verbracht hatte.

Ulrich Künzi hörte zu, schien aber nichts zu verstehen, und schaute unablässig das junge Mädchen an. Von Zeit zu Zeit antwortete er: «Ja, Frau Hauser.» Doch er sah aus, als sei er in Gedanken weit weg, und sein ruhiges Gesicht blieb unbewegt.

Sie erreichten den Daubensee, dessen langgestreckte, ganz gleichmäßig gefrorene Fläche sich in der Talsohle ausdehnte. Rechts zeigte das Daubenhorn seine schwarzen Felsen, die neben den riesigen Moränen des vom Wildstrubel beherrschten Lämmerngletschers steil aufragen.

Als sie sich dem Gemmipaß näherten, wo der Abstieg nach Leukerbad beginnt, erblickten sie plötzlich den unermeßlichen Horizont der Walliser Alpen, von denen sie das tiefe, breite Rhonetal trennte.

In der Ferne eine Ansammlung von ungleichmäßigen, platten oder spitzen weißen Gipfeln, die im Sonnenschein leuchteten: der Mischabel mit seinen beiden Hörnern, das mächtige Massiv des Weißhorns, das plumpe Brunnegghorn, die hohe, furchteinflößende Pyramide des Matterhorns, dieses Menschenschlächters, und die Dent Blanche, diese ungeheuerliche Kokette.

Unter sich, in einem gigantischen Loch, in der Tiefe eines erschreckenden Abgrunds sahen sie Leukerbad, dessen Häuser Sandkörnern glichen, die in diese riesige Kluft hinabgeworfen worden waren, welche der Gemmipaß abschließt und die sich dort unten zur Rhone hin öffnet.

Das Maultier hielt am Rand des Pfads an, der sich in unzähligen Kehren und Windungen auf phantastische und wunderbare Weise an der rechten Bergflanke bis zu dem kleinen, kaum sichtbaren Dorf an ihrem Fuß hinabschlängelt. Die Frauen sprangen in den Schnee.

Die beiden Alten hatten sie eingeholt.

«Nun denn», sagte Vater Hauser, «lebt wohl und guten Mut, bis zum nächsten Jahr, meine Freunde.»

Der alte Hari erwiderte: «Bis zum nächsten Jahr.»

Sie umarmten sich. Dann hielt Frau Hauser ihre Wange hin, und das junge Mädchen tat es ihr gleich.

Als Ulrich Künzi an der Reihe war, flüsterte er Luise ins Ohr: «Vergiß die da oben nicht.» Sie antwortete so leise mit einem Nein, daß er es nur erriet, nicht aber hörte.

«Nun denn, lebt wohl», sagte Johann Hauser noch einmal, «und bleibt gesund.»

Und er begann vor den Frauen abzusteigen.

Bald verschwanden alle drei hinter der ersten Wegbiegung.

Und die beiden Männer machten sich auf den Weg zurück zu der Berghütte von Schwarenbach.

Sie gingen langsam, Seite an Seite, ohne zu

sprechen. Nun war es soweit, sie würden allein bleiben, von Angesicht zu Angesicht, vier oder fünf Monate lang.

Dann begann Kaspar Hari zu erzählen, wie er den letzten Winter verbracht hatte. Er war mit Michel Canol oben geblieben, der nun zu alt war; denn in der langen einsamen Zeit könne ein Unfall geschehen. Sie hätten sich im übrigen nicht gelangweilt; es komme nur darauf an, sich gleich vom ersten Tag an dareinzufinden; man ersinne schließlich Zerstreuungen, Spiele, manchen Zeitvertreib.

Ulrich Künzi hörte ihm mit gesenktem Blick zu und folgte in Gedanken denen, die über all die Serpentinen der Gemmi zum Dorf hinabstiegen.

Bald erblickten sie die Hütte, die so klein war, daß man sie kaum sah, ein schwarzer Punkt am Fuß der gewaltigen Schneewoge.

Als sie öffneten, begann Sam, der große Hund mit dem krausen Fell, um sie herumzuspringen.

«Nun, mein Sohn», sagte der alte Kaspar, «jetzt haben wir keine Frau mehr da, wir müssen uns selber um das Abendessen kümmern, du kannst die Kartoffeln schälen.»

Und beide setzten sich auf Holzschemel und begannen die Suppe vorzubereiten.

Der Morgen des nächsten Tages schien Ulrich Künzi lang. Der alte Hari rauchte und spuckte in den Herd, während der junge Mann durch das Fenster hindurch den blendend weißen Berg gegenüber dem Haus betrachtete.

Am Nachmittag ging er hinaus und schlug nochmals den Weg des Vortags ein, wobei er auf dem Boden nach den Hufspuren des Maultiers suchte, das die beiden Frauen getragen hatte. Als er auf der Paßhöhe angelangt war, legte er sich am Rand des Abgrunds auf den Bauch und schaute nach Leukerbad hinunter.

Das Dorf in seiner Felsgrube war noch nicht im Schnee versunken; er war zwar schon weit vorgerückt, doch hatten ihn die Tannenwälder, welche die Umgebung des Dorfes schützten, unvermittelt aufgehalten. Die niedrigen Häuser glichen von da oben aus Pflastersteinen in einer Wiese.

Die kleine Hauser war nun dort unten in einem dieser grauen Häuser. In welchem? Ulrich Künzi war zu weit weg, um sie einzeln erkennen zu können. Wie gern wäre er hinabgestiegen, solange es noch möglich war!

Doch die Sonne war hinter dem großen Gipfel des Wildstrubel verschwunden; der junge Mann kehrte zurück. Der alte Hari rauchte. Als sein Gefährte eintrat, schlug er ihm eine Partie Karten vor; und so setzten sie sich einander gegenüber an den Tisch.

Sie spielten lange, ein einfaches, «Brisque» genanntes Spiel; und nach dem Essen legten sie sich schlafen.

Die folgenden Tage glichen dem ersten, sie waren klar und kalt, und es fiel kein Schnee mehr. Der alte Kaspar verbrachte seine Nachmittage damit, die Adler und die seltenen Vögel zu beobachten, die sich auf diese Höhen vorwagen, während Ulrich regelmäßig zur Paßhöhe zurückkehrte, um das Dorf zu betrachten. Dann spielten sie Karten, Domino, würfelten, gewannen und verloren kleine

12. Christmonat
Der Christmon schliesst das jahr; den Winter ũns zůspeisen;
wird gmetzget allerleÿ: warum der Höchst zu preisen.

Christmonat
Neujahrsblatt für das Jahr 1663 der Burgerbibliothek Zürich.
Illustration zum Monat Dezember.
Radierung von Conrad Meyer (1618–1689)

Gegenstände, die sie einsetzten, um die Partie spannend zu machen.

Eines Morgens rief Hari, der als erster aufgestanden war, seinen Gefährten zu sich. Eine dichte leichte Wolke aus weißem Schaum zog daher, senkte sich auf sie herab, auf die Umgebung, ohne ein Geräusch, und begrub sie nach und nach unter einem dicken, jeden Laut schluckenden Polster. Es dauerte vier Tage und vier Nächte. Sie mußten die Tür und die Fenster freischaufeln, einen Gang graben und Stufen schneiden, um über diesen Eisstaub Herr zu werden, den ein zwölfstündiger Frost härter hatte werden lassen als den Granit der Moränen.

Daraufhin lebten sie wie Gefangene und wagten sich kaum mehr aus ihrer Bleibe hinaus. Sie hatten die anfallenden Arbeiten unter sich aufgeteilt und führten sie regelmäßig aus. Ulrich Künzi übernahm das Putzen und das Waschen und sorgte überall für Sauberkeit. Zudem spaltete er das Holz, während Kaspar Hari kochte und zum Feuer schaute. Ihre regelmäßigen, monotonen Arbeiten wurden durch lange Karten- oder Würfelspiele unterbrochen. Sie stritten sich nie, denn beide waren ruhig und friedfertig. Selbst ungeduldig oder schlechter Laune waren sie nie, sie wechselten auch keine scharfen Worte, denn sie hatten einen Vorrat an Gelassenheit angelegt, um auf diesen Höhen zu überwintern.

Manchmal nahm der alte Kaspar sein Gewehr und machte sich auf die Suche nach den Gemsen; von Zeit zu Zeit schoß er eine. Das war dann ein Festtag im Berghaus von Schwarenbach, und sie hielten einen Schmaus mit frischem Fleisch.

Eines Morgens brach er wieder auf. Das Thermometer draußen zeigte achtundzwanzig Grad unter Null an. Die Sonne war noch nicht aufgegangen, und der Jäger hoffte die Tiere beim Einstieg zum Wildstrubel zu überraschen.

Ulrich blieb allein zurück und schlief bis zehn Uhr. Er war ein Langschläfer; doch hätte er es nicht gewagt, seiner Neigung in Gegenwart des alten Bergführers nachzugeben, der stets voller Tatkraft war und zeitig aufstand.

Er frühstückte gemächlich in Gesellschaft von Sam, der seine Tage und Nächte auch schlafend vor dem Feuer verbrachte; danach begann ihn seine Einsamkeit zu bedrücken, ja sogar in Angst zu versetzen, und das Bedürfnis nach der täglichen Partie Karten erfaßte ihn wie das einer tief eingewurzelten Gewohnheit entspringende Verlangen.

So verließ er das Haus, um seinem Gefährten entgegenzugehen, der etwa um vier Uhr zurückkehren sollte.

Der Schnee hatte das ganze tiefe Tal eingeebnet, hatte die Felsspalten aufgefüllt, die beiden Seen verwischt, die Felsen gepolstert, so daß zwischen den riesigen Gipfeln nichts blieb als eine weite, gleichmäßige, blendend weiße eisige Wanne.

Seit drei Wochen war Ulrich nicht mehr zum Rand des Abgrunds gegangen, von wo aus er das Dorf betrachtet hatte. Er wollte dorthin zurückkehren, bevor er die Abhänge hinaufstieg, die zum Wildstrubel führten. Leukerbad lag nun auch im Schnee, und man erkannte die unter diesem fahlen Mantel begrabenen Häuser kaum mehr.

Dann wandte er sich nach rechts in Richtung des

Lämmerngletschers. Er ging mit langem Berglerschritt und setzte dabei den Stock mit der eisernen Spitze auf dem steinharten Schnee auf. Mit scharfem Blick suchte er in der Ferne, auf dieser unermeßlichen Fläche, nach dem sich bewegenden kleinen schwarzen Punkt.

Als er den Gletscher erreicht hatte, blieb er stehen und fragte sich, ob der Alte wirklich diesen Weg eingeschlagen habe; dann begann er rascheren und unruhigeren Schrittes den Moränen entlangzugehen.

Der Tag neigte sich; der Schnee färbte sich rosa; ein trockener, eisiger Wind lief in jähen Stößen über die kristallene Fläche. Ulrich stieß einen schrillen, bebenden, langgezogenen Schrei aus. Seine Stimme entflog in die Todesstille, in der die Berge schliefen; sie enteilte über die unbeweglichen, hohen Wogen eisigen Schaums davon wie der Schrei eines Vogels über die Meereswogen; dann verstummte sie, und nichts antwortete ihm.

Er setzte sich wieder in Bewegung. Die Sonne war versunken, dort, hinter den Gipfeln, die der Widerschein des Himmels noch purpurrot färbte; die Tiefen des Tales indessen wurden grau. Und der junge Mann hatte plötzlich Angst. Es schien ihm, als würden Stille, Kälte, Einsamkeit und winterlicher Tod dieser Berge in ihn eindringen, sein Blut stillstehen und einfrieren, seine Glieder erstarren lassen und aus ihm ein unbewegliches, Eis gewordenes Wesen machen. Und er begann zu laufen, floh zu seiner Unterkunft. Der Alte, dachte er, sei während seiner Abwesenheit zurückgekehrt. Er habe einen anderen Weg genommen; er werde vor dem Feuer sitzen, mit einer toten Gemse zu Füßen.

Bald erblickte er die Berghütte. Kein Rauch stieg auf. Ulrich lief rascher, öffnete die Tür. Sam sprang auf, um ihn zu begrüßen, doch Kaspar Hari war nicht zurückgekommen.

Bestürzt lief Künzi hin und her, als erwarte er, seinen Gefährten in einer Ecke verborgen zu entdecken. Dann fachte er das Feuer wieder an und kochte die Suppe, immer in der Hoffnung, der Alte werde zurückkommen.

Von Zeit zu Zeit ging er hinaus, um zu schauen, ob er nicht auftauchte. Es war Nacht geworden, die fahle Nacht der Berge, eine blasse, bleifarbene Nacht, welche am Rand des Horizonts von einer feinen gelben Sichel erleuchtet wurde, die dabei war, hinter die Gipfel hinabzufallen.

Dann ging der junge Mann wieder hinein, setzte sich hin, wärmte sich Füße und Hände und malte sich mögliche Unfälle aus.

Kaspar konnte sich ein Bein gebrochen haben, in ein Loch gefallen sein oder einen Fehltritt getan und sich dabei den Knöchel verstaucht haben. Und nun lag er im Schnee, der Kälte ausgesetzt, erstarrt, in großer Herzensangst, verloren; vielleicht rief er um Hilfe, schrie aus voller Kehle in die Stille der Nacht hinaus.

Aber wo? Das Gebirge rundherum war, besonders in dieser Jahreszeit, so weit, so rauh, so gefährlich, daß zehn oder zwanzig Bergführer eine Woche lang in allen Richtungen hätten suchen müssen, um in dieser Unermeßlichkeit einen Menschen zu finden.

Dennoch entschloß sich Ulrich Künzi, zusammen mit Sam aufzubrechen, sollte Kaspar Hari bis Mitternacht oder ein Uhr morgens nicht zurückgekehrt sein.

Und er traf seine Vorbereitungen.

Er packte Lebensmittel für zwei Tage in einen Rucksack, nahm seine stählernen Steigeisen, band sich ein langes, dünnes, starkes Seil um den Leib, prüfte den Zustand seines Stocks mit der eisernen Spitze und den des Handbeils, das dazu diente, Stufen ins Eis zu schlagen. Dann wartete er. Das Feuer brannte im Herd; der große Hund schnarchte im Schein der Flammen; die Uhr schlug in ihrem widerhallenden Holzkasten regelmäßig wie ein Herz.

Er wartete, horchte angespannt auf ferne Geräusche, fröstelte, wenn der leichte Wind über Dach und Mauern strich.

Die Uhr schlug Mitternacht; er fuhr zusammen. Da es ihn schauderte und er Angst hatte, setzte er Wasser auf, um einen heißen Kaffee zu trinken, bevor er sich auf den Weg machte.

Als die Uhr eins schlug, erhob er sich, weckte Sam, öffnete die Tür und brach in Richtung Wildstrubel auf. Fünf Stunden lang stieg er in die Höhe, kletterte über Felsen, schlug Stufen ins Eis, ging stetig vorwärts und holte ab und zu das Seil wieder ein, während der Hund am Fuß eines allzu schroffen Abhangs zurückgeblieben war. Es war etwa sechs Uhr, als er einen der Gipfel erreichte, wo der alte Kaspar auf der Suche nach den Gemsen oft hingegangen war.

Und er wartete darauf, daß der Tag anbrach.

Der Himmel über seinem Kopf wurde blaß; und plötzlich erhellte von irgendwoher ein eigenartiger Schein den unendlichen Ozean fahler Gipfel, der sich um ihn herum hundert Meilen weit ausdehnte. Es schien, als entsteige diese undeutliche Helligkeit dem Schnee selbst, um sich im Raum zu verbreiten. Nach und nach nahmen die höchsten der fernen Gipfel einen fleischfarbenen zartrosa Ton an, und die rote Sonne erschien hinter den massigen Riesen der Berner Alpen.

Ulrich Künzi machte sich erneut auf den Weg. Er ging wie ein Jäger – gebeugt, nach Spuren ausspähend, den Hund anfeuernd: «Such, mein Guter, such.»

Er stieg nun den Berg wieder hinunter, suchte mit den Augen die Abgründe ab, rief manchmal, stieß einen langgezogenen Schrei aus, der in der stummen Unendlichkeit sehr rasch erstarb. Dann legte er das Ohr an den Boden, um zu horchen; er glaubte eine Stimme zu hören, begann zu laufen, rief von neuem, hörte nichts mehr und setzte sich hin, erschöpft, verzweifelt. Gegen Mittag aß er etwas und gab auch Sam zu fressen, der ebenso müde war wie er selbst. Dann nahm er seine Suche erneut auf.

Als der Abend kam, war er immer noch unterwegs; er hatte im Gebirge fünfzig Kilometer zurückgelegt. Da er zu weit weg war von der Hütte, um noch zurückzukehren, und zu müde, um sich noch weiterzuschleppen, grub er ein Loch in den Schnee und hockte sich hinein, unter einer Decke, die er mitgenommen hatte, zusammen mit dem Hund.

Sie kauerten dicht nebeneinander, der Mensch und das Tier, wärmten ihre Körper aneinander und waren doch bis auf die Knochen durchfroren.

Ulrich schlief kaum, sein Geist wurde von Visionen heimgesucht, seine Glieder vom Frost geschüttelt.

Der Tag brach eben an, als er sich erhob. Seine Beine waren steif wie Eisenstangen, seine Verzagtheit so groß, daß er vor Angst hätte schreien mögen, und sein Herz pochte so stark, daß er bei jedem Geräusch, das er zu vernehmen glaubte, vor Erregung beinahe hinsank.

Plötzlich dachte er, auch er sei dabei, in dieser Einsamkeit vor Kälte sterben, und das Grauen vor diesem Tod verlieh ihm neue Energie, weckte seine Kräfte wieder.

Er stieg nun zum Berghaus ab, fiel hin, stand wieder auf, und Sam hinkte in einigem Abstand auf drei Pfoten hintendrein.

Sie erreichten Schwarenbach erst gegen vier Uhr nachmittags. Das Haus war leer. Der junge Mann machte Feuer, aß und schlief ein, derart abgestumpft, daß er an nichts mehr dachte.

Er schlief lange, sehr lange, einen unwiderstehlichen Schlaf. Doch plötzlich riß ihn eine Stimme, ein Ruf, ein Name: «Ulrich!» aus seiner tiefen Betäubung, so daß er sich aufrichtete. Hatte er geträumt? War dies einer jener seltsamen Rufe, die in die Träume besorgter Seelen eindringen? Nein, er hörte ihn noch, diesen bebenden Schrei, der an sein Ohr gedrungen und ihn bis ins Mark, bis in die Spitzen seiner unsteten Finger erschüttert hatte. Bestimmt hatte jemand geschrien; jemand hatte gerufen: «Ulrich!» Es war jemand da, beim Haus. Es gab keinen Zweifel. Er öffnete also die Tür und brüllte aus voller Kehle: «Bist du's, Kaspar?»

Nichts antwortete; kein Laut, kein Gemurmel, kein Stöhnen, nichts. Es war Nacht. Der Schnee schimmerte bläulich.

Ein Wind hatte sich erhoben, jener eisige Wind, der die Steine sprengt und nichts Lebendiges übrigläßt auf diesen verlassenen Höhen. Er blies in jähen Stößen, die zehrender, tödlicher waren als der Feuerwind der Wüste. Ulrich schrie von neuem: «Kaspar! – Kaspar! – Kaspar!»

Dann wartete er. Alles blieb stumm im Gebirge. Da drang ihm das Grauen durch Mark und Bein. In einem Satz sprang er in das Haus zurück, schloß die Tür und schob die Riegel vor; dann sank er zähneklappernd auf einen Stuhl, überzeugt, daß sein Gefährte ihn in dem Augenblick gerufen hatte, als er seine Seele aushauchte.

Dessen war er sicher, so wie man sicher ist, zu leben oder Brot zu essen. Der alte Kaspar Hari hatte zwei Tage und drei Nächte lang irgendwo im Sterben gelegen, in einem Loch, in einer dieser tiefen, makellos reinen Spalten, deren Weiß unheilvoller ist als die Finsternis unterirdischer Gewölbe. Er hatte zwei Tage und drei Nächte lang im Sterben gelegen und war nun soeben im Gedanken an seinen Gefährten gestorben. Und seine Seele war, kaum befreit, zur Hütte enteilt, wo Ulrich schlief, und sie hatte ihn gerufen mit jenem geheimnisvollen und schrecklichen Vermögen, das den Seelen der Toten gegeben ist und sie die Lebenden heimsuchen läßt. Sie hatte gerufen, diese Seele ohne

Stimme, in der entmutigten Seele des Schläfers; sie hatte ihm ihr letztes Lebewohl zugerufen, oder ihren Vorwurf, ihren Fluch gegen den Mann, der nicht genug gesucht hatte.

Und Ulrich spürte ihre Anwesenheit, ganz nah, hinter der Mauer, hinter der Tür, die er eben wieder zugemacht hatte. Sie schweifte umher wie ein Nachtvogel, der mit den Flügeln ein erleuchtetes Fenster streift; der junge Mann war außer sich und drauf und dran, vor Entsetzen zu heulen. Er wollte fliehen und traute sich nicht hinaus; von nun an würde er sich überhaupt nicht mehr hinauswagen, denn das Gespenst würde Tag und Nacht dort bei der Herberge bleiben, solange der Leichnam des alten Bergführers nicht gefunden und in der geweihten Erde eines Friedhofs begraben worden war.

Es wurde Tag, und Künzi faßte wieder ein bißchen Mut bei der strahlenden Rückkehr der Sonne. Er bereitete sein Essen und die Suppe für den Hund zu; dann blieb er unbeweglich auf einem Stuhl sitzen und dachte mit gepeinigtem Herzen an den Alten, der im Schnee lag.

Sobald die Nacht die Berge wieder zudeckte, überfielen ihn neue Ängste. Er ging nun in der dunklen, von der Flamme einer Kerze spärlich erleuchteten Küche auf und ab, marschierte von einem Ende des Raums zum anderen, mit großen Schritten, horchte, horchte, ob der fürchterliche Schrei der vergangenen Nacht nicht noch einmal die düstere Stille draußen durchbrechen würde. Und er fühlte sich allein, der Unglückliche, allein wie kein Mensch je zuvor! Er war allein in dieser unendlichen Schneewüste, allein zweitausend Meter über der bewohnten Erde, über den menschlichen Behausungen, über dem Leben, das in Bewegung ist, das rauscht und pulsiert, allein im eisigen Himmel! Ein unbändiges Verlangen, sich davonzumachen, quälte ihn, irgendwohin, irgendwie, nach Leukerbad hinunter, indem er sich in den Abgrund stürzte; aber er wagte nicht einmal die Tür zu öffnen, überzeugt, daß der andere, der Tote, ihm den Weg versperren würde, um nicht selbst allein zu bleiben dort oben.

Müde vom Auf- und Abgehen, übermannt von Furcht und Angst, schlummerte er schließlich gegen Mitternacht auf einem Stuhl ein, denn er fürchtete das Bett wie einen Ort, wo es spukt.

Plötzlich drang der gellende Schrei der vergangenen Nacht an sein Ohr, so schrill, daß Ulrich die Arme ausstreckte, um das Gespenst zurückzustoßen, und er fiel mit dem Stuhl rücklings um.

Sam erwachte von dem Lärm und begann zu heulen, wie es erschreckte Hunde tun; er lief umher, um die drohende Gefahr zu suchen. Als er bei der Tür anlangte, witterte er an der Schwelle, schnüffelte und schnaubte heftig, knurrte mit gesträubtem Haar und aufgerichtetem Schwanz.

Künzi, außer sich, war wieder aufgestanden, hatte den Stuhl an einem Bein gepackt und schrie: «Bleib draußen, bleib draußen, oder ich töte dich!» Der Hund, aufgebracht durch diese Drohung, bellte wütend den unsichtbaren Feind an, den die Stimme seines Meisters herausforderte.

Sam beruhigte sich nach und nach und streckte sich erneut neben dem Herd aus; doch er war unruhig, hielt den Kopf erhoben, seine Augen funkelten, und er knurrte.

Auch Ulrich kam wieder zu sich, aber da ihm vor Angst übel geworden war, holte er im Büfett eine Flasche Schnaps, und er trank Schluck um Schluck mehrere Glas davon. Seine Gedanken verwischten sich; er faßte wieder Mut; Feuer brannte in seinen Adern.

Am nächsten Tag aß er fast nichts, er trank nur. Mehrere Tage hintereinander war er stockbetrunken. Sobald ihm Kaspar Hari wieder einfiel, trank er weiter, bis er im Rausch zu Boden fiel. Und er blieb so liegen, auf dem Bauch, völlig betäubt, wie gerädert, schnarchend, die Stirn am Boden. Aber kaum hatte er die zerrüttende, brennende Flüssigkeit verdaut, weckte ihn der ewiggleiche Schrei: «Ulrich!», als hätte eine Kugel seinen Schädel durchschlagen; immer noch wankend, richtete er sich dann auf, streckte die Arme aus, um nicht hinzufallen, und rief Sam zu Hilfe. Der Hund, der wie sein Meister verrückt zu werden schien, stürzte sich auf die Tür, zerkratzte sie mit den Krallen und nagte mit den langen weißen Zähnen an ihr; unterdessen trank der junge Mann, den Kopf im Nacken, in großen Schlucken den Schnaps, der seine Gedanken, seine Erinnerung und sein Grauen gleich wieder einschläfern würde, so, als tränke er nach einem raschen Lauf kühles Wasser.

Innerhalb dreier Wochen trank er seinen ganzen Alkoholvorrat auf. Doch die anhaltende Sauferei vermochte seine Angst nur zu betäuben, und diese wurde um so größer, als es ihm nicht mehr möglich war, sie einzuschläfern. Die fixe Idee, die durch einen Monat Trunkenheit schlimmer geworden war und sich in der vollkommenen Einsamkeit noch verstärkte, grub sich in ihn hinein wie ein Bohrer. Er lief nun in seiner Bleibe hin und her wie ein Tier im Käfig, legte das Ohr an die Tür, um zu horchen, ob der andere da war, und er bot ihm durch die Mauer hindurch Trotz. Und sobald er von der Müdigkeit besiegt einschlummerte, hörte er die Stimme, die ihn aufspringen ließ.

Eines Nachts schließlich stürzte er sich, in seinem Kleinmut zum Äußersten getrieben, auf die Tür und öffnete sie, um zu sehen, wer ihn rief, und ihn zum Schweigen zu bringen.

Ein Schwall kalter Luft schlug ihm entgegen, der ihn bis ins Mark erstarren ließ; er schloß die Tür wieder und schob die Riegel vor, ohne zu merken, daß Sam hinausgesprungen war. Daraufhin warf er bebend Holz aufs Feuer und setzte sich davor, um sich zu wärmen; plötzlich fuhr er zusammen, jemand kratzte klagend an der Hausmauer.

Er schrie außer sich: «Geh weg!» Ein langes, schmerzliches Klagen antwortete ihm.

Da wurde der letzte Rest von Vernunft, der ihm blieb, von der Angst weggeschwemmt. Er wiederholte: «Geh weg!» und drehte sich um sich selbst, um eine Ecke zu finden, in die er sich verkriechen konnte. Der andere lief, immer noch klagend, das Haus entlang und rieb sich an der Mauer. Ulrich stürzte sich auf das Eichenbüfett voller Geschirr und Vorräte, hob es mit übermenschlicher Kraft an und schleppte es zur Tür, um sich mit einer Barrikade zu sichern. Dann türmte er den übrigen Hausrat auf, die Matratzen, die Strohsäcke, die

Stühle, und er versperrte das Fenster, wie man es macht, wenn man von einem Feind belagert wird.

Doch der draußen stieß nun laute, schauerliche Klagen aus, auf die der junge Mann mit ebensolchen Klagen zu antworten begann.

Tage und Nächte vergingen, ohne daß der eine oder der andere aufgehört hätte zu heulen. Der eine streifte unaufhörlich um das Haus herum und grub seine Krallen mit einer Kraft in das Mauerwerk, als wolle er es niederreißen; der andere folgte im Innern allen seinen Bewegungen, gekrümmt, das Ohr an die Hüttenwand gelegt, und auf alle seine Rufe antwortete er mit entsetzlichen Schreien.

Eines Abends hörte Ulrich nichts mehr; und er setzte sich hin, derart gerädert vor Müdigkeit, daß er sofort einschlief. Er wachte ohne jede Erinnerung, ohne jeden Gedanken auf, als hätte sich sein Kopf während dieses übermächtigen Schlafs geleert. Er hatte Hunger, er aß.

Der Winter war vorbei. Der Gemmipaß wurde wieder begehbar; die Familie Hauser machte sich auf, um in ihr Berghaus zurückzukehren.

Sobald die Frauen die Höhe erreicht hatten, stiegen sie auf ihr Maultier und sprachen von den beiden Männern, die sie gleich wiedersehen würden.

Sie wunderten sich, weshalb nicht einer von ihnen schon vor ein paar Tagen, als der Weg wieder frei geworden war, abgestiegen war, um von ihrem langen Winter dort oben zu berichten.

Schließlich erblickte man die Hütte, die noch unter ihren Schneepolstern lag. Tür und Fenster waren geschlossen; vom Dach stieg ein leichter

Rauch auf, was den alten Hauser beruhigte. Doch als er näher kam, sah er vor der Tür ein von den Adlern gesäubertes Tierskelett liegen, ein großes, auf der Seite liegendes Skelett.

Alle schauten es an. «Das muß Sam sein», sagte die Mutter. Und sie rief: «He, Kaspar!» Ein Schrei antwortete im Innern, ein schriller Schrei wie von einem Tier. Vater Hauser wiederholte: «He, Kaspar!» Man hörte den gleichen Schrei wie das erste Mal.

Daraufhin versuchten die drei Männer, der Vater und die beiden Söhne, die Tür zu öffnen. Es ging nicht. Sie holten im leeren Stall einen langen Balken als Rammbock und stießen ihn mit voller Wucht gegen die Tür. Das Holz ächzte, gab nach, die Bretter zersplitterten; dann erschütterte ein Krachen das Haus, und sie sahen drinnen, hinter dem umgestürzten Büfett, einen Mann stehen; das Haar fiel ihm bis auf die Schultern, der Bart reichte ihm bis auf die Brust, seine Augen glänzten, und an seinem Körper hingen Kleiderfetzen.

Sie erkannten ihn nicht, doch Luise Hauser rief: «Es ist Ulrich, Mama!» Und die Mutter sah, daß er Ulrich war, wenn auch sein Haar weiß war.

Er ließ sie an sich herankommen; er ließ sich berühren; doch auf ihre Fragen, die sie ihm stellten, antwortete er nicht; und sie mußten ihn nach Leukerbad bringen, wo die Ärzte feststellten, daß er verrückt war.

Nie erfuhr jemand, was aus seinem Gefährten geworden war.

Die kleine Hauser wäre in jenem Sommer fast an einer zehrenden Krankheit gestorben, die man der im Gebirge herrschenden Kälte zuschrieb.

ERNEST HEMINGWAY

1899–1961

Schnee überm Land

Der Wagen der Drahtseilbahn ruckte noch einmal und hielt dann. Es ging nicht weiter. Dichter Schnee trieb über die Gleise. Der Sturm, der über die Oberfläche der Wetterseite des Berges dahinjagte, hatte die Schneeoberfläche zu einer krustigen Schanze zusammengefegt. Nick wachste seine Skier im Gepäckabteil, stieß die Schuhspitzen in die Bindung und zog die Spanner fest. Er sprang seitwärts aus dem Zug auf die harte Schanze, sprang um und fuhr in der Hocke, die Stöcke hinter sich herschleifend, in Schußfahrt den Abhang hinunter.

Auf dem weißen Schnee weiter unten glitt George hinab, kam hoch und tauchte außer Sicht. Das Runtersausen und das plötzliche Niederschießen, als er einen welligen Steilhang Schuß fuhr, schalteten Nicks Denken aus und ließen nur das herrliche Gefühl von Fliegen und Fallen in seinem Körper. Er tauchte auf einer kleinen Anhöhe wieder auf, und dann schien der Schnee unter ihm abzufallen, als er weiterfuhr, hinab, hinab, schneller, schneller in einem Schwung den letzten, langen, steilen Hang hinab. In der Hocke, so daß er beinahe auf seinen Skiern saß, um seinen Schwerpunkt möglichst tiefzulegen, fühlte er, als der Schnee wie ein Sandsturm ihn umbrauste, daß er zu starkes Tempo fuhr. Aber er hielt es. Er wollte nicht lockerlassen und stürzen. Dann schmiß ihn eine Stelle weichen Schnees um, die der Wind in einer Vertiefung gelassen hatte, er überschlug sich skiklappernd wieder und wieder, fühlte sich wie ein angeschossenes Kaninchen, dann war er festgekeilt, mit gekreuzten Beinen, seine Skier kerzengrade in der Luft und Nase und Ohren voller Schnee.

George stand etwas weiter unten am Abhang und klopfte mit großen Klapsen den Schnee von seiner Windjacke.

«Deines war 'ne fabelhafte Abfahrt, Mike», rief er Nick zu. «Das da ist lausig weicher Schnee. Hat mich genauso hingehauen.»

«Wie ist es denn jenseits der Mulde?» Nick stieß auf dem Rücken liegend seine Skier herum und stand auf.

«Man muß sich links halten. Es ist eine schöne, steile Abfahrt, und unten ein Christi wegen dem Zaun.»

«Wart 'n Moment, wir wollen zusammen abfahren.»

«Nein, mach los. Fahr du zuerst. Ich möchte sehen, wie du die Mulden nimmst.»

Nick Adams fuhr an George vorbei, breiter Rücken, blonder Kopf, noch ein bißchen voll Schnee; dann kamen seine Skier am Rand ins Gleiten, und er schoß hinunter, zischend in dem kristallischen Pulverschnee, und er schien hinaufzuschweben und hinabzusinken, als er die wogenden Mulden rauf und runter fuhr. Er hielt sich links, und zum Schluß, als er mit fest zusammengepreßten Knien auf den Zaun zusauste und seinen Körper eindrehte, als ob er eine Schraube anziehe, brachte er seine Skier in dem aufstäubenden Schnee scharf nach rechts herum und verlangsamte die Geschwindigkeit parallel zu Berghang und Drahtzaun.

Er sah den Berg hinauf. George kam kniend in Telemarkstellung herunter, ein Bein vor und gebeugt, das andere nach sich ziehend; seine Stöcke hingen wie die dünnen Beinchen irgendeines Insekts und wirbelten beim Berühren der Oberfläche Schneewölkchen auf, und schließlich kam die ganze kniende, schleifende Gestalt in einem wunderbaren Rechtsbogen tief in der Hocke herum, ging in Ausfallstellung, der Körper lehnte sich nach außen über, die Stöcke betonten den Bogen wie Interpunktionszeichen aus Licht, alles in einer wilden Wolke von Schnee.

«Ich hatte Angst mit 'nem Christi», sagte George. «Der Schnee war mir zu tief. Deiner war fabelhaft.»

«Ich kann mit meinem Bein keinen Telemark machen», sagte Nick.

Nick drückte den obersten Draht des Zaunes mit seinem Ski herunter, und George glitt drüber weg. Nick folgte ihm hinunter auf die Landstraße. Sie stakten mit weichen Knien die Landstraße entlang in einen Tannenwald hinein. Die Straße wurde zu poliertem Eis, orange und tabakgelb gefleckt von den Gespannen, die Baumstämme schleppten. Die Skiläufer hielten sich auf dem Schneestreifen am Rande. Die Straße senkte sich steil einem Fluß zu und lief dann gerade bergauf. Durch den Wald hindurch sahen sie ein langgestrecktes, tiefdachiges, verwittertes Gebäude. Durch die Bäume sah es blaßgelb aus. Näher dran waren die Fensterläden grün gestrichen. Die Farbe blätterte ab. Nick schlug mit einem seiner Skistöcke die Spanner auf und schüttelte die Skier ab.

«Wir können sie hier geradesogut tragen», sagte er.

Er kletterte den steilen Weg mit den Skiern auf der Schulter bergan und schlug die Absatznägel in den vereisten Boden. Er hörte George dicht hinter sich atmen und seine Absätze einschlagen. Sie lehnten die Skier gegen die Mauer des Gasthauses, klopften sich gegenseitig den Schnee von den Hosen, stampften ihn von den Stiefeln ab und gingen hinein.

Drinnen war es ganz dunkel. Ein großer Kachelofen glänzte in der Ecke des Zimmers. Es hatte eine niedrige Decke. Glatte Bänke standen hinter dunklen, weinfleckigen Tischen an den Wänden entlang. Zwei Schweizer saßen über ihren Pfeifen und zwei Schoppen trüben jungen Weins beim Ofen. Die Jungen zogen ihre Jacken aus und setzten sich an die Wand auf der anderen Seite des Ofens. Eine Stimme im Nebenzimmer hörte auf zu singen, und ein Mädchen in einer blauen Schürze kam durch die Tür herein, um zu hören, was sie trinken wollten.

«Eine Flasche Sion», sagte Nick. «Ist dir das recht, Gidge?»

«Natürlich», sagte George. «Du verstehst mehr vom Wein als ich. Ich trink' alles gern.»

Das Mädchen ging hinaus.

«Es geht nichts übers Skilaufen, findest du

nicht?» sagte Nick. «Das Gefühl so zuerst, wenn man lossaust.»

«Hach», sagte George, «man kann gar nicht davon reden, so schön.»

Das Mädchen brachte den Wein, und sie hatten Mühe mit dem Korken. Endlich bekam Nick die Flasche auf. Das Mädchen ging hinaus, und sie hörten sie im Nebenzimmer ein deutsches Lied singen.

«Die kleinen Korkstücke drin schaden nichts», sagte Nick.

«Ob sie wohl Kuchen hat?»

«Wir wollen mal fragen.»

Das Mädchen kam herein, und Nick sah, daß ihre Schürze schwellend ihre Schwangerschaft bedeckte. «Warum ich das wohl nicht bemerkt habe, als sie zum erstenmal hereinkam», dachte Nick.

«Was sangen Sie eben?» fragte er sie.

«Oper, deutsche Oper.» Sie hatte keine Lust, das Thema zu erörtern. «Wir haben Apfelstrudel, wenn Sie den wollen.»

«Sie ist nicht so freundlich, nicht wahr?» sagte George.

«Na, schließlich kennt sie uns ja nicht, und vielleicht dachte sie, daß wir sie wegen ihres Singens aufziehen wollten. Wahrscheinlich kommt sie von dort oben, wo sie deutsch sprechen, und sie ist gereizt, weil sie hier sein muß, und dann erwartet sie ein Kind und ist nicht verheiratet, und dann ist sie eben gereizt.»

«Woher weißt du denn, daß sie nicht verheiratet ist?»

«Keinen Ring. Teufel nochmal, hier heiratet kein Mädchen, bevor sie nicht schwanger ist.»

Die Tür öffnete sich, und ein Trupp Holzfäller kam von der Landstraße herein; sie stampften ihre Stiefel ab und dampften in der Stube. Die Kellnerin brachte drei Liter jungen Wein für die Bande, und sie saßen rauchend und schweigsam an den beiden Tischen; sie hatten die Hüte abgenommen und lehnten sich rückwärts gegen die Wand oder vorwärts auf den Tisch. Draußen hörte man von Zeit zu Zeit ein scharfes Glockengeklirr, wenn die Pferde vor den Holzschlitten die Köpfe hin und her warfen.

George und Nick waren glücklich. Sie mochten einander gern. Sie wußten, daß sie noch die Abfahrt nach Hause vor sich hatten.

«Wann mußt du wieder zurück in die Schule?» fragte Nick.

«Heute abend», antwortete George. «Ich muß den zehn Uhr vierzig von Montreux kriegen.»

«Ich wünschte, du könntest bleiben und wir könnten morgen den Dent du Lys machen.»

«Muß mich bilden», sagte George. «Gott, Nick, wär's nicht herrlich, wenn wir einfach so rumstrolchen könnten? Unsere Skier nehmen und uns in die Bahn setzen und aussteigen, wo's 'ne gute Abfahrt gibt, und dann weiter, in Herbergen kampieren und durchs ganze Berner Oberland wandern und das Wallis rauf und durchs ganze Engadin und nur Wachszeug und Reservesweater und Pyjamas in unsern Rucksäcken mitnehmen, und uns den Teufel um die ganze Schule oder sonst was kümmern.»

«Ja, und dann so durch den Schwarzwald laufen. Donnerwetter, all die patenten Orte.»

«Da warst du vorigen Sommer angeln, nicht wahr?»

«Ja.»

Sie aßen den Strudel und tranken den Wein aus.

George lehnte sich gegen die Wand zurück und schloß die Augen.

«Vom Wein fühl' ich mich immer so», sagte er.

«Fühlst du dich schlecht?» fragte Nick.

«Nein, gut, aber komisch.»

«Ich weiß», sagte Nick.

«Sicher», sagte George.

«Wollen wir noch 'ne Flasche bestellen?» fragte Nick.

«Nicht für mich», sagte George.

Sie saßen da, Nick hatte die Ellbogen auf den Tisch gestützt, und George flezte sich gegen die Wand.

«Erwartet Helen ein Baby?» sagte George und kippte von der Wand an den Tisch zurück.

«Ja.»

«Wann?»

«Im Spätsommer.»

«Freust du dich?»

«Ja, jetzt ja.»

«Wirst du nach Amerika zurückgehen?»

«Wahrscheinlich.»

«Möchtest du?»

«Nein.»

«Möchte Helen?»

«Nein.»

George saß schweigend da. Er sah auf die leere Flasche und die leeren Gläser.

«Zu gemein, nicht?» sagte er.

«Nein, doch nicht ganz», sagte Nick.

«Wieso nicht?»

«Ich weiß nicht», sagte Nick.

«Ob ihr je in Amerika zusammen Ski laufen werdet?» sagte George.

«Ich weiß nicht», sagte Nick.

«Die Berge taugen nicht viel», sagte George.

«Nein», sagte Nick, «sie sind zu felsig. 's gibt zuviel Wald, und sie sind zu weit weg.»

«Ja», sagte George, «genauso ist es in Kalifornien.»

«Ja», sagte Nick, «so ist es eigentlich überall, wo ich war.»

«Ja», sagte George, «das stimmt.»

Die Schweizer standen auf, zahlten und gingen hinaus.

«Ich wünschte, wir wären Schweizer», sagte George.

«Die haben alle Kröpfe», sagte Nick.

«Das glaube ich nicht», sagte George.

«Ich auch nicht», sagte Nick.

Sie lachten.

«Kann sein, daß wir nie wieder zusammen Ski laufen werden, Nick», sagte George.

«Wir müssen unbedingt», sagte Nick. «Ohne lohnt ja das Ganze nicht.»

«Wir werden bestimmt», sagte George.

«Ja, wir müssen», stimmte Nick zu.

«Ich wünschte, wir könnten einen Eid drauf ablegen», sagte George.

Nick stand auf. Er zog den Gürtel seiner Windjacke fest zu. Er beugte sich über George und nahm die beiden Skistöcke von der Wand. Den einen Stock stieß er in den Fußboden.

«Hat keinen Sinn, einen Eid abzulegen», sagte er.

Sie öffneten die Tür und gingen hinaus. Es war sehr kalt. Der Schnee war stark verharscht. Die Landstraße führte den Hügel hinauf in den Tannenwald.

Sie nahmen ihre Skier, die gegen die Mauer des Gasthauses lehnten. Nick zog seine Handschuhe an. George ging schon mit den Skiern auf der Schulter die Straße hinauf. Jetzt hatten sie noch die gemeinsame Abfahrt nach Hause vor sich.

Der Winter

Titelvignette aus «National-Kinderlieder für die Zürchersche Jugend», Zürich 1798, von Daniel Beyel (1760–1823)

ÖDÖN VON HORVÁTH

1904–1960

Wintersportlegendchen

Wenn Schneeflocken fallen, binden sich selbst die heiligen Herren Skier unter die bloßen Sohlen. Also tat auch der heilige Franz.

Und dem war kein Hang zu steil, kein Hügel zu hoch, kein Holz zu dicht, kein Hindernis zu hinterlistig – er lief und sprang und bremste derart meisterhaft, daß er nie seinen Heiligenschein verbog.

So glitt er durch winterliche Wälder. Es war still ringsum und – eigentlich ist er noch keinem Menschen begegnet und auch keinem Reh. Nur eine verirrte Skispur erzählte einmal, sie habe ihn auf einer Lichtung stehen sehen, woselbst er einer Gruppe Skihaserln predigte. Die saßen um ihn herum im tiefen Schnee, rot, grün, gelb, blau – und spitzten andächtig die Ohren, wie er so sprach von unbefleckten Trockenkursen im Kloster «zur guten Bindung», von den alleinseligmachenden Stemmbögen, Umsprung-Ablässen und lauwarmen Telemarkeln. Und wie erschauerten die Skihaserln, da er losdonnerte wider gewisse undogmatische Unterrichtsmethoden!

LIU ZONGYUAN

773–819

Fluß im Schnee

Fort sind die Vögel über den Hügeln,
die Spuren auf Straße und Weg gelöscht.

Allein im einsamen Boot
in Schilf gehüllt, mit breitem Hut
angelt ein Alter
in der kalten Flut im Schnee.

FAN CHENGDA

1126–1193

Winterlandschaft

Schneeverhangene Berge, nun klaren sie
Im Anblick versunken [auf.
treib ich dahin auf meinem Boot.

Es legt sich der Wind,
die eisige Kälte
ward noch strenger am Abend.

Ein plötzlicher Ruderschlag,
das Splittern von Jade:
unbemerkt
war der See zu Eis gefroren.

PIERRE-CHARLES ROY

1683–1764

Sur un mince cristal l'hiver conduit vos pas;
  Le précipice est sous la glace;
Telle est de vos plaisirs la légère surface:
  Glissez, mortels, n'appuyez pas.*

* * *

PIERRE-CHARLES ROY

1683–1764

Über Kristall so dünn lenkt Winter euren Lauf;
  Der Abgrund unterm Eise schaut;
Derart ist eurer Wonnen zarte Außenhaut:
  Hingleitet, Sterbliche, beharrt nicht drauf.

* Diesen Vers – Zeilen, die als geflügeltes Wort nicht nur in Frankreich den Dichter überlebt haben – verfaßte Roy ursprünglich zum nebenstehenden Bild.

L'Hyver

Jahreszeitenstich von Nicolas de Larmessin (1684–1755)
nach Nicolas Lancret

HANS CHRISTIAN ANDERSEN

1805–1875

Der Schneemann

«Es kracht und knackt in mir, so herrlich kalt ist es!» sagte der Schneemann. «Der Wind kann wahrlich Leben in einen bringen! Und wie die Glühende dort glotzt!» Es war die Sonne, die er meinte; sie war gerade daran unterzugehen. «Sie soll mich nicht zum Blinzeln bringen, ich werde die Brocken schon festhalten.»

Das waren zwei große, dreieckige Dachziegelbrocken, die er als Augen hatte; der Mund war ein Stück von einem alten Rechen, deshalb hatte er Zähne.

Er war geboren unter Hurrageschrei der Knaben, war begrüßt worden von Schellengeläute und Peitschengeknall der Schlitten.

Die Sonne ging unter, der Vollmond ging auf, rund und groß, klar und herrlich in der blauen Luft.

«Da haben wir sie wieder von einer anderen Seite!» sagte der Schneemann. Er glaubte, es sei die Sonne, die sich wieder zeigte. «Ich habe es ihr abgewöhnt zu glotzen! Jetzt kann sie dort hängen und leuchten, damit ich mich selbst sehen kann. Wüßte ich nur, wie man es anstellt, sich fortzubewegen! Ich würde mich so gerne fortbewegen! Könnte ich es, so wollte ich jetzt hinab und auf dem Eise gleiten, wie ich es die Knaben machen sah; aber ich kann nicht laufen.»

«Weg, weg!» kläffte der alte Kettenhund; er war etwas heiser. Das war er, seit er Stubenhund gewesen und unter dem Ofen gelegen hatte. «Die Sonne wird dich schon lehren zu laufen! Das habe ich im vergangenen Winter an deinem Vorgänger und an dessen Vorgänger gesehen! Weg, weg! und weg sind sie alle!»

«Ich verstehe dich nicht, Kamerad!» sagte der Schneemann. «Soll die da oben mich laufen lehren?» Er meinte den Mond. «Ja, sie lief ja freilich vorhin, als ich sie fest ansah, jetzt schleicht sie von einer andern Seite heran.»

«Du weißt nichts», sagte der Kettenhund, «aber du bist ja auch erst neulich aufgekleckst worden! Der, den du jetzt siehst, wird der Mond genannt; die, welche ging, war die Sonne. Sie kommt morgen wieder, sie lehrt dich schon in den Wallgraben hinablaufen! Wir kriegen bald anderes Wetter, das kann ich an meinem linken Hinterbein merken, es reißt darin. Wir kriegen Wetterwechsel!»

«Ich verstehe ihn nicht!» sagte der Schneemann, «aber ich habe ein Gefühl, daß es etwas Unangenehmes ist, was er sagt. Sie, die glotzte und unterging, die er die Sonne nennt, die ist auch nicht mein Freund, das habe ich im Gefühl.»

«Weg, weg!» kläffte der Kettenhund, ging dreimal um sich selbst herum und legte sich dann in seine Hütte, um zu schlafen.

Es kam wirklich eine Wetterveränderung. Ein Nebel, so dicht und feucht, überzog am Morgen die ganze Gegend; als es Tag wurde, begann es zu winden; der Wind war eisig, der Frost griff ordentlich zu; aber welch ein Anblick war es, als die

Sonne aufging! Alle Bäume und Büsche standen im Rauhreif; es war wie ein ganzer Wald von weißen Korallen; es war, als ob alle Zweige überschüttet seien von strahlend weißen Blüten. Die unendlich vielen und feinen Verzweigungen, die man im Sommer vor lauter Blättern nicht sehen kann, traten jetzt klar hervor; es war wie ein Spitzengewebe und so schimmernd weiß, als ströme ein weißer Glanz von jedem Zweig aus. Die Hängebirke bewegte sich im Wind, es war Leben in ihr wie in den Bäumen zur Sommerzeit; es war eine unvergleichliche Herrlichkeit! Und als die Sonne dann schien, nein, wie funkelte das Ganze, als wäre es überpudert mit Diamantenstaub, und über der Schneeschicht der Erde glitzerten die großen Diamanten, oder man konnte auch glauben, daß unzählige, winzigkleine Lichtlein brannten, die noch weißer waren als der weiße Schnee.

«Das ist eine unvergleichliche Herrlichkeit!» sagte ein junges Mädchen, das mit einem jungen Mann in den Garten hinaustrat und just bei dem Schneemann stehen blieb, von wo aus sie die glitzernden Bäume ansahen. «Einen schöneren Anblick hat man im Sommer nicht!» sagte sie, und ihre Augen strahlten.

«Und so einen Burschen wie den da hat man erst recht nicht!» sagte der junge Mann und zeigte auf den Schneemann. «Er ist ausgezeichnet!»

Das junge Mädchen lachte, nickte dem Schneemann zu und tanzte dann mit ihrem Freund über den Schnee hin, der unter ihnen knirschte, als gingen sie auf Stärke.

«Wer waren die beiden?» fragte der Schneemann den Kettenhund, «du bist länger auf dem Hof als ich, kennst du sie?»

«Das tu' ich!» sagte der Kettenhund. «Sie hat mich ja gestreichelt, und er hat mir einen Knochen gegeben; die beiße ich nicht.»

«Aber was stellen sie hier vor?» fragte der Schneemann.

«Brrrautleute!» sagte der Kettenhund. «Sie werden in eine Hundehütte ziehen und zusammen an einem Knochen nagen. Weg! Weg!»

«Haben die beiden ebensoviel zu bedeuten wie du und ich?» fragte der Schneemann.

«Die gehören ja zur Herrschaft!» sagte der Kettenhund; «das ist wahrlich sehr wenig, was man weiß, wenn man gestern geboren wurde; das merke ich an dir! Ich habe Alter und Kenntnisse, ich kenne alle hier auf dem Hof! Und ich habe eine Zeit gekannt, wo ich nicht hier in der Kälte und an der Kette stand; weg, weg!»

«Die Kälte ist herrlich!» sagte der Schneemann. «Erzähl, erzähl! Aber du darfst nicht mit der Kette rasseln; denn dann bricht etwas in mir.»

«Weg, weg!» kläffte der Kettenhund. «Ein junger Hund bin ich gewesen, klein und niedlich, sagten sie. Da lag ich im Samtstuhl dort drinnen im Haus, lag im Schoß der obersten Herrschaft, wurde auf die Schnauze geküßt und um die Pfoten gewischt mit gesticktem Taschentuch. Ich hieß ‹der Schönste›, ‹Pusselpusselchen›, aber dann wurde ich ihnen zu groß; da gaben sie mich der Haushälterin; ich kam in die Kelleretage! Du kannst in sie hineinsehen von dort, wo du stehst; du kannst in die Kammer hineinsehen, wo ich die

Herrschaft gewesen bin; denn das war ich bei der Haushälterin. Es war zwar ein geringerer Ort als oben, aber hier war es behaglicher; ich wurde nicht abgeknutscht und umhergeschleppt von den Kindern wie oben. Ich hatte ebenso gutes Futter wie früher und viel mehr! Ich hatte mein eigenes Kissen, und dann war da ein Ofen, und das ist um diese Zeit das Schönste auf der Welt; ich kroch ganz unter ihn, so daß man mich nicht mehr sah. Oh, von dem Ofen träume ich noch; weg, weg!»

«Sieht ein Ofen so schön aus?» fragte der Schneemann. «Gleicht er mir?»

«Er ist gerade das Gegenteil von dir! Kohlschwarz ist er! Hat einen langen Hals mit einer Messingtrommel. Er frißt Brennholz, so daß ihm das Feuer aus dem Mund heraussteht. Man muß sich an seiner Seite halten, dicht neben ihm, ganz unter ihm, das ist ein unendliches Behagen! Du mußt ihn durch das Fenster sehen können, von dort, wo du stehst.»

Und der Schneemann schaute, und wirklich sah er einen schwarzen, blankpolierten Gegenstand mit einer Messingtrommel; das Feuer leuchtete unten heraus. Dem Schneemann wurde ganz wunderlich zumute; er hatte ein Gefühl, über das er sich selbst nicht Rechenschaft geben konnte; es kam etwas über ihn, was er nicht kannte, was aber alle Menschen kennen, wenn sie keine Schneemänner sind.

«Und warum hast du sie verlassen?» fragte der Schneemann. Er fühlte, daß es ein weibliches Wesen sein müsse. «Wie konntest du einen solchen Ort verlassen?»

«Das mußte ich wohl», sagte der Kettenhund, «sie warfen mich hinaus und legten mich hier an die Kette. Ich hatte den jüngsten Junker ins Bein gebissen, weil er mir den Knochen wegstieß, an dem ich nagte; und Knochen um Knochen, denke ich! Aber das nahmen sie übel auf, und seit jener Zeit bin ich an der Kette gelegen und habe meine klare Stimme verloren, hör, wie heiser ich bin: weg, weg! Das wurde das Ende vom Lied!»

Der Schneemann hörte nicht mehr zu; er sah beständig in die Kelleretage der Haushälterin hinein, in ihre Stube hinunter, wo der Ofen auf seinen vier eisernen Beinen stand und sich in derselben Größe zeigte wie der Schneemann selbst.

«Es knackt so sonderbar in mir!» sagte er. «Werde ich nie dort hineinkommen? Das ist ein unschuldiger Wunsch, und unsere unschuldigen Wünsche dürfen doch gewiß erfüllt werden. Es ist mein höchster Wunsch, mein einziger Wunsch, und es würde fast ungerecht sein, wenn der nicht befriedigt würde. Ich muß dort hinein, ich muß mich an sie anlehnen, und wenn ich auch das Fenster zerschlagen müßte.»

«Dort kommst du nie hinein», sagte der Kettenhund, «und kämst du zum Ofen, dann wärst du weg! Weg!»

«Ich bin so gut wie weg», sagte der Schneemann, «ich glaube, ich breche durch.»

Den ganzen Tag stand der Schneemann da und schaute zum Fenster hinein; in der Dämmerung wurde die Stube noch einladender; vom Ofen her leuchtete es so mild, wie der Mond nicht leuchtet und auch nicht die Sonne, nein, wie nur der Ofen leuchten kann, wenn etwas in ihm ist. Wenn sie die Tür öffneten, dann schlug die Flamme heraus, das war eine Gewohnheit von ihm; es flammte ordentlich rot auf in dem weißen Gesicht des Schneemanns, es leuchtete geradezu rot aus seiner Brust heraus.

«Ich halte es nicht aus!» sagte er. «Wie es sie kleidet, die Zunge herauszustrecken!»

Die Nacht war sehr lang, aber nicht für den Schneemann, er stand da in seinen eigenen schönen Gedanken, und die froren, so daß sie knackten.

Am Morgen waren die Kellerfenster zugefroren, sie trugen die schönsten Eisblumen, die ein Schneemann nur verlangen konnte; aber sie verbargen den Ofen. Die Scheiben wollten nicht auftauen, er konnte sie nicht sehen. Es knackte, es knirschte, es war just ein Frostwetter, das einen Schneemann erfreuen mußte, aber er war nicht erfreut; er hätte sich so glücklich fühlen können und sollen, aber er war nicht glücklich, er hatte Ofensehnsucht.

«Das ist eine schlimme Krankheit für einen Schneemann», sagte der Kettenhund; «ich habe auch an dieser Krankheit gelitten, aber ich habe sie überstanden; weg, weg! – Jetzt kriegen wir Wetterwechsel.»

Und es gab Wetterwechsel, es schlug um in Tauwetter.

Das Tauwetter nahm zu, der Schneemann nahm ab. Er sagte nichts, er klagte nicht, und das ist das rechte Zeichen.

Eines Morgens stürzte er zusammen. Es stak etwas wie ein Besenstiel in die Luft, wo er gestanden hatte, um den herum hatten die Knaben ihn aufgebaut.

«Jetzt kann ich seine Ofensehnsucht verstehen!» sagte der Kettenhund, «der Schneemann hat einen Ofenkratzer im Leib gehabt, der ist es, der sich in ihm gerührt hat, nun ist es überstanden; weg, weg!»

Und bald war auch der Winter überstanden.

«Weg, weg!» kläffte der Kettenhund; aber die kleinen Mädchen auf dem Hof sangen:

«Waldmeister grün, hervor aus dem Haus!
Häng, Weide, die wollenen Handschuh' heraus;
Kommt, Kuckuck und Lerche! Singt hell
und klar,
Wir haben schon Frühling Ende Februar!
Ich singe mit: Kuckuck! Tirili!
Komm, liebe Sonne, scheine so warm wie
noch nie!»

Dann denkt niemand an den Schneemann.

ALFRED DE VIGNY

1797–1863

La Neige

Qu'il est doux, qu'il est doux d'écouter des
Des histoires du temps passé, [histoires,
Quand les branches d'arbre sont noires,
Quand la neige est épaisse et charge un sol glacé!
Quand seul dans un ciel pâle un peuplier s'élance,
Quand sous le manteau blanc qui vient de le cacher
L'immobile corbeau sur l'arbre se balance,
Comme la girouette au bout du long clocher!

ALFRED DE VIGNY

1797–1863

Der Schnee

Wie süß, wie süß, den Mären lauschend nachzu-
Die man von alten Zeiten weiß!   [schweigen,
Die Bäume stehn mit schwarzen Zweigen,
Der Schnee liegt dick, zur Last dem Boden und
dem Eis,
Die Pappel streckt ins fahle Grau den einen Wipfel,
Es wippt, mit einem weißen Mantel frisch bedeckt,
Der selber unbewegte Rabe an dem Gipfel –
So wie ein Wetterhahn, dem Kirchturm aufgesteckt.

OSKAR LOERKE

1884–1941

Winterstille

Im Eise will der Wald verdorren,
Wie die gestrengen Herrn ihn trafen.
Ein Nebel hängt in seinen Knorren
Und ist im Dunklen eingeschlafen.
Die lange Zeit ist irr geworden,
Als Amsel in den Baum gesprungen,
Verdreht den Hals und starrt nach Norden,
Schreit auf und ist dem Rufe nachverklungen.

GOTTFRIED KELLER

1819–1890

Winternacht

Nicht ein Flügelschlag ging durch die Welt,
Still und blendend lag der weiße Schnee.
Nicht ein Wölklein hing am Sternenzelt,
Keine Welle schlug im starren See.

Aus der Tiefe stieg der Seebaum auf,
Bis sein Wipfel in dem Eis gefror;
An den Ästen klomm die Nix' herauf,
Schaute durch das grüne Eis empor.

Auf dem dünnen Glase stand ich da,
Das die schwarze Tiefe von mir schied;
Dicht ich unter meinen Füßen sah
Ihre weiße Schönheit Glied um Glied.

Mit ersticktem Jammer tastet' sie
An der harten Decke her und hin –
Ich vergess' das dunkle Antlitz nie,
Immer, immer liegt es mir im Sinn!

THÉOPHILE GAUTIER

1811–1872

Fantaisies d'Hiver

Dans le bassin des Tuileries,
Le cygne s'est pris en nageant,
Et les arbres, comme aux féeries,
Sont en filigrane d'argent.

Les vases ont des fleurs de givre,
Sous la charmille aux blancs réseaux;
Et sur la neige on voit se suivre
Les pas étoilés des oiseaux.

Au piédestal où, court-vêtue,
Vénus coudoyait Phocion,
L'Hiver a posé pour statue
La Frileuse de Clodion.

THÉOPHILE GAUTIER

1811–1872

Winterphantasie

Im Schloßpark hat in seinem Teich
Der Schwan im Eise sich verfangen;
Wie Filigran ist, silbergleich,
Der Bäume feenhaftes Prangen.

In Vasen Rauhreifblumen stehn;
Unter des Laubgangs zarten Spitzen
Durch Schnee die Vogeltritte gehn,
Die sterngleich voreinander sitzen.

Und wo aus Stein, im kurzen Kleid,
Sich Venus schmiegt an Phokion,
Wird aus dem Bildwerk, hold verschneit,
Die «Frierende» des Clodion.

Winter

Aus Vierjahreszeitenzyklus.
Kupferstich von Jan Saenredam (um 1565–1607)

JULIUS ZEYER

1841–1901

Florenz im Schnee

Vor dem Hause des alten Ludovico di Lionardo di Buonarotti blieben drei junge Männer stehen. Sie waren fest in ihre warmen Mäntel gehüllt, denn die Nacht war empfindlich kalt. Der Wind irrte und stöhnte durch die finsteren, verödeten Gassen. Das Haus schlief, nur aus einem einzigen Fenster blitzte ein schwaches Licht. Seine Strahlen fielen fiebrig zitternd auf das feuchte Pflaster. Einer der jungen Männer ergriff den bronzenen Türklopfer und pochte in abgemessenen Schlägen an das morsche Eichentor. Seine Begleiter bebten vor Kälte.

«Hörst du denn nicht?» rief verdrossen der eine.

«Höflich ist er nicht!» bemerkte der zweite.

«Beim Bacchus! Also doch!» sagte lachend der dritte, als er wahrnahm, wie nun das Licht von Fenster zu Fenster wanderte und schließlich verschwand.

Nach einer Weile waren in dem Flur wuchtige Schritte zu vernehmen, und ein schwacher Strahl des eben verschwundenen Lichtes stahl sich durch das Schloß, in dem sich der Schlüssel dann knarrend drehte. Das Tor wurde langsam geöffnet, und von den schwarzen Schatten des Flurs hob sich in unbestimmten Umrissen die Gestalt eines Jünglings ab, der mit einer hoch über dem Haupte gehaltenen Lampe auf die Gasse hinausleuchtete.

Das unruhige Flackern des Lichtes ließ sein düsteres Gesicht noch fahler erscheinen.

«Wer da?» fragte er mit nicht gerade freundlicher Stimme.

«Freunde!» riefen ihm die drei vor dem Hause wie aus einer Kehle lachend zu. Er leuchtete ihnen besser ins Gesicht, schwieg aber.

«Ich habe keine!» schien das bittere Lächeln um seine Lippen zu sagen. Doch die jungen Männer kehrten sich nicht daran, sondern warfen ihm wie Blumen ihre wohlklingenden Namen zu: «Ich bin doch Baccio! Gentile! Mariotto!»

«Ich kenne euch!» erwiderte Michelangelo langsam, wie einer, dessen Gedanken in der Ferne schweifen.

Er kannte sie. Er hatte sie am Hofe Lorenzos von Medici kennengelernt, Lorenzos des Prächtigen, jenes Lorenzo, der ihn geschätzt und geliebt hatte, der ihm nicht nur sein Haus, sondern weit mehr, sein eigen Herz erschlossen hatte, Lorenzos von Medici, der erst kürzlich in der Blüte seiner Mannesjahre dahingegangen, ruhig wie Sokrates, ruhig wie die untergehende Sonne, die sich den hyazinthenblauen Höhen der Apenninen zuneigt und die am Himmel nur einen matten, goldig flimmernden Widerschein hinterläßt. Er kannte die drei Jünglinge. Sie entstammten den vornehmsten florentinischen Geschlechtern. Ach, wie oft war er ihnen in den schimmernden Sälen der Mediceerpaläste begegnet, wie oft in den Lorbeer- und Pinienhainen von Careggi, deren tiefe Schatten ihm immer wieder die weißen Phantome der Griechengötter heraufbeschworen, wie oft in den paradiesischen

Gärten der Villa Ambra, wo es ihm stets war, als wollten die Tage Platons von neuem heraufdämmern, als kämen die heiligen Offenbarungen reinster Schönheit und tiefster Wahrheit aus dem unendlichen Blau auf die lächelnde Erde hernieder... Er kannte die drei Jünglinge, aber als er sie erblickte, gedachte er nur Lorenzos von Medici und der mit ihm dahingegangenen Zeit.

«Was wollt ihr von mir?» sagte er endlich.

«Bei Venus!» rief Baccio ungeduldig, vielleicht auch ein wenig verletzt. «Vor allem einen etwas freundlicheren Willkomm!»

«Ruhe!» besänftigte ihn der ernstere Mariotto und wandte sich Michelangelo zu. «Die alten Zeiten Lorenzos de Medici kehren wieder nach Florenz zurück. Piero tritt in die Spuren seines Vaters. Oh, sicherlich halten mit dem Frühling nicht nur die Rosen, sondern auch die Grazien in Ambra ihren Einzug. Neues Leben regt sich im Hause der Mediceer. Pieros Hof ist wieder heiter und froh.»

«Piero von Medici liebt die Kunst», fügte Gentile hinzu, «sagte er doch, daß es ihn mit Stolz erfüllen würde, gelänge es ihm, dich an sein Haus zu fesseln...»

«Wie den spanischen Läufer, der seine Pferde an Schnelligkeit übertrifft», unterbrach ihn Michelangelo bitter und trocken.

«Auch das erfüllt ihn mit Stolz, daß er ihn zu gewinnen wußte.»

«Bist du eifersüchtig?» warf Baccio lachend ein.

Ohne ein Wort zu reden, wandte sich Michelangelo verächtlich ab.

«Es ist kalt», sagte er nach einer Weile, «was wollt ihr denn eigentlich von mir?»

Mariotto ergriff das Wort. «Piero von Medici», sagte er, «hat uns nach dir gesandt. Er tafelt heute im Palazzo Pitti. Mitten in Musik, Gesang und Lachen hat er deiner gedacht und läßt dich um die Erfüllung eines Wunsches bitten. Da machten wir uns erbötig, dich zu holen. Komm also!»

Michelangelo rührte sich nicht und schwieg.

«Ich hoffe, du weißt diese Ehrung gehörig zu schätzen», drängte Baccio, die Augenbrauen finster zusammenziehend, «du weißt, wer Piero ist, und wir, wir sind auch keine Diener.»

«Ich gehe nicht», entgegnete Michelangelo kurz. «Ich danke euch und danke Piero von Medici. Sagt ihm, mir sei nicht wohl und ich sinne eben über einem Buche, das ein Freund seines Vaters, Signor Angelo Poliziano, geschrieben hat.»

«Der», fiel Gentile ein, «eben jetzt auch im Palazzo Pitti weilt und mir Grüße an dich aufgetragen hat.»

«Willst du Piero mit einer Ausrede beleidigen?» fragte Mariotto.

«Poliziano in Florenz, im Palazzo Pitti!» rief Michelangelo, und seine Züge erheiterten sich zusehends. Er stellte die Lampe auf das Gesims.

«Tretet ein», bat er, «im Augenblick gehe ich mit euch!» Er eilte ins Innere des Hauses.

«Sein Hochmut ist schon unerträglich», stieß Baccio hervor, «er spricht mit uns, als würde er uns eine Ehre erweisen ...»

«Schweig!» ermahnte ihn Mariotto, denn Michelangelo kehrte gerade zurück, den Hut auf dem

Kopfe und in einen veilchenblauen Mantel gehüllt, den ihm Lorenzo von Medici vor zwei Jahren geschenkt hatte, als Michelangelo in seinem Hause verkehrte. Dieses Geschenk hatte Michelangelo überaus erfreut; obwohl ein genialer Mensch, war er damals nach Alter und Charakter doch noch fast ein Kind.

«Gehen wir!» drängte Gentile, «ich bin schon starr vor Kälte.»

Michelangelo verschloß das Haus, und sie entfernten sich. Der Wind heulte, und große Schneeflocken erglänzten ab und zu in einem Lichtstreifen, der aus dem Fenster eines alten, hohen Hauses der sonst öden und finsteren Gasse fiel.

«Es schneit!» rief Michelangelo aus, dieses für Florenz so seltene Schauspiel betrachtend, und verfolgte das Treiben der weißen, schimmernden Flocken, die ihn zugleich an Sterne und Schmetterlinge gemahnten.

«Komm schneller!» mahnte Gentile, «wir haben die Diener mit Laternen unten beim Flusse zurückgelassen. Wir wollten deine stille Gasse nicht allzusehr aus dem Schlafe rütteln. Wir dachten an die strengen Mienen deines Vaters und haben hoffentlich vorsichtig genug geklopft, um ihn nicht aus seinen Träumen zu reißen.»

Rasch durchschritten sie die finsteren, gewundenen Gassen, vorbei an schweigenden, düsteren Palästen, doppelt düster, da über ihnen schwere, dunkle Wolken lagerten. Am Lungarno warteten die Diener mit Fackeln und Laternen, deren flackernder Schein über die verträumten, mächtig aufragenden Häuser huschte. Der Arno rauschte durch die Nacht, und am anderen Ufer stand auf einer Anhöhe inmitten eines Haines schwarzer Zypressen, gespenstig grau von den tiefschwarzen Wolken sich abhebend, die Kirche San Miniato. Der Weg führte die «alte Brücke» entlang, wo niedrige Häuschen sich fröstelnd aneinander schmiegten, so daß niemand geahnt hätte, daß es dieselben Häuser seien, die bei Tag eine solche Pracht entfalteten, mit Geschmeide, Edelsteinen und allen den Meisterstücken der florentinischen Goldschmiede prunkten, die, im Erdgeschoß zur Schau gestellt, im Sonnenlichte blitzten, die ganze Stadt herbeilockten und ungeteilte Bewunderung erzwangen. Noch ein paar Gassen hinter der «Brücke», und Michelangelo stand mit seinen Begleitern vor dem mächtig aufragenden Palazzo Pitti. Über die zyklopische Wucht seines Gemäuers ergossen die Kienfackeln, die von eisernen, aus den rohbehauenen Felsblöcken ragenden Leuchterträgern gehalten wurden, gleich einer Feuersbrunst ihren blutigroten Schein. Eine Unzahl von Pferden scharrte ungeduldig auf dem Steinpflaster des Platzes, die fröhlich bei Piero von Medici tafelnden Gäste erwartend. Aus der Tiefe des Hauses hallten von Zeit zu Zeit Fanfarenstöße, klangen Gelächter und Gesang, langsam und traurig im Heulen des schneidenden Windes verklingend.

«Endlich!» rief Baccio freudig aus, «endlich am Ziel!» und schüttelte mit einer anmutigen Bewegung die Schneeflocken aus den Falten seines Mantels.

Die anderen folgten seinem Beispiel und traten rasch in den Palast ein. Die Einfahrt des Hauses schien in Flammen zu stehen, der Hof, in dem ein großer Springbrunnen plätscherte, lag im Scheine der zahllosen Lichter, und über ihm, aus dem unergründlichen Dunkel der grauen Nebel und Wolken, ragten im Garten die schwarzen Umrisse der Steineichen, Zypressen, Zedern und Pinien, deren Zweige unter der ihnen so fremden Last des frisch gefallenen Schnees bebten. Michelangelo gab sich ganz diesem Anblicke hin, seine Begleiter aber drängten ihn, so daß er mit ihnen das majestätische Treppenhaus hinaufeilte. Sie betraten einen großen, mit prächtigen Wandteppichen geschmückten Saal. Unweit des Kamins, in dem ein starkes Feuer brannte, saß Piero de Medici im lebhaftesten Gespräche. Er winkte Michelangelo gnädig zu, wandte sich aber nach kurzen Worten der Begrüßung wieder ab und setzte, seine Gegenwart nicht weiter beachtend, das nur kurz unterbrochene Gespräch wieder fort. Michelangelo stieß sich nicht an dieser kühlen Aufnahme, wußte er ja, daß er die Einladung nur einer plötzlichen Laune zu verdanken und daß er selbst Piero auch nur kühl, ja fast nachlässig gegrüßt hatte. Er richtete nun seine Blicke in die Tiefe des Saales, als suchte er dort jemanden. Nicht lange, und er erblickte das würdige Antlitz des Dichters Poliziano, der einsam in der Nische eines hohen Fensters saß. Als sich ihre Blicke begegneten, überstrahlte ein gütiges Lächeln die strengen, fein wie eine Kamee geschnittenen Züge des Dichters, und im nächsten Augenblick stand Michelangelo vor ihm. Sie schüttelten einander die Hände, und Rührung sprach aus ihren Augen, denn beide dachten den gleichen Gedanken: sie erinnerten sich an Lorenzo, Careggi, die sonnigen Tage der Vergangenheit, und jeder erriet, was in der Erinnerung des anderen vorging. Michelangelo ließ sich neben dem Dichter nieder, beide seufzten leise und schwiegen eine Zeitlang. Dann rückten sie ihre Lehnstühle einander näher, denn der den Saal erfüllende Lärm erlaubte, daß sie einsam blieben, auch inmitten einer so zahlreichen, sich einzig um Piero gruppierenden Gesellschaft, und bot ihnen so die beste Gelegenheit zu einem vertraulicheren Gespräche.

«Wie lange schon habe ich dich nicht gesehen!» sagte Poliziano, gerührt durch die Freude, die Michelangelos Wesen bei ihrem Wiedersehen verriet.

«Oh, wie habe ich mich nach Euch gesehnt!» entgegnete Michelangelo. «Ihr wißt am besten, was Ihr mir gewesen! Ihr wart der erste, der mir Anregung und Mut zu selbständiger Arbeit gab. Aus dem Born Eures Geistes, Eures Wissens durfte ich Unwissender schöpfen und meinen brennenden Durst löschen.»

Poliziano lächelte und winkte mit der Hand, als wollte er sich des Lobes erwehren.

«Hätte der Funke nicht in dir geglommen, hätte die Flamme nicht in dir verborgen gebrannt, wären meine Anregungen alle vergeblich gewesen, mein Michelangelo! Meine Erzählungen von Deïanira, Herkules und dem Kentaurenkampfe konnten dir nicht so ganz neu sein, und den Hinweis, welch passender Vorwurf das für ein Relief wäre, hätten außer dir noch hundert andere Jünglinge hören können – und dennoch war Michelangelo allein imstande, diesen großen Vorschlag in die Tat umzusetzen, aus dem grauen Nebel des bloßen Gedankens eine ganze, klare Welt von Schönheit und Kraft hervorzuzaubern! Du, der Einzige unter Hunderten! Nein, der Einzige dieser Zeit! Es darf dich also nicht wundernehmen, wenn dir nicht nur neunundneunzig, sondern gleich Legionen Neider erstanden sind.»

«Sie behaupten, ich sehe die Schönheit nicht», erwiderte düster der Jüngling, der Neider gedenkend, die der Dichter erwähnt hatte.

«Weil du sie darstellst, wie du sie fühlst und nicht wie die anderen, weil du nicht die Schönheit nachahmst, die sie zu sehen gewohnt sind und die sie dumpf und stumpf zu bewundern gelernt haben. Ich denke an die Schönheit der großen Griechen.»

Michelangelos Züge waren heiter geworden.

«Ihr kennt mich besser, als ich mich selber kenne», rief er, die Hand ihm auf die Schulter legend, «und was ich verschwommen und unklar fühle, Ihr vermögt es auszusprechen! Ihr wißt, wie ich die Griechen vergöttere...»

«Aber dennoch bleibst du Michelangelo, und so ist es gut», sagte Poliziano lächelnd.

«Ich bin eben kein Grieche und wurde nicht vor Jahrhunderten geboren!» eiferte Michelangelo. «Lebte nicht seit jener Zeit, da Troja fiel, Christus? Bebte nicht die Welt in Schmerz und inniger Liebe seit jener Zeit, da Pallas Athene in unendlicher Klarheit und Ruhe zur Sonne sah? Wir kennen Helena – ihnen aber war Beatrice nichts, sie folgten Dante nicht durch Hölle und Fegefeuer zu den Wonnen des Paradieses. Ihr, Meister Poliziano, habt es am besten erfaßt und auch am klarsten ausgesprochen, was ich gerade mit meinen schwachen Kräften darzustellen mich bemühe. Das beweist Euer Gedicht, das ich gerade vor einer Stunde von neuem gelesen, ein Gedicht, das die alte, ewig junge Sage der Griechen mit neuem Leben erfüllt, mit neuer Wärme durchhaucht. Meister Poliziano, ich meine Euren ‹Orpheus›.»

Ein schwermütiges Lächeln umspielte die Lippen des Dichters.

«Als ich dies Gedicht schrieb, war ich auch so jung, wie du es heute bist», seufzte er, «so ungestüm wie du – und doch hatte ich, wie ich heute einsehe, weniger Berechtigung dazu. Oh, ihr Adlerschwingen der Jugend! Oh, ihr großen, kühnen Träume! Damals schien es mir so leicht, aus der drückenden Luft unserer öden religiösen Spiele emporzufliegen, mit einem Sprunge auf dem Felde der wahren Tragödie zu stehen, mit kühner Hand den Peplos der griechischen Gottheit zu packen und sie her an die Brust Italiens zu zwingen zu neuer herrlicher Auferstehung! Stolzer Traum! Ich strebte zur Sonne empor, aber die Schwäche meiner Schwingen brachte mir den Absturz. Kommenden Geschlechtern vererbe ich mein Streben... Das Schaffen des Künstlers, welch ein titanischer Kampf! Die Eingebung zuckt in uns auf wie der Blitz oder geht in uns auf wie die Sonne, wird in unserem Innern gleichsam die Seele, für die wir den Körper finden müssen. So gestaltete Gott den Adam aus Ton, den Leib, als die Vorstellung ‹Mensch› in der Tiefe seines Wesens erwacht war... Auch der Künstler muß diesen Adam immer wieder aus Ton formen, denn es bedarf einer Form, damit das, was bisher nur Gedanke gewesen, Wirklichkeit werde, es bedarf einer Form, denn nur durch sie wird ein Wesen an sich von dem chaotischen All abgegrenzt und als Einzelwesen bestimmt. Dieses taube und blinde All stellt sich dem Künstler in der ganzen Wucht seiner Unermeßlichkeit, in dem ganzen unergründlichen Nebel seiner Unfaßbarkeit feindlich entgegen, und er muß in dieser formlosen Masse, der Mutter aller Formen, seinem Gedanken eine feste Stätte geben. Kann man überhaupt in diesem Riesenkampfe einen völligen Sieg erringen?»

«So habt Ihr gedacht, Meister Poliziano, als Ihr Euren Orpheus dem Tode gegenübergestellt und dieser siegesbewußt nach dem abermaligen Verluste der geliebten Eurydike Orpheus entgegenruft, daß all sein Singen, all seine Tränen vergeblich seien, denn ‹unerschütterlich und starr sind die Gesetze der Tiefe›. Dieses Ringen des Gedankens mit dem Stoffe, den Ihr dort symbolisch angedeutet, fühle ich als Bildhauer am tiefsten mit! Den Kampf mit dem blinden Stoff, der unsern Aufflug hemmt, mit dieser leblosen Masse, die wir von Tod und Nichtsein erlösen wollen und die sich träge gegen ihre Erlösung auflehnt, die sich in ihre ewige Erstarrung verschließt, gegen den Funken des Geistes, den wir ihr einhauchen wollen! Fürwahr, Sieger zu werden ist schwer! Die Hände erlahmen im Kampfe, wenn wir bedenken, daß ‹unerschütterlich und starr die Gesetze der Tiefe ...›. So groß waren die alten Griechen, sie verstanden es so unsagbar schön, die olympische

Ruhe in weißem Marmor zu verkörpern, und dennoch, sagt selbst, haben sie den Gipfel der Kunst erreicht? Ist ihr Sieg ein voller? Entriß Orpheus seine Eurydike wirklich dem Abgrunde, trotz der grausamen Gesetze, die ‹unerschütterlich sind und starr›? Mein Poliziano, ich wage es zu bezweifeln ... Ihre allzu große Kälte und Ruhe beklemmt mich, der Frost des Marmors weht mir aus ihnen entgegen. Was fehlt dieser Schönheit, damit sie mehr wärme als glänze?»

«Was du ihr gibst», sagte Poliziano leise und nachdenklich, mit einem Blick voll prophetischer Gesichte. «Ihnen war die Lebensfreude der Urquell ihrer Kunst, du aber begreifst auch die Poesie des Schmerzes.»

«Ich verstehe nicht ganz», entgegnete Michelangelo, doch seine Augen verdunkelten sich und wurden tief wie zwei Abgründe: sein Atem ging schwer und heiß wie im Fieber.

«Erklärt es mir», bat er leise den Dichter, doch da ertönte die Stimme Pieros von Medici, der donnernd den in Gedanken versunkenen Bildhauer anrief. Er stand an einem offenen Fenster und blickte über den Hof hinüber in seine Gärten.

«Bei Venus und Bacchus!» rief er aus, «eine größere Lüge als die in dieser Nacht hat unser schönes Florenz noch nie gewagt. Seht doch, meine Herren, wie sich Fiorenza mit frecher Keuschheit in ein jungfräuliches Gewand hüllt. Sie ist wie aus Marmor. Nein, dieser Schnee ist weißer und glitzernder als Marmor. Welch schönes Bildwerk ließe sich daraus formen! Mein Buonarotti, welch eine Aufgabe für dich! Deine Seele soll ja auch so jungfräulich wie dieser Schnee sein. Willst du mir eine große Freude bereiten? Geh also und schaffe uns irgendein Götterbild aus diesem himmlischen Stoffe, der aus Paradiesesnähe in unsere Gärten herabgewirbelt ist. Den ganzen Abend denke ich schon daran!»

«Welch kindische Laune!» sagte Poliziano, auf Michelangelo blickend, welcher verdüstert abseits stand.

Piero de Medici hatte diese Worte aufgefangen.

«Signor Poliziano», sagte er, innerlich verärgert, doch stellte er sich, als hätte er nichts vernommen, «Signor Poliziano, sagt, bin ich nicht ein Philosoph? Mit meinem Einfall von dem Standbild aus Schnee will ich ja den Künstlern nur eine tüchtige Lehre von der Vergänglichkeit ihrer Werke erteilen. Sie träumen so krankhaft gerne von der Unsterblichkeit ihrer Schöpfungen. Auch mahnt der Schnee dort unten auf dem Hofe: Nütze den Augenblick! – Wer weiß, wo du morgen bist. Ich glaube, daß das ein gesunder Rat für Künstler ist.»

«Auf so etwas wäre Lorenzo von Medici niemals verfallen», sagte Poliziano trocken. «Nun, es gibt Künstler und Künstler! Wie auch Menschen und Menschen! Künstler, Nichtkünstler – jeder nimmt sich selbst als Maß der übrigen Dinge und Menschen – Größe verleiht und versagt nur Gott.»

«Ausgezeichnet!» erwiderte Piero, biß sich in die Lippen und schwieg.

Unterdessen hatte sich Michelangelo, ohne zuzuhören, dem Fenster genähert und blickte nun verzückt in die Gärten hinaus. Der Schneesturm hatte sich völlig gelegt, am Himmel glitzerten wieder die Sterne, und die Erde leuchtete in gespenstigem Weiß. Jeder Baum schien wie aus Marmor gehauen, jeder Pfad mit seinen blauen Schatten in unbekannte und geheimnisvolle Welten zu führen, aus denen all dieser Schimmer, diese Stille, diese weiße Pracht stammten. Es riß fort ins Unendliche wie ein Strom erhabener, gedämpfter Musik. Ohne ein Wort zu sagen, verließ Michelangelo den Saal, um auszuführen, was Piero in seinem kindischen Übermute gewünscht hatte. Die wunderbare Schönheit dieses märchenhaften, überirdischen, unwahrscheinlichen Schauspiels trieb ihn zum Schaffen. Waren das nicht die schlummernden Gefilde des Todes? War das nicht eine Welt, aus der auf einmal alles Blut und alle Lebenskraft gewichen, eine Welt, die weiß, leichenfahl und starr zum sterneatmenden Himmel wie in Todesschauern emporschwieg? Ja, das war die Unterwelt, das Reich der Schatten und Gespenster, das Land ewiger Seufzer nach Licht und Sonne, in das Orpheus, seine Eurydike suchend, hinabgestiegen war!

«Orpheus!» flüsterte Michelangelo, wie von einem Funken berührt, und gebot schnell, den Schnee zusammenzukehren und an einer bestimmten Stelle aufzuhäufen. Und während Piero von Medici oben im Saale tafelte und das Bildwerk aus Schnee schon ganz vergessen hatte, arbeitete Michelangelo im roten Scheine zahlreicher Fackeln mit fieberhaftem Eifer an seinem Werke.

Seine Seele war noch von den Gedanken erfüllt, die das Gespräch mit Poliziano in ihr erweckt hatte. Er beschloß, Orpheus in dem Augenblicke darzustellen, da er nach dem abermaligen Verluste seiner Eurydike wiederum in die Unterwelt dringen will, aber, gebannt durch die Worte Tesiphonens: «Keinen Schritt weiter, alles ist vergeblich!», denn «unerschütterlich und starr sind die Gesetze der Tiefe», die ganze Wucht dieses Schicksalsspruches erfaßt und, von der Hoffnungslosigkeit seines Beginnens zermalmt, sich in seinem Schmerz gleichsam zu Stein verwandelt.

Der Schnee war hart von Frost und ließ sich doch von der Hand des Künstlers gefügig meistern. Den unteren Teil des Bildwerkes legte Michelangelo recht breit an, wobei er die große, entschlossene Bewegung der Beine unter dem bis zur Erde herabwallenden Gewande ahnen ließ. Der feste Schritt des Orpheus deutete den Willen des Sängers an, trotz aller bereits erlebter Schrecken nochmals in die Unterwelt zu dringen, und seine erhobenen Hände hielten die Leier, als wollte er noch einmal ihre Saiten rühren. Sein Antlitz, das der Künstler scharf in allen Einzelheiten ausarbeitete, blickte ernst und schön, verklärt vom Zauber des in seiner Brust werdenden Sanges, und dennoch leuchtete es von einer Kraft, die vor nichts zurückschreckt. Michelangelo arbeitete mit solcher Liebe und Begeisterung, als würde er seine Vorstellung für alle Ewigkeit in Erz, nicht aber für die kurze Weile eines Augenblicks in Schnee verkörpern. Als er fertig war, trat er einige Schritte zurück und seufzte tief auf.

«Das ist nicht, was ich gewollt!» rief er. «Aus den Zügen dieses Gesichtes weht auch die Kälte und der Frost dieses Schnees. Das ist nicht die

Verwirklichung meines Traumes! Wieder diese hellenische Ruhe! So konnte Orpheus das erste Mal an der Schwelle der Unterwelt stehen, noch hoffend, durch seinen Gesang zu erschüttern, mit seiner Leier zu siegen und seine geliebte Eurydike wiederzusehen! So aber würde Orpheus nicht dastehen, da er die vernichtenden Schicksalsworte gehört! In Athen hätten sie ihn so dargestellt, so aber wollte ich ihn nicht schaffen!»

Er senkte traurig sein Haupt und stand wortlos vor seinem Werke. Die Fackeln verlöschten, der Morgen graute, der Himmel rötete sich, und endlich ging die Sonne in ihrer ganzen goldenen Pracht auf, und die verschneiten Gärten waren ein einziges wunderherrliches Blitzen, ein einziges Aufflammen der Morgenröte. In diesem Augenblicke erscholl auf der Terrasse im Rücken des Künstlers Lärm: Piero Medici war dort mit seinem Gefolge herausgetreten, und alle brachen, überwältigt von der unendlichen Schönheit dieses rosig überhauchten Kristallgartens und dieser riesenhaften, von der Sonne und den Strahlen eines Genius zauberhaft beglänzten Gestalt des Orpheus, in Jubel aus und füllten die Luft mit den Ausrufen ungeheuchelter Bewunderung.

Poliziano eilte die Treppe herab und umarmte schweigend den Künstler.

«Nein, nein!» sprach Michelangelo vor sich hin und lächelte bitter, «das ist nicht das, was ich will! Aus seinem Antlitz spricht nicht, was er in seinem Herzen fühlt. Das ist kein Mensch, das ist eine Vorstellung!»

«Aber eine Vorstellung, wie sie sich in den

göttlichen Träumen eines Plato offenbart», sagte Poliziano.

«Und doch nur Vorstellung von einem Menschen, nicht aber ein Mensch! Wo ist der Schmerz, wo die Verzweiflung, die wie eine Natter sein Herz zernagt? Ach, das ist nicht Orpheus, das ist nur sein Grabmal! Ich will ihn nicht mehr sehen! Er ist mir fremd, wie dem Lebenden ein Gespenst!»

So sprechend barg Michelangelo sein Gesicht an der Brust Polizianos und hörte seine Trostworte nicht mehr an. Über seinem Haupte tönten die Lobeshymnen weiter, und das schmerzte ihn um so mehr.

«Die Toren, die Blinden!» stieß er verzweifelt hervor, «sie sehen nicht, daß dieser Orpheus bloßer Schnee in Menschengestalt ist.»

Da ertönte von der Terrasse ein neuer Schrei wie aus einer Kehle, und Poliziano zuckte erschrocken zusammen. Michelangelo hob unwillkürlich sein Gesicht und blickte auf sein Werk. Der Aufschrei auf der Terrasse hatte überrascht geklungen, nicht ohne Grund, denn sein Orpheus hatte sich bewegt. Dieses Wunder hatte die Sonne bewirkt. Millionen ihrer goldenen Pfeile vertrieben den ungewohnten Gast aus dem fernen Norden, den glitzernden Schnee aus den ihrer Herrschaft untertänigen Stätten. Der Schnee fiel in Diamantenkaskaden von den Bäumen, goß sich in Bächlein von den Dächern, sein Weiß verging im Grase wie ein Traum vor dem Auge des Erwachenden. Auch die Schöpfung Michelangelos fühlte den Todeskuß der milden, funkelnden Strahlen. Der untere Teil seines Werkes stand noch regungslos. Der mächtige, feste

Schritt des Orpheus hatte noch nicht gelitten, aber der Sitz des Gedankens und des Herzens, Haupt und Brust, waren tödlich getroffen. Die Arme sanken Orpheus zu beiden Seiten herab, die Leier entfiel ihnen, der Kopf sank in den Nacken, das Kinn gab nach, so daß sich der Mund ein wenig öffnete und in eine krumme, nach unten gebogene Linie verzerrte. Die Augen, die ihre Umrisse verloren, schienen sich zu schließen, und die Schärfe aller so hart gewesenen Gesichtszüge ward seltsam gleichmäßig weich. Eine leise Lebensregung schien den Schnee zu durchdringen, ein belebender Funke das Standbild zu durchzucken. Jetzt glaubte man Orpheus vor sich zu sehen, von Verzweiflung zermalmt, von Schmerz vernichtet, den Tod im Herzen und dennoch würdevoll und aufrecht dastehend. Ein Heros – aber ein duldender. Ein vernichteter Mensch – aber atmend.

Michelangelo blickte mit weit geöffneten Augen auf sein Werk, ein freudiges Lächeln umspielte seinen Mund, und heftig drückte er Poliziano die Hand.

«Endlich sehe ich klar, was ich nur dunkel geahnt!» flüsterte er, «nun weiß ich, was meinem Orpheus fehlte und was von heute an keinem meiner Werke mehr fehlen soll: der seelische Ausdruck! Was nützte alle äußere Schönheit, wenn sie nicht kundtäte, was im Inneren vorgeht! Dank dir, o Sonne! Du hast mich Großes gelehrt!»

«Die Sonne, die dich auf den rechten Weg geführt, ist dein eigenes Gefühl, dein eigener Geist», sagte Poliziano, «ja, heute hast du etwas unendlich Großes gefunden – dein eigenes Ich. Jetzt darfst du

Inverno

Kupferstich von Giovanni Petrini (geb. um 1750, bis 1810 in Rom tätig) nach Agricola Filippo hoffen, das ‹unerschütterliche und starre Gesetz der Tiefe› zu besiegen! Wie hoch wirst du über den anderen stehen! Ich wünsche dir Glück und bemitleide dich zugleich. Mein armer Freund! Höhe bedeutet Vereinsamung – Größe bedeutet Haß. Alles verzeiht dir die Menge, nur nicht, daß du über ihr stehst, daß du dich ihrer Macht entziehst. Daß du dich ausschließt, wird der Dorn deines Lebens. Orpheus erniedrigte sich nicht zu den Bacchantinnen, und darum haben sie ihn zerfleischt.»

Ehe er noch zu Ende gesprochen, sank Orpheus dröhnend in sich zusammen. Nichts blieb von ihm übrig, nur ein formloser Klumpen rasch dahinschmelzenden Schnees. Alle Höflinge auf der Terrasse schrien gleichsam mitleidig auf, dann aber lachten sie laut. Pieros Stimme klang lustig aus ihrem Gelächter heraus.

«Sieh!» rief er ironisch aus, «die Lehre ist dir zuteil geworden, die ich dir versprochen habe.»

«Ja, eine große Lehre ist mir zuteil geworden», sagte Michelangelo, mit einem innigen, dankbaren Lächeln zum Himmel blickend, Piero von Medici nicht beachtend. «Jetzt weiß ich, wie der Stein zu meistern, wie er zu erwecken ist, damit ihm werde, was seinem ewigen Trotze fehlt: der Hauch und der Pulsschlag des Lebens!»

Und in seine Gedanken versunken, ging er von dannen.

Von niemandem hatte er sich verabschiedet, und sie vergaßen ihn, nur Poliziano trat mit ihm auf den Platz hinaus und blickte ihm nach, wie er allein mit strahlenden Augen durch die Gassen von

Florenz schritt, das noch schöner leuchtete als das Blau des Himmels, der nun von neuem auf die Stadt der Blüten herablächelte...

Die Fiorenza von einst schwelgte heute im Glanze ihrer Poesie, dieser ernsten, frommen Poesie, die ihr Giotto eingeflößt, dieser schlichten, lieblichen Poesie, wie sie aus den Tonreliefen eines Robbia leuchtet, aus denen die weißen Madonnen und Engel wie Lilien aus dem blaßblauen Hintergrunde hervorblühen... Sie schwelgte im Glanze ihrer Poesie und ihres Glückes, diese alte Fiorenza, als ob sie in ihrem steinernen Herzen die Größe jenes Jünglings ahnte, der gerade durch den Schatten der hohen Paläste schritt, den Stern göttlicher Unsterblichkeit über der Stirne und eine unendliche Welt von Schönheit und Kraft in den Tiefen seiner Seele...

Unaussprechlich lieblich war an jenem Tage die blumengekrönte Fiorenza, und ihr Himmel zeigte keine Spur jenes Schneegestöbers, das wohl nur darum in jener Nacht über die Stadt niedergegangen war, um Klarheit und Ruhe in das zweifeldurchwühlte Herz eines gewaltigen Künstlers zu bringen...

WILLIAM BLAKE

1757–1827

To Winter

O Winter! bar thine adamantine doors:
The north is thine; there hast thou built thy dark
Deep-founded habitation. Shake not thy roofs,
Nor bend thy pillars with thine iron car.

He hears me not, but o'er the yawning deep
Rides heavy; his storms are unchain'd, sheathed
In ribbed steel; I dare not lift mine eyes,
For he hath rear'd his sceptre o'er the world.

Lo! now the direful monster, whose skin clings
To his strong bones, strides o'er the groaning [rocks:
He withers all in silence, and his hand
Unclothes the earth, and freezes up frail life.

He takes his seat upon the cliffs; the mariner
Cries in vain. Poor little wretch! that deal'st
With storms, till heaven smiles, and the monster
Is driv'n yelling to his caves beneath mount Hecla.

WILLIAM BLAKE

1757–1827

An den Winter

O Winter! schließ zu dein diamantnes Tor:
Dein ist der Nord; dort bautest du dir
Tief unten dein dunkles Haus. Nicht erschüttre
Die Dächer und Säulen mit deinem eisernen
Wagen!

Er hört mich nicht, denn über den gähnenden
Abgrund
Rollt er dahin; entfesselt sind seine Stürme,
Gewappnet in Stahl; ich wag nicht zu heben den
Blick,
Denn er hat gezeigt sein Zepter der Welt.

Sieh! nun zieht das entsetzliche Untier
Starkknochig einher über dröhnenden Fels:
Alles läßt er im Schweigen erstarren, mit der
Hand
Entblößt er die Welt, und zartes Leben erfriert.

Auf den Klippen nimmt er dann Platz; vergebens
Klagt der Seemann. Du Armer, der du kämpfst
Mit dem Sturm, bis wieder lächelt der Himmel
Und das Untier gellend zu Islands Höhlen ent-
flieht.

HENRI MICHAUX

1899–1984

Icebergs

Icebergs, sans garde-fou, sans ceinture, où de vieux cormorans abattus et les âmes des matelots morts récemment viennent s'accouder aux nuits enchanteresse de l'hyperboréal.

Icebergs, Icebergs, cathédrales sans religion de l'hiver éternel, enrobés dans la calotte glaciaire de la planète Terre.

Combien hauts, combien purs sont tes bords enfantés par le froid.

Icebergs, Icebergs, dos du Nord-Atlantique, augustes Bouddhas gelés sur des mers incontemplées, Phares scintillants de la Mort sans issue, le crie éperdu du silence dure des siècles.

Icebergs, Icebergs, Solitaires sans besoin, des pays bouchés, distants, et libres de vermine. Parents des îles, parents des sources, comme je vous vois, comme vous m'êtes familiers...

HENRI MICHAUX

1899–1984

Eisberge

Eisberge, gurtlos, geländerlos, wo alte abgekämpfte Kormorane und die Seelen der kürzlich verstorbenen Matrosen an den hyperboräischen Zaubernächten Stütze finden und Halt.

Eisberge, Eisberge, religionslose Dome des ewigen Winters, von der Eiskappe des Planeten Erde umkleidet.

Wie sind sie hoch, wie sind sie rein, deine frostgeborenen Ränder.

Eisberge, Eisberge, Rücken des Nord-Atlantiks, erhabne, auf ungeschauten Meeren zu Eis erstarrte Buddhas, Blinkfeuer des ausweglosen Todes, der desperate Schrei der Stille hält Jahrhunderte an.

Eisberge, Eisberge, grundlos Einsame der zugemauerten Länder, Abstand wahrend und frei von Geschmeiß. Eltern der Inseln, Eltern der Quellen, wie gut ich euch sehe, wie vertraut ihr mir seid ...

KAREL ČAPEK

1890–1938

Die Fußspur

Leise, endlos fiel der Schnee auf das erfrorene Land. «Mit dem Schnee fällt immer Stille», dachte Boura, der sich in einer Hütte untergestellt hatte, und ihm war zugleich feierlich und traurig zumute, denn er fühlte sich einsam in der weiten Landschaft. Der Landstrich vor seinen Augen vereinfachte, verschmolz und vergrößerte sich, gefügt von weißen Wellen, unzerpflügt von Wirrungen des Lebens. Endlich lichtete sich und versiegte der Tanz der Flocken, die einzige Regung in dieser glorreichen Stille. Zögernd gräbt der Wanderer seinen Fuß in den unberührten Schnee, und es rührt ihn eigentümlich an, daß er als erster die Gegend mit der langen Zeile seiner Schritte zeichnet. Doch kommt ihm auf der Straße ein Schwarzer und Verschneiter entgegen; zwei Spurenketten laufen nebeneinander her, kreuzen sich und tragen die erste menschliche Wirrnis auf die unbefleckte Tafel.

Aber der Entgegenkommende bleibt stehen, er hat noch Schnee im Bart und blickt angestrengt auf etwas am Straßenrand. Boura verlangsamte den Schritt und spähte in seine Blickrichtung; beide Ketten trafen sich und blieben nebeneinander stehen.

«Sehen Sie dort diese Fußspur?» sagte der verschneite Mann und zeigte auf eine Spur etwa sechs Meter vom Saum der Straße weg, auf der sie beide standen.

«Ja, sehe ich; die Fußspur eines Menschen.»

«Gut, aber wie ist sie da hingekommen?»

«Jemand ist hier vorbeigegangen», wollte Boura sagen, doch stockte er plötzlich; die Fußspur war die einzige mitten in einem Feld, und weder vor ihr noch hinter ihr fanden sich Spuren von Schritten; sie hob sich sehr deutlich und scharf von der weißen Fläche ab, nichts aber führte zu ihr hin und nichts von ihr weg. «Wie kann sie da hingekommen sein», wunderte er sich und wollte näher an sie herangehen.

«Warten Sie», hielt ihn der andere zurück, «Sie machen nur unnütze Spuren um sie herum und bringen alles durcheinander... Das müssen wir klären», fügte er gereizt hinzu, «das geht doch nicht, daß es irgendwo nur eine einzige Fußspur gibt. Angenommen, jemand wäre von hier mitten ins Feld gesprungen; dann gäbe es keine Schritte davor. Aber wer brächte es fertig, so weit zu springen, und wie könnte er nur auf einem Fuß landen? Er würde doch das Gleichgewicht verlieren und müßte sich irgendwo mit dem zweiten Fuß abstützen; meiner Meinung nach müßte er noch ein Stück weiterlaufen, so wie wenn man von einer fahrenden Straßenbahn springt. Doch hier gibt es *nirgends* einen zweiten Fuß.»

«Das ist Unsinn», sagte Boura; «wäre er von hier gesprungen, müßten von ihm Spuren auf der Straße sein; ich sehe aber nur unsere Stapfen. Vor uns ist keiner hier gegangen.»

«Die Spur zeigt mit der Ferse zur Straße; wer sie gemacht hat, der ist in diese Richtung gegangen. Wenn er zum Dorf gegangen wäre, hätte er nach rechts gehen müssen; auf dieser Seite sind nur Felder, und was zum Teufel hat jetzt einer in den Feldern verloren?»

«Hören Sie, wer dort hingetreten ist, der hätte auch irgendwie weitergehen müssen; aber ich behaupte, daß er überhaupt nicht weitergegangen ist, denn er hat keinen zusätzlichen Schritt getan. Das ist doch klar. Hier ist keiner gegangen. Die Spur müssen wir anders erklären.» Und Boura dachte angestrengt nach. «Vielleicht war dort eine natürliche Vertiefung in der Erde oder eine Fußspur im gefrorenen Matsch, und der Schnee hat sie zugedeckt. Oder warten Sie, vielleicht stand dort ein weggeworfener Schuh, und den könnte ein Vogel weggetragen haben, als es nicht mehr schneite. Dann wäre dort eine schneefreie Stelle geblieben, einer Fußspur ähnlich. Wir müssen eine *natürliche* Lösung finden.»

«Wenn der Schuh dort schon vor dem Schneegestöber gestanden hätte, wäre es darunter aper; ich aber sehe nur Schnee.»

«Vielleicht trug der Vogel den Schuh weg, als es noch schneite; oder er hat ihn im Flug in den frischen Schnee fallen lassen und hob ihn wieder auf. Eine Fußspur kann das einfach nicht sein.»

«Frißt denn Ihr Vogel Schuhe? Oder macht er sich darin ein Nest? Ein kleiner Vogel kann so einen Schuh nicht tragen, und ein großer paßt nicht hinein. Das will allgemeiner gelöst sein. Ich meine, es *ist* eine Fußspur, und wenn sie nicht über Land gekommen ist, dann muß sie von oben gekommen sein. Sie glauben, daß ein Vogel sie gemacht hat, aber es könnte auch sein, daß sie zum Beispiel...

von einem Ballon ist. Vielleicht hat sich jemand an einen Ballon gehängt und ist mit einem Fuß in den Schnee getreten, um die Welt zum Narren zu halten. Lachen Sie nicht, mir ist es selber unangenehm, so überspannt zu argumentieren, aber... Ich wäre froh, wenn es keine Fußspur wäre.» Und beide gingen hin.

Die Umstände hätten nicht klarer sein können. Vom Graben, der sich entlang der Straße zog, stieg sanft ein unbeackertes verschneites Feld an; etwa in der Mitte befand sich jene Fußspur, und dahinter stand, dicht beschneit, ein nicht sehr großer Baum. Die Fläche zwischen Straße und Fußspur war jungfräulich, ohne das geringste Zeichen einer Berührung; die Schneedecke war nirgends beschädigt oder verworfen. Der Schnee war weich und gefügig, ohne Pulverisierung durch große Fröste.

Es war wirklich eine Fußspur. Der Abdruck eines großen amerikanisch geformten Schuhs mit sehr breiter Sohle und fünf starken Nieten am Absatz. Der Schnee war sauber und plattgedrückt, nirgends lag eine leichte, unversehrte Flocke; also war die Fußspur erst entstanden, als es nicht mehr geschneit hatte. Der Abdruck war tief und kräftig; die auf der Sohle ruhende Last mußte viel größer gewesen sein als das Gewicht jedes der beiden über die Spur gebeugten Männer. Die Vorstellung des Vogels und des Schuhs löste sich schweigend in nichts auf.

Direkt über der Fußspur schwebte das äußerste Geäst des Baumes: ein dünnes Zweigwerk, eingepackt in Schnee, der nirgendwo abgestreift oder abgeschüttelt war. Beim leichten Antippen der

Zweige fiel der Schnee in ganzen Brocken herab. Die Hypothese «von oben» war damit erledigt. Es war völlig unmöglich, irgend etwas von oben zu tun, ohne den Schnee vom Baum zu stoßen. Das Faktum der Fußspur hatte an harter und nackter Klarheit gewonnen.

Jenseits der Fußspur war nur reine Schneefläche. Sie stiegen den Hang hinauf und liefen über den Scheitel des Hügels; tief, weit nach unten senkte sich ein unberührter weißer Hang, und dahinter stieg ein neuer an, breiter noch und weißer. Vom zweiten Fuß war kilometerweit keine Spur zu sehen.

Sie gingen zurück; hinter sich fanden sie die Doppelzeile ihrer Schritte, schön und regelmäßig, als wäre sie mit Absicht so gezogen. Doch zwischen den beiden Zeilen befand sich mitten in einem zertretenen Kreis die Spur eines anderen, mächtigeren Fußes, zynisch in ihrem Alleinsein; etwas hielt sie davon ab, sie zu zerstampfen und sich im stillen Einverständnis ihrer zu entledigen.

Erschöpft und verwirrt setzte sich Boura auf einen Kilometerstein. «Jemand hat uns auf den Arm genommen.»

«Eine Schande ist das», sagte der andere, «ein außerordentlich dummer Streich, aber... Verdammt, da gibt es doch physikalische Grenzen. Das ist ja gar nicht möglich... Hören Sie», stieß er schnell und beinahe ängstlich heraus, «wenn dort nur ein einziger Fuß ist, könnte er nicht von einem Einbeinigen stammen? Lachen Sie nicht, ich weiß, daß es blöd ist, aber irgendeine Erklärung *muß* es doch geben. Es geht hier um den Verstand, irgend etwas greift ihn an ... Ich bin völlig verwirrt. Entweder sind wir beide verrückt, oder ich liege zu Hause im Fieber und phantasiere, oder es *muß* eine natürliche Erklärung geben.»

«Wir sind beide verrückt», meinte Boura nachdenklich. «Ständig suchen wir nach ‹natürlichen› Erklärungen; wir klammern uns an die umständlichsten, unsinnigsten und gezwungensten Gründe, wenn sie nur ‹natürlich› sind. Vielleicht wäre es viel einfacher und ... natürlicher, wenn wir sagen würden, daß es bloß ein Wunder sei. Wir bräuchten uns dann nur zu wundern und könnten ruhig unserer Wege gehen ... ohne verwirrt zu sein. Vielleicht auch zufrieden.»

«Ich würde mich nicht so schnell zufriedengeben. Wenn durch die Fußspur etwas Großes geschehen wäre ... Wenn durch sie jemandem etwas Gutes widerfahren wäre, ich würde auf die Knie fallen und ‹Wunder› rufen. Aber diese Fußspur, das ist doch peinlich; das ist doch furchtbar kleinkariert, eine einzige Fußspur hinzusetzen, wo es doch genügt hätte, eine normale Reihe von Schritten zu tun.»

«Wenn jemand hier vor Ihnen ein totes Mädchen wiedererweckt hätte, würden Sie in die Knie gehen und sich in Demut beugen; doch noch bevor der Schnee an Ihrem Knie zu schmelzen begänne, würden Sie der Meinung sein, das Kind sei ohnehin nur scheintot gewesen. Hier aber ist nichts Scheinbares; hier wurde, sagen wir mal, ein Wunder unter höchst vereinfachten Bedingungen vollbracht, wie bei einem physikalischen Experiment.»

«Mag sein, daß ich diese Wiedererweckung

nicht glauben würde. Aber auch ich will erlöst werden und warte auf ein Wunder... daß etwas kommt und mein Leben verändert. Diese Fußspur verändert mich weder, noch erlöst sie mich, noch führt sie mich aus irgend etwas heraus; sie quält mich nur, hat sich mir hier aufgezwängt, und ich werde sie nicht los. Und ich glaube ihr nicht. Ein Wunder hätte mich zufriedengestellt, die Spur aber ist ein erster Schritt in die Ungewißheit. Es wäre besser gewesen, ich hätte sie nie gesehen.»

Beide schwiegen sie lange. Wieder begann es zu schneien, und der Schnee fiel immer dichter.

«Ich erinnere mich», hob Boura an, «daß ich bei Hume von einer einsamen Fußspur im Sand gelesen habe. Diese hier ist also nicht die erste. Ich meine, daß es vielleicht Tausende solcher Spuren gibt, daß es ungeheuer viele gibt, bei denen wir uns keine Gedanken machen, weil wir uns an bestimmte Regeln gewöhnt haben. Ein anderer würde sie vielleicht nicht beachten; ihm wäre gar nicht in den Sinn gekommen, daß das hier ein Solitär ist, daß es Dinge auf der Welt gibt, die in keinem Zusammenhang stehen. Sehen Sie, unsere Spuren sind alle gleich; diese einsame aber ist größer und tiefer als die unseren. Und wenn ich mein Leben bedenke, so scheint mir, als wären darin... Schritte, die von nirgends kommen und nach nirgends führen. Es ist sehr schwierig, mir alles, was ich erlebt habe, als ein Glied zu denken, welches aus einer Ordnung in eine andere mündet. Es kommt vor, daß man plötzlich etwas weiß oder fühlt, dem nichts, aber auch gar nichts Ähnliches vorausgeht und dem nichts Ähnliches mehr folgen kann. Es gibt menschliche Dinge, die mit nichts zusammenhängen und sich immer nur als einmalig erweisen. Ich weiß von Dingen, aus denen sich nichts weiter ergeben hat, die nichts und niemanden erlöst haben, und dennoch... Es hat Fälle gegeben, die weder weitergeführt noch weitergeholfen haben, und vielleicht waren sie die wichtigsten Dinge im Leben. Ist Ihnen nicht aufgefallen, daß diese Fußspur viel schöner ist als alle anderen, die Sie bisher gesehen haben?»

«Und ich erinnere mich», äußerte der andere, «an die Siebenmeilenstiefel. Vielleicht hat man irgendwann einmal auch so eine Spur gefunden und sie nicht erklären können. Wer weiß, vielleicht finden sich die vorangehenden Schritte bei Pardubice und Kolín und die nachfolgenden erst bei Rakovník. Aber genauso könnte ich mir denken, daß der nächste Schritt nicht mehr im Schnee abgedrückt ist, sondern vielleicht in der Gesellschaft, mitten in einem Ereignis, irgendwo, wo etwas passiert ist oder passieren wird; daß dieser Schritt Teil einer zusammenhängenden Reihe von Schritten ist. Denken Sie sich eine Reihe solcher Wunder, in der diese Fußspur ihren natürlichen Platz hat. Gäbe es eine vollständig informierte Zeitung, ließen sich in den Tagesnachrichten unter Umständen auch die weiteren Schritte finden und jemandes Weg verfolgen. Vielleicht ist hier eine Gottheit unterwegs; ihr Gang ist zusammenhängend und fortlaufend; vielleicht ist ihr Weg eine Art Führung, an die wir uns halten sollen. Wir könnten Schritt für Schritt den Spuren der Gottheit folgen. Vielleicht wäre es der Weg der Erlösung.

Das alles ist möglich … Und es ist schrecklich, einen solchen Schritt *ganz bestimmt* vor sich zu haben und ihm nicht folgen zu können.»

Boura schüttelte sich und stand auf. Es schneite immer dichter, und das zertretene Feld mit der großen Fußspur inmitten der anderen verschwand unter dem neuen Schnee. «Ich lasse nicht ab», sagte der verschneite Mann, «… von der Spur, die es nicht mehr gibt und nie mehr geben wird», führte Boura in Gedanken zu Ende, und ihre Wege trennten sich in entgegengesetzten Richtungen.

JAMES RUSSELL LOWELL

1819–1891

Ein Wort zu Ehren des Winters

«Die Leute sind sich kaum bewußt, wie schön Feuer ist», sagte Shelley, und ich meine doch, es gibt eine ganze Menge andere, ähnliche Dinge, die man ihnen ins Bewußtsein bringen kann, ohne belehrend zu sein. Auch sträuben wir uns im Grunde nicht dagegen, unterwiesen zu werden – es ist weniger ein Sichsträuben als Mangel an Gelegenheit –, und die Erziehung findet immer irgendeine Handhabe, unsern Geist in Bewegung zu bringen.

So sind die meisten von uns, wie ich schon beobachtet habe, nicht ohne eine liebenswürdige Geneigtheit, irgendwelchen Darbietungen oder Unterhaltungen (im weitesten Sinn) beizuwohnen, vorausgesetzt, am Eingang wird kein Eintritt verlangt. Wenn uns persönliche Ehrenkarten zugesandt werden, kommt als weiteres erfreuliches Element ein Gefühl des Privilegs und Vorranges hinzu (jämmerlich selten in einer Demokratie), das so tief in der menschlichen Natur sitzt, daß ich schon Leuten begegnet bin, die eine merkwürdige Befriedigung fanden, bei einem Begräbnis in einem nahen verwandtschaftlichen Verhältnis zur stummen Hauptperson der Totenfeier zu stehen. Es gab ihnen für kurze Zeit eine Vorzugsstellung vor uns andern, deren Trauer im Leichenzug weiter hinten eingestuft wurde.

Aber der Vermerk «Eintritt frei» in der untern Ecke eines Billets, auch wenn es nicht mit Auserwähltheit ködern kann, hat für viele, vor allem in ländlichen Gegenden, nichts von seinem einzigartigen Reiz eingebüßt. Die Beharrlichkeit, mit der Männer öffentliche Vorträge besuchen, und die ergebene Geduld, mit der sie zuhören, hat geradezu etwas Rührendes. Wer Eintritt bezahlt hat, der darf gähnen und ungeduldig auf seinem Platz hin und her rutschen oder gar den Saal unter furchtbarem, stimmgewaltigem Protest verlassen, denn er hat sich das Recht erkauft und dafür bezahlt, sowohl das eine wie das andere oder beides zu tun. Dagegen sind die Gratiszuhörer durch ein Gefühl der Ehre narkotisiert und harren aus. Sie kommen der vielleicht nobelsten Obliegenheit des Menschen überhaupt nach, insofern als sie eine der schwierigsten ist: etwas (ganz gleich wie geringfügig) umsonst zu erhalten. Auf ihnen lastet nicht die schreckliche Pflicht, sicherzustellen, daß sie auf die Rechnung kommen. Sie vertrödeln Zeit, was, elegant und nicht aus Unlust getan, den Gipfel der Zivilisiertheit bedeutet. Werden sie betrogen, ist es – im schlimmsten Fall – lediglich eine überzählige Stunde, die ihnen auf der Hand zerrann. Nicht nur wird das rein Unterhaltende pikanter, sondern die Vermittlung von Wissen schmackhafter bei diesem weltweit mit Appetit genossenen Gratismenü. Und wenn der philosophisch veranlagte Zuhörer während eines Referats über «Die Aussicht, Missionare bei den Fidschi-Insulanern beliebter zu machen, indem man als Gegengewicht zur Bibel in der einen Jackentasche in die andere eine Flasche

Worcestershire steckt» oder beim «Postulat, Gorillaweibchen künftig mit der Ballotierkugel auszurüsten», im Publikum ein angenehmes Objekt für sein konzentriert-beschauliches Nachdenken findet, so richtet er sein freundliches Interesse gelegentlich doch auch auf den Redner und bewundert die weise Vorsorge der Mutter Natur, die auch ihren Langweilern ein weites Feld zur Verfügung stellt, das sie in ehrlicher Arbeit beackern können. Selbst wenn nach einer Wohltätigkeitsveranstaltung der heimtückische Hut herumgereicht wird, wird der Genuß dank der bewußten Weigerung, die vollkommene Zufriedenheit durch das Geklimper eines Almosenpfennigs zu stören, nur noch gesteigert. Ich bin so absolut von diesem Gratisinstinkt der Menschheit überzeugt, daß ich meine, ich könnte ein Haus füllen, indem ich einen öffentlichen, kostenlosen Vortrag über «Tupper als philosophischer Dichter»* oder über «Meine persönlichen Erinnerungen an James K. Polk selig»** inserieren würde.

In Anbetracht dessen, habe ich mich des öftern gewundert, daß den unendlich abwechslungsreichen Guckkastenvorstellungen, welche die Natur für ihre Kinder bereithält und zu denen wir zugelassen sind, wenn wir zwei Augen im Kopf haben, im allgemeinen keine Beachtung geschenkt wird.

---

* Martin Farquhar Tupper (1810–1889), engl. Dichter, der mit *Proverbial Philosophy*, einer Sammlung von allgemein bekannten Maximen, in rhythmisierender Sprache aufbereitet, großen Erfolg hatte.
** James Knox Polk (1795–1849), Präsident der Vereinigten Staaten von 1845–49. Galt als uninteressanter Mensch.

Sicher, sehende Augen sind nicht so weit verbreitet wie vielleicht angenommen, oder es gäbe mehr Poeten. Mag sein, daß diese Darbietungen der Natur geringer geschätzt werden, weil wir, wenn wir sie genießen, dadurch niemand ausstechen können. Die wahren Anbeter der Natur freilich bringen selbst *das* noch fertig. So war Wordsworth, der die Berge als seine persönlichen Lieblinge betrachtete, eifersüchtig auf jeden, der es wagte, auch nur in harmlosester Weise mit ihnen zu liebäugeln. Als ob diese Leute sich tatsächlich anmaßen könnten, diesen feineren Sinn für – ja, wie nennt man es denn – für sich zu beanspruchen, der so außerordentlich war bei ihm! Aber was soll's! Zweifellos wecken Berge tiefe und edelsinnige Gefühle, aber alles in allem bin ich nicht unglücklich, daß ich in einer weniger spektakulären Landschaft geboren und aufgewachsen bin und gastfreundlich sein kann, ohne Qualen der Eifersucht ausstehen zu müssen. Ich möchte dich, geneigter Leser, nun bitten, zusammen mit mir aufs Geratewohl zu kosten, was immer der Winter uns an Lustbarkeiten bieten wird.

Ich glaube, im großen ganzen hat man dem alten Kerl bis anhin kaum Gerechtigkeit widerfahren lassen. Wir machen ihn zum Symbol des Alters oder des Todes und finden, damit sei die Sache erledigt. Als sei das Alter nicht ebenso angenehm wie kratzbürstig; als habe es keine ihm eigene ehrenwerte Vorzüge, ebenso wie die lärmende Impertinenz der Kindheit, die dünkelhafte Ellbogentaktik der Jugend oder die prunksüchtige Mittelmäßigkeit der reiferen Jahre. Als habe der Tod etwas Unwürdiges, als sei er niemals herbeigesehnt worden! Gesetzt, der Winter ist der Schlaf des Jahres, na und? Ich versteige mich zur Behauptung und stehe dazu, daß seine Träume schöner sind als die beste Realität seiner wachen Konkurrenten. Der

> «Schlaf, du Bringer der Ruhe, du friedlichster
> unter den Göttern»*

ist ein ausnehmend liebenswürdiger Bekannter, und die meisten von uns sind in seiner Gesellschaft besser aufgehoben als sonstwo. Ich, für meinen Teil, betrachte den Winter als hellwachen Burschen, und seine rauhe Herzlichkeit und Aufrichtigkeit sagen mir mehr zu als alle Reize, die seine Rivalen spielen lassen können. Der Frühling ist eine wankelmütige Jungfer, die entweder nicht weiß, was sie will, oder so lange Bedenkzeit braucht, ob sie einem wohlgesinnt sein will oder nicht, daß man ihrer hübschen Launen überdrüssig wird. Man geht zu ihr, um sich ein wenig aufzuheitern, aber in neun von zehn Malen trifft man sie schmollend an, und sie erwartet von dir, genug Munterkeit für zwei aufzubringen. Nachdem sie zur Frau Sommer herangereift ist, ist sie charakterlich etwas ausgeglichener, und ihre reichhaltige Tafel, wo man mit Sicherheit die ersten Früchte und Gemüse der Saison erhält, ist eine solide Basis für eine dauerhafte Freundschaft; aber sie hat diesen betörenden Duft der Jugend eingebüßt. Was

---

* Ovid, *Metamorphosen* II, 623.

Winter

Kupferstich von Nicolas-Henri Tardieu (1674–1749)
in: James Thomson, «The Seasons», London 1730

lieblich gerundete Drallheit beim Mädchen war, macht sich bei der gesetzten Frau als mehr als lediglich eine Neigung zur Fülle bemerkbar. Der Herbst ist der Poet der Familie. Er wartet mit einer Pracht auf, die uns aus purem Abendrot zu sein scheint, aber es sind nur einige hektisch gerötete Blätter, wenn alles bereits verloren ist. Letzten Endes ist er nur eine Werther-Seele; eine Art Lamartine, der wehklagend die alten Avenuen entlanggeht, nachdem er sie zu Straßen, von nackten Bäumen gesäumt, gemacht hat, und der von uns Lebensgeister aus unserem eigenen Vorrat erbettelt, um sich selbst wieder aufzurichten.

Der Winter, lieber Leser, hat auch seine feinen Gefühlsregungen, nur verkehrt er sie nicht ins Unfeine, indem er sie dir dauernd ins Gesicht schleudert. Er ist ein begabterer Dichter als der Herbst, wenn er will; aber als wahrhaft Großer holt er dich auf den Boden der Realität und bittet dich, ihn entweder von dieser Perspektive aus zu beurteilen, ohne belanglose Assoziationen, oder er will nichts mit dir zu tun haben. Er schlägt nicht jene melancholischen Saiten an, worauf sich der Herbst mit gleicher Meisterschaft versteht wie Heine. Und kennen wir denn nicht längst all die endlosen Akkorde und das rührselige Geklimper, bis die Saiten verstimmt sind und man sich wünscht, eine mannhafte Hand möge in diese Saiten hineingreifen, auf daß sie danach auf ewig geborsten herunterhangen?

Nimm hingegen den Winter unvoreingenommen, und er erweist sich als grundehrlich, ohne Flausen, die er auch bei dir nicht toleriert, was auf die Dauer gesehen sehr beruhigend ist. Er macht keine großen Worte. Zeige ihm, daß du selber ein ganzer Mann bist, und du wirst eine kratzbürstige Großzügigkeit in diesem zynischen alten Knacker entdecken, die du um nichts gegen das salbadrige, verständnisvolle Entgegenkommen des Herbstes tauschen möchtest, diese

> «Jahreszeit der Nebel und mürben Fruchtfülle».*

In der Tat! Aber der Winter bläst und verjagt mit wenigen Windstößen nach kurzer Zeit den Nebel aus deinem Kopf und läßt dich die Dinge sehen, wie sie sind. Dafür bin ich ihm dankbar! Unter uns gesagt, ich habe von der ganzen Familie, die mich aufnimmt, ohne mir allzusehr das Gefühl des armen Verwandten zu geben, eine hohe Meinung. Ein bißchen Distanz, und ist sie noch so gering, braucht es schließlich, des Reizes wegen. Diese Jahreszeiten – selbst die am wenigsten angenehme – sind die beste Gesellschaft, die ich mir vorstellen kann, und ich fühle mich von der Herablassung der einen oder andern nicht wenig geschmeichelt. Aber ich stehe nun diesmal im Dienste des Winters und werde ihn, als rechter Fürsprecher, selbstverständlich im bestmöglichen Lichte zeigen, selbst wenn dies einige Seitenhiebe auf die übrige Familie notwendig macht. Zumal der Winter im Anzug ist, und man möchte ihn milde stimmen.

Die Liebe zur Natur an und für sich, oder als Spiegel der Gemütsstimmungen, ist neu. Die Zuflucht zu ihr als Flucht vor den Menschen hat Rousseau in Mode gebracht, denn sein Vorbild,

---

* Keats, «To Autumn».

Petrarca, hatte, obwohl er an Naturschönheiten Gefallen fand, noch eine tiefsitzende, antike Furcht vor dem Gewaltigen der Natur. Einmal erklomm Rousseau den Gipfel des Mont Ventoux, aber er hat es zweifellos nicht genossen. Tatsächlich ist die Suche nach dem Pittoresken erst seit gut einem Jahrhundert eine ungefährliche Beschäftigung. In Griechenland oder Süditalien trifft das heute noch nicht zu. Anders als der Angelsachse, der sein kaltes Brathuhn zerlegt und die Relikte seines Picknicks zurückläßt, waren sie in der Antike und im Mittelalter so gut wie sicher, daß ein Rohling seine Messerklinge an einem Geflügel der platonischen Sorte erproben und dem *genius loci* als Opfergabe edlere Knochen darbringen würde. Trotzdem waren die Griechen und Römer geselliger als wir, und dies war nur natürlich, da ein guter Teil der Erde noch mit Wäldern bewachsen war. Man drängte sich in Städten zusammen, um sich vor Gefahren zu schützen, und auch, um den Geist zu wärmen. Die Römer liebten das Landleben, aber sie hatten gute Straßen, und Rom war stets gut erreichbar. Der Autor des Buches Hiob war, soviel ich weiß, der erste, der einen tieferen Sinn für den sittlich-moralischen Einfluß der Natur auf den Menschen zeigte, und mir scheint, niemand habe ihn darin seither erreicht, wenn ihm auch Wordsworth im ersten und zweiten Buch von «Prelude» nahekommt. Aber ihr Naturgefühl war etwas anders geartet als unseres heutzutage, das in der sogenannten naturbeschreibenden Lyrik Ausdruck findet.

Chaucer eröffnet seine «Erzählung des Scholaren»* mit einer bewundernswert schwungvollen Landschaftsbeschreibung und so wohlkomponiert wie ein Gemälde von Lorrain:

«Tief am Fuß des kalten Vesulus,
Wo westwärts sich Italiens Fluren breiten,
Da liegt ein großes Land voll Überfluß;
Mit vielen Städten drin nach allen Seiten,
Die einst gegründet zu der Väter Zeiten,
Und mancher andre Reiz noch schmückt das Land:
Saluzzo wird die Gegend dort genannt.»

Welch leichten, präzisen Pinselstrich finden wir hier und welch scharfen Blick für das Charakteristische einer Landschaft! Aber die Szenerie ist für die Erzählung an und für sich nebensächlich. Die Werke von Salvator Rosa und Gaspar Poussin** zeigen, daß der Geschmack und der Sinn für das Erhabene und Wilde einer Landschaft bestanden haben muß, und der Engländer James Thomson («sweet-souled», mit einer süßen Seele, hat ihn Wordsworth treffend genannt) hat als erster dann in Worten wiedergegeben, was die andern mit Farben erreicht hatten. Er ist überschwenglich, kein guter Metriker, und sein Englisch mutet wie eine Übersetzung einer jener Dichter an, die lateinisch schrieben, nachdem es bereits eine tote Sprache war. Aber er war ein Mann von echter Begabung, und nicht nur die englische, auch die europäische Literatur ist ihm in hohem Maße verpflichtet. Er war der Erfinder des billigen Vergnügens

* *Canterbury Tales,* «The Clerk's Tale» (IV. Fragment).
** Eigentlich Dughet (1615–1675), franz. Landschaftsmaler. Schwager von Nicolas Poussin, nach dem er sich nannte.

für die Massen, draußen, zur freien Verfügung eines jeden. Er war es, der unbewußt Rousseau den Weg wies, und Rousseaus Schule verdanken wir wiederum Bernardin de Saint-Pierre, Cowper, Chateaubriand, Wordsworth, Byron, Lamartine, George Sand, Ruskin – die großen Darsteller der idealen Landschaft.

Solange den Menschen unzureichende Mittel zur Verfügung standen, um die Kälte draußen zu halten oder sie mit selbst erzeugter Wärme schachmatt zu setzen, war der Winter ein unwillkommener Gast, insbesondere auf dem Lande. Dort war er der Überbringer einer *lettre de cachet**, die die Betroffenen in Einzelhaft einschloß, mit spärlichen Möglichkeiten, sich Kurzweil zu verschaffen, außer um den Kamin zu sitzen und sich Geistergeschichten wiederzuerzählen, die all ihre Frische und doch nichts an Schaurigkeit verloren hatten. Zu Bett gehen hieß vor Kälte wachliegen, mit einem zusätzlichen Schaudern vor Angst, wenn einem undichten Fenster oder einem sich leise bewegenden Vorhang die Lust danach stand, eine Gänsehaut über jemandes Rücken laufen zu lassen. Bussy-Rabutin** berichtet uns in einem seiner Briefe, wie unkomfortabel es auf dem Lande war,

---

* Berüchtigte Verhaftungsbefehle der Könige von Frankreich vor der Revolution, durch welche mißliebige Personen aus der Hauptstadt aufs Land verbannt oder ins Gefängnis gesteckt werden konnten.

** Roger, Graf von Bussy-Rabutin (1618–1693), franz. Schriftsteller. Wurde von Ludwig XIV. aufs Land verbannt. Seine gesammelten Briefe sind als wertvolle Dokumente, da etliche an bedeutende Persönlichkeiten gerichtet waren, oft aufgelegt worden.

mit grünem Brennholz, rauchenden Kaminen sowie Türen und Fenstern, die es als ihre Pflicht zu betrachten schienen, den Wind pfeifen zu machen, und nicht, ihn auszuschließen. Da Brennstoff kostbar war, konnte es in den Städten nicht besser darum bestellt sein, wenn man nach Ménages* Warnung urteilt, daß Kleider leicht Feuer fangen, wenn man sich zu nahe an das kaum flackernde Feuer dränge. Von Thomson, dem Dichter des Winters, heißt es, er habe im Bett geschrieben, mit den Händen durch zwei Löcher im Leintuch; und es ist anzunehmen, daß es ebensosehr die Wärme wie das gesellige Beisammensein war, was die Leute ursprünglich in Kaffeehäusern zusammenbrachte. Coleridge schrieb Wedgewood im Januar 1800: «Ich sitze in einem Überzieher aus grobwollenem Tuch am Kamin ... Es herrscht eine unvorstellbar barbarische Kälte, und Sie, nehme ich an, können sich nur durch Einkerkerung zu Hause dagegen feien.» Dieses thermometrische Bild des Winters ist, das gestehe ich, deprimierend, denn es gibt nichts Entmutigenderes als die Kälte. Ich habe von einem Knaben gehört, der, als man seinen stets strengstens auf Sparsamkeit bedachten Vater eines Tages tot nach Hause brachte, lediglich bemerkte: «Jetzt dürfen wir soviel Holz verbrennen, wie wir wollen.» Ich würde dem Jungen deswegen nicht auf Anhieb ein Ende am Galgen prophezeien. Noch heute erinnere ich mich mit einem Frostschaudern an die Kostprobe, die ich einst von der Kälte in einem Eisenbahnwagen hatte. Ich, der

* Gilles Ménage (1613–1692), franz. Gelehrter.

Frischluftfanatiker, war froh zu sehen, wie unser Atem am Fenster gefror und es hermetisch verschloß, und ich heckte ein Attentat auf den Schaffner aus, jedesmal, wenn er wieder die Waggontüre öffnete. Ich fühlte mich merklich verrohen und hätte dankbaren Herzens mein Lager mit Colonel Jack in der warmen Asche der Glasfabriken geteilt*. Seither habe ich mehr Verständnis für die im allgemeinen schlechte Meinung über den Winter. Es ist begreiflich, daß Ovid seine Jahre im Exil in Pontus in Wintern zählte:

«Seit ich in Pontus bin, stand dreimal Eis
auf dem Hister,
Dreimal wurde die Flut fest des euxinischen
Meers.»**

Jubinal*** hat ein anglo-normannisches Streitgedicht veröffentlicht, in dem der Winter und der Sommer disputieren, wer von ihnen der bessere sei. Es entbehrt nicht eines gewissen rauhen, urwüchsigen Witzes, und es gefällt mir, weil der alte Graubart Winter darin *fair play* genießt. Der fidele Alte rühmt sich seines aufwendigen Lebensstils und verachtet die Armut – allgemein ein Schönheitsfehler im edlen Charakter der Engländer. Er prahlt:

---

* In Defoes Roman *The History and Remarkable Life of Colonel Jacque* (1722) wird die Geschichte des Helden Jack erzählt, der sich als Kind in London als Taschendieb durchbringt und sich jeweils nachts in Glasfabriken einschleicht, um auf der warmen Asche schlafen zu können.

** Ovid, *Klagelieder* V,10,1 und 2.

*** Achille Jubinal (1810–1875), franz. Literat und Politiker. Er gab anglo-normannische Anthologien heraus.

«Gott behüt mich, daß ich
Prasse hier und jetzt
Und mehr ausgebe, an einem einz'gen Tag,
Als Ihr vermögt in einem ganzen Jahr.»

Der originellste Einfall ist vielleicht der Anspruch des Winters auf Anerkennung als Instandsteller der Straßen, durchaus ein Argument, als noch jede Straße in Europa während einem guten Teil des Jahres ein einziger Sumpf war, außer den Straßen, die über altem römischen Pflaster angelegt worden waren:

«‹Bin Herr und Meister›, sagte er,
‹Und anders sollt' es auch nicht sein,
Denn eine Kruste mach' ich auf Chausseen,
Schon mit dem ersten kleinen Frost.›»

Daß der Winter aber auch der beste Gesellschafter im Freien ist, das wird ihm hier nicht zugebilligt.

Selbst Emerson, ein Mann der Natur, und einer, der sie uns wie kein anderer nahebrachte, meint:

«König Frost bindet meine stapfenden Füße,
Singt in mein Ohr, meine Hände sind aus Stein;
Er läßt das Blut gerinnen am marmornen Gebein,
Zupft an den Saiten des Herzens, betäubt den Sinn
Und umgibt das Leben mit einem engeren Zaun.»*

Der Winter war im wörtlichen Sinn des Wortes «das verkehrte Jahr», als das Thomson ihn bezeichnete, denn alle Feste mußten im Hause gefeiert werden. Was wir von dieser Ausgelassenheit in

* «The Titmouse».

einem winterlichen Vers finden können, ist enthalten in Horaz' *dissolve frigus ligna super foco large reponens,* so geschickt verwendet in der gelungenen Szene in Smollets *Roderick Random.* Und hier nun der Ton, den Waltons Freund Cotton in seinem Gedicht, das Wordsworth lobte, angeschlagen hat:

«Laß uns heimwärts gehn,
Unser tödlicher Feind ist gekommen;
Der Winter mit seinem brausenden Gefolge
Hat eine Reise über das Festland begonnen.

...

Schnell, schnell, unser Feind stürmt voran,
In unsere Festung laß uns fliehen,
Wo alles Grollen des Windes aus Norden
Uns weder fortzujagen noch auszuhungern vermag.»*

Auch Thomson ist dem Winter nicht wohlgesinnt, seiner Erhabenheit aber wird er immerhin gerecht:

«So fällt der Winter ein recht schwer,
Ein unterdrückend Dunkel sinkt auf unsrer Erden ganze Flur,
Gießt ungesunde Influenzen durchs ganze Wesen der Natur.»

Nicht anders als Cotton findet er Trost in seinen vier Wänden, doch drückt er sich eleganter aus:

«Nun, mitten in des Jahres Strenge, zur tiefen wilden Winterszeit,
Indes, daß draußen unaufhörlich der Sturm nur Eis weht, sei mein Sitz,

* Charles Cotton (1630–1687), «Ode upon Winter».

(Recht zwischen einem Wald, der heulet, und einem Strand, der weit und breit
Von tausend Wellen wird gepeitscht,) ein einsam Landhaus, wo der Blitz
Von einem hellen Feu'r, begleitet von einem hellen Kerzenlicht,
Die dicke Dunkelheit verjagt. An diesen Ort will ich mich legen
Und hohe Unterredungen mit ehrenwürd'gen Toten pflegen.»*

... Wenn ich mich nicht täusche, hat Goethe als erster das Fröhliche des Schnees im Sonnenschein hervorgehoben. In seiner «Harzreise im Winter» kommt dies nicht zum Ausdruck, denn es ist eine schwache Reminiszenz zu beinahe gleichen Hälften von griechischen tragischen Chören und des Buches Hiob. Aber in einem der äußerst aufschlußreichen und charakteristischen Briefe an Frau von Stein, während dieser Reise verfaßt, schreibt er: «Es ist gar schön. Der Nebel legt sich in leichten Schneewolken zusammen, die Sonne sieht durch, und der Schnee über alles macht wieder das Gefühl von Fröhlichkeit.»**

Bei Cowper aber fand ich dann den Winter erstmals als an und für sich freundlich. Bei seiner milden Wesensart und den weitgespannten Interessen ergab es sich, daß er überall das Gute sah, außer im menschlichen Herzen. Ein grauenvoller Glaube, in den dunkelsten Augenblicken verzagter

---

* Übersetzung von Brockes, 1745. «Der Winter», 58–60 und 408–415.

** Brief vom 9. Dez. 1777, den der achtundzwanzigjährige Goethe seiner Freundin nach Weimar schrieb.

Einsamkeit ersonnen*, zwang ihn, gegen seinen eigenen Willen das menschliche Herz als *das* Übel anzusehen, geschaffen von einem Gott, dessen Güte über all Seinen Werken ist. Cowpers zwei Spaziergänge, an einem winterlichen Morgen und Mittag**, sind wunderschön, solange er es fertigbringt, sich in der Anmut der Landschaft glücklichen Gefühlen hinzugeben. Unsere Muskeln gewinnen an Spannkraft, und die Lungen weiten sich in der kristallenen Luft, wenn wir mit ihm dahinwandern. Wir lachen mit ihm über die grotesken langen Schatten, die unsere Beine kurz nach Sonnenaufgang über das Schneefeld werfen. Nirgends werden die Empfindungen der Freuden im Freien reiner vermittelt als in den leichten Versen dieses für einmal seiner Hypochondrie entwischten Dichters. Trotzdem zog auch Cowper seine Spaziergänge im geschützten Garten jenen robusteren Vergnügen vor und gestand bitter, wie bedrükkend die dunkle Jahreszeit auf sein Gemüt wirke. Im Dezember 1780 schreibt er: «Zu dieser Zeit des Jahres und in diesem trüben, ungemütlichen Klima ist es für einen, der ein Gemüt von der Beschaffenheit des meinigen besitzt, keine leichte Sache, es von traurigen Gegenständen abzulenken und auf solche zu richten, die zu seiner Erheiterung beitragen könnten.» Oder äußerte er sich nur so, weil er diesem schrecklichen Newton schrieb? Vielleicht spiegelt seine Lyrik seine Stimmungen getreuer, denn nur in der Lyrik befreit sich ein Dichter von

---

* William Cowper war schwermütig.

** Angespielt wird auf: «The Winter Morning Walk» und «The Winter Walk at Noon» («The Task», V und VI).

seiner Zurückhaltung, und sein größter Vorzug ergreift Besitz von ihm: das Vermögen, offener als andere Menschen zu sein. Im dritten Buch von «The Task» gibt er ohne Vorbehalt zu, daß er das Leben auf dem Lande jenem in der Stadt vorziehe, selbst im Winter:

«Sind denn nicht gesunde Luft, obwohl unparfümiert
Von Rosen, und klare Sonnen, obwohl kaum
wahrgenommen,
Und Haine, ohne Harmonien, aber geschützt
Vor Lärm, und durch eben diese Stille berückend,
Dem Rauch [der Metropole] vorzuziehen?
...
Das wären sie, wäre nicht Verrücktheit im Kopf
Und Narretei im Herzen; wäre England heute,
Was England einst war: schlicht, gastfrei, freundlich
Und unverdorben.»

Der Schluß zeigt, daß er vor allem die Geselligkeit am Kamin meinte, nicht die stürmische Gesellschaft der Natur.

Selbst in unserer Gegend*, in der der Winter sein Sonnengesicht so lange und so strahlend zeigt wie in Mittelitalien, ist in unserer Vorstellung die Kaminecke wahrscheinlich verlockender als die rauheren Freuden draußen auf stummen Feldern und in Wäldern, die schwarz wie im Bußhemd dastehen.

Bereits der Titel von Whittiers schönem Gedicht «Snow-Bound»** läßt keine Zweifel offen, woran *er* gedacht hat, obwohl er nicht viel Auf-

---

* Lowell lebte außerhalb Bostons, in Neuengland.

** dt.: «Eingeschneit».

hebens vom Freischaufeln eines Pfades macht. Die Zeilen von Emerson, vollendet wie ein griechisches Fragment, die er als Epigraph seinem Gedicht vorangestellt hat, erzählen ebenfalls von

«Hausgenossen sitzen um
Das helle Feuer, eingeschlossen
In die tobende Geborgenheit des Sturms».*

Sie stehen alle in einer Tradition: Stets ist es Vergils *tristis hiems*. Lieber Leser, nenn mir auch nur einen, der ein freundliches Wort für den guten *Barbe fleurie*** hat, außer wenn er wie ein Bettler durch eine Ritze heult, um das Behagen der Leute noch zu steigern, wenn sie die bepantoffelten Zehen am Feuer wärmen. Zugegeben, es besteht ein krasser Gegensatz angenehmster Art, wenn um das flakkernde Kaminfeuer, schöner noch als bei Gherardo delle Notti***, liebe Gesichter erhellt werden oder ein Schein auf das dunkle Gold der kaum weniger geliebten Bücher fällt, besonders während ein Sturm um das Haus poltert. Wordsworth vermag die wohligen Gefühle heraufzubeschwören, den Kontrast von Drinnen und Draußen während eines Sturmes in der Nacht zu beschreiben, und die Gedichtstelle ist bezeichnend für einen Dichter,

* Whittier zitiert aus Emersons «The Snow-Storm».
** Im Französischen wird der Winter «blütenweißer Bart» genannt.
*** Eigentlich Gerard van Honthrost (1590–1656) aus Utrecht. Meister des Helldunkel. Er entwickelte die Beleuchtung durch künstliche Lichtquellen, besonders Kerzenlicht, wurde daher während seines zehnjährigen Rom-Aufenthalts «Gherardo delle notti» genannt.

dessen Inspiration immer einen bourgeoisen Unterton hat:

«Wie ergreifend, wenn um Mitternacht,
Schneeverhüllte Winde tosen, alles dunkel ist –
Zu horchen – und erneut in Schlaf zu sinken!»

J. H.*, einer dieser feinen Dichter, die ihre hellen Gedanken nicht durch Publikationsärger trüben wollen, besteht darauf, daß ein Schneesturm für eine richtige Atmosphäre zum Whistspiel unerläßlich sei. Mrs. Battles, in ihrer berühmten Spielanleitung, setzt stillschweigend die Winterjahreszeit voraus und hätte bestimmt einen Sturm hinzugefügt, wenn er sich nach Belieben herbeiordern ließe. Auch für die gute, hingebungsvolle Lektüre bis lange nach Mitternacht gibt es nichts Schöneres als diese Sicherheit, daß der Abend nicht für die Katze war, die Euroklydon bringt, wenn er den Kamin hinunter heult, die Flammen zusammenzucken läßt und Schneeflocken im Kaminrohr zischen macht, ein Geräusch beruhigender selbst als die Stille. Emerson hat das, wie es sich für ihn gehört, mit der «tobenden Geborgenheit» genau getroffen und in Worte zu fassen gewußt.

Aber ich würde das alles eintauschen und noch zuzahlen für das Privileg, während eines gewaltigen Nordnordost-Schneesturmes hinauszugehen, um unvermittelt seine ganze Kraft zu spüren, wenn ich die ersten Furchen durch die grobkörnigen Verwehungen bahne. Ich liebe jenes

---

* Wahrscheinlich ist John Hay (1835–1905), Dichter und Sekretär Abraham Lincolns, gemeint.

«Zwielicht mitten am Tag, das der Schnee
Mit dem Sturm der blendenden Flocken macht».*

Wenn der Wind allzusehr nach Osten dreht, bringt er uns die großen Schneemengen, die den Ästen der immergrünen Bäume wahrhaft alpines Gefälle geben und ein weißes Skelett auf unsere Ulmen malt. Aber es braucht einen starken Wind aus Norden, bis die daherjagenden Nesseln aus Frost schmerzen und die Wangen greller als Feuer röten. Während jenes mächtigen Schneesturms vor zwei Jahren, dem rauhsten Kerl mit weißem Haar seit langem, watete und torkelte ich einige Meilen weit durch die raunende Nacht und brachte das gleiche weite Gefühl mit nach Hause, das uns nach Stunden in harmonischer Gesellschaft beseelt. «Große Dinge tut er und wird doch nicht erkannt. Er spricht zum Schnee, so ist er bald auf Erden.»**

Es gibt eine schöne Schneeszene in Judds*** «Margaret», aber jemand hat sich meine eigene Ausgabe dieses bemerkenswerten Buches angeeignet, und vielleicht bleibt ohnehin Homers Bild eines Schneesturms in seiner großen Schlichtheit nach wie vor unübertroffen:

«gleichwie Schneeflocken daher in dichtem
Gestöber
Fallen am Wintertage, wann Zeus der Herrscher sich
aufmacht,

* Emerson, «The Titmouse».
** Hiob 37,5–6.
*** Sylvester Judd (1813–1853), amerikanischer Geistlicher und Pazifist. *Margaret* erschien 1845; der Roman enthält viele sehr genaue Naturbeschreibungen.

Über die Menschen zu schnein, der Allmacht Pfeile
versendend
(Ruhn dann heißt er die Wind' und schüttet herab,
bis er decket
Rings die Höhn der schroffen Gebirg' und die
zackigen Gipfel,
Auch die Gefilde voll Klee und des Landmanns
fruchtbare Saaten;
Auch des graulichen Meers Vorstrand und Buchten
umfliegt Schnee;
Aber die Wog', anrauschend, verschlinget ihn;
alles umher sonst
Wird von oben umhüllt, wann gedrängt Zeus'
Schauer herabfällt).»*

... Die Präludien des Winters sind ebenso schön wie jene des Frühlings. An einem grauen Dezembertag, wenn es, wie die Bauern sagen, zu kalt ist, um zu schneien, lassen die klammen Finger des Winters vereinzelt einige sternförmige Flocken fallen – seine Buschwindröschen und Anemonen –, die sein strengeres Regiment ankünden. Jetzt, und nur jetzt, können wir aufgetürmt am Horizont im Osten jene «blauen Wolken» sehen, von welchen Shakespeare sagt, Mars «pflückt die steinernen Türme»**. Manchmal, bei Sonnenuntergang, kann man eine einzelne Wolke beobachten, die dem unregelmäßigen, blutroten Saum der Hügel im Süden entlangschwebt und Schnee mitführt. Und wenn dann endlich das Schneegestöber folgt, verleiht es der Welt ein jungfräuliches Aussehen.

* *Ilias* XII, 278–286. Übersetzung von Voß.
** *The Two Noble Kinsmen* V,1,55.

Keine der andern Jahreszeiten vermag den Winter darin zu übertreffen, und sie scheinen im Vergleich alle schmutzig und vulgär.

Und was gibt es Herrlicheres in der Natur als den Morgen nach einer solchen Turbulenz der Elemente? Die Nacht schenkt uns nach einem geschäftigen Tag keine köstlichere Ruhe als diese. Alle Lärmbatterien sind vernagelt. Wir erleben die Betriebsamkeit der Menschen wie ein Tauber; der lärmerfüllte Alltag, der auf uns einstürmt, wenn die Erde bloßliegt, wird feenhaft. Die Welt ist in Unschuld gekleidet. Jede Wunde der Landschaft ist geheilt, was zuvor kantig war, ist jetzt lieblich gerundet wie die Brüste der Aphrodite. Was häßlich gewesen ist, wurde lind mit einer sanften Pracht zugedeckt, als habe – hätte Cowley gesagt – die Natur geschickt ihr Taschentuch fallengelassen, um es zu verbergen. Würde die Jungfrau Maria (Notre Dame aux neiges) auf die Welt zurückkehren: hier ist eine Erde, die ihren Fuß weder verletzen noch beschmutzen würde. Oft ist

> «der verwehte Schnee,
> Der von den Nordwinden zweimal überrollt»
> «Soffiata e stretta dai venti Schiavi,
> Verweht und zusammengeballt von den slawischen Winden»

an Abhängen dermaßen hart und fest, daß er unser Gewicht trägt. Von welcher Eleganz sind alle diese geschwungenen Linien, als sei eine jede von der begnadeten Hand eines Schülers von Pheidias geformt worden!

Dichter haben sich in den kleinen Wellen, die manchmal bei einer plötzlich aufkommenden Bö über den Wasserspiegel huschen, Fußspuren des Windes vorgestellt. Auf unserer schimmernden Schneestille hat die Flut aus Luft deutliche Spuren hinterlassen, und in Wassergräben, durch die sie stürmisch zog, finden wir das Bett unregelmäßig ausgebuchtet wie bei einem Rinnsal in hartem Meersand. Schließlich ist Luft nur eine Art unendlich dünnes Wasser, wie wir es zu genießen bekommen werden, wenn der Staat seine Pflicht als moralischer Reformer vollumfänglich erfüllen wird.* Doch sind die Spuren des Windes nicht die einzigen auf der samtenen Fläche. Man wird sehen, daß man zahlreichere Nachbarn und Gäste hat als erträumt. Hier der zierliche Tritt einer Katze. Da hat ein Hund vorbeigeschaut wie ein Amateurwächter, um sich zu vergewissern, daß alles in Ordnung ist, und tappte unbeholfen in diesem verräterischen Puder herum. Und siehe, noch bevor du aufgestanden bist, obwohl du dich pünktlich zum *lever* der Sonne erhoben hattest, um ihr die Ehre zu erweisen, ist bereits ein Eichhörnchen im Zickzack hierhin und dorthin gehüpft, wie ein Jagdhund, der eine Fährte aufnimmt. Und ein Vögelchen, das auf unwahrscheinliche Beute ausging, vielleicht auf irgendein winziges Getier, das diese feine Fadenspur zog, ähnlich jenen winzigen Küstenbewohnern im nassen Sand. Die frühesten Autographen waren so fein wie diese. Poseidon zog seine Wellenfurchen, Riesenvögel prägten ihren Fuß in präadamitische Küsten; und ein Unwetter

* Lowell hat immer wieder den Alkoholmißbrauch angeprangert. Engl.: «thin water» im Sinn von leichtes Getränk.

hinterließ Tränenspuren seines plötzlichen leidenschaftlichen Gefühlsausbruches. Ja, wir haben die Zeichnungen delikatester urzeitlicher Farne, die traumlos dahindämmerten, bevor mit dem Menschen das Bewußtsein geboren wurde. Eine Laune der Natur, hatte sie für uns Nachgedanken der Kreatur auf Stein gebannt. Wer von uns wird einen ebenso unverwüstlichen Fußabdruck wie jener Vogel hinterlassen oder einen dauerhafteren als diese Beduinen hier in der Schneewüste? Vielleicht ist es nur, weil die Rippelmarke und der Regentropfen und der Riesenvogel nicht an sich selbst dachten, daß ihnen solches Glück widerfuhr. Die Aussichten auf Unsterblichkeit hängen weitgehend davon ab. Wie oft haben wir arme Sterbliche gesehen, Betrogene der eigenen, kurzlebigen Berühmtheit, die ihren Namen in scheinbar festen Felsen meißelten, der sich als bloßer Sand erwies, und deren schwaches Bollwerk des bleibenden Ruhmes mit der nächsten Welle des wankelmütigen Zeitgeschmacks fortgespült wurde. Ja, ja, guter Jacques, im Schnee läßt sich Besseres finden als Predigten.

Nasser Schnee fällt großflockiger aus einem windstillen Himmel und ist – von geschützter Warte aus betrachtet – der schönste. Es ist der Schnee, den Homer vor Augen hatte; und Dante, der nie Homer gelesen hat, vergleicht die *dilatate falde,* die schimmernden Flocken seines feurigen Regens, mit jenen aus Schnee im windstillen Gebirge. Dieser Schneefall sagt keine Fehde an und fordert uns nicht zu einem Ringkampf heraus wie jener, der aus dem Norden heranzieht und dem zuvor alle Feuchtigkeit von eisigen Winden entzogen worden war. Burns, der sich mehr im Freien aufhielt als die meisten Dichter und dessen barfüßige Muse rote Wangen hatte, weil sie sich beherzt bei jedem Wetter ertüchtigte, meinte diesen trokkenen Schnee, wenn er vom «wirbelnden Schneetreiben» spricht, und erzählt, wie

«Chanticleer
Den pudrigen Schnee von sich schüttelte».*

Dieser nassere, bedächtiger fallende Schnee versteht es, im Handumdrehen die Bäume bezaubernd einzukleiden, und auf Mauervorsprüngen – wo immer die Feuchtigkeit leicht verdunstet und der Schnee Gelegenheit hat zu haften – wird er sich als wunderbare Woge in der Schwebe halten. Ich habe einst eine dieser stummen Wellen gesehen, erstarrt im Augenblick, da sie sich brechen wollte. Vier Fuß ragte sie über das Hausdach hinaus, hatte sich überschlagen und verharrte tagelang, als sei die Natur allzu zufrieden gewesen mit ihrer Leistung, um sie in ihrer Werkpause in Brocken herabfallen zu lassen. Leser, wenn du zu den Glücklichen gehörst, die in der Nachbarschaft eines Wassergrabens wohnen, versäume nicht, ihm nach einem solchen Neuschnee einen Besuch abzustatten. Die Ufer werden eingefaßt sein von einem Glitzern, und das dunkle Wasser tief unten funkelt aus dem Innern heraus. So spärlich es auch fließt, man glaubt doch, noch nie zuvor lebendes Wasser

* «A Winter Night».

gesehen zu haben. Es hat einen Glanz, wie er in den Augen einiger kleinerer Tiere zu beobachten ist, der von Leben zeugt, aber von einem fremden, uns unbegreifbaren Leben. …

Schwerer Schnee reizt den Amateurarchitekten und -bildhauer. Sein Pentelikon* ist ihm vor die Haustüre gebracht worden, und wenn etwa noch Knaben in der Nähe sind (ihre Gesellschaft übertrifft alle andern Mittelchen, das Leben zu verlängern), wird ein reiferer Meister der Werkstatt etliche Jährchen abziehen können und die Familienbibel scheinbar zum lächerlichen Ammenmärchenbuch machen, nach nur wenigen Stunden herzhafter körperlicher Betätigung. Vorerst nimmt man die Sisyphusarbeit in Angriff, die unfügsamen Schneeballen zu rollen, bis sie sich nicht mehr vom Fleck rühren lassen. Will man nun Bildhauer sein, hievt man den einen Ballen auf den andern in die gewünschte Höhe. Hast du dich aber der Baumeisterzunft verschrieben und willst ein Haus oder eine Festung bauen, müssen die Ballen mit der Schaufel zu kompakten, viereckigen Blöcken gehauen werden. Das Material läßt sich sehr wirkungsvoll formen, und deine jungen Freunde erhalten, ohne es zu wissen, Unterricht in Ästethik. Aus der tiefen Zufriedenheit, mit der man sich auf dem feuchten Boden der improvisierten Unterkunft hinhockt, schließe ich, daß der Siedler in Amerika aus der Hütte, die er mit seiner eigenen Hände Arbeit baute, ein wonnigeres Gefühl des

* Gebirge nordöstlich von Athen, schon im Altertum berühmt für seinen weißen Marmor.

Selbstvertrauens schöpfte, als ein von Bramante oder Sansovino erstelltes Haus es ihm je einzuflößen vermocht hätte. Vielleicht ist aber doch der Festungsbau das Ideale. Er appelliert an unseren Heldensinn und trägt zum größeren Gaudium bei, wenn mit blinden Geschossen – die immerhin genügend schmerzhaft treffen, um es auf einen Kampf ankommen zu lassen, ohne ernsthaft zu verletzen – eine Schlacht geliefert wird. Die Schneebälle fliegen hageldicht. Der Onkel verteidigt sich hinter der taillenhohen Ringmauer gegen einen Ansturm von Neffen, seine Brust ist dekoriert mit weißen Orden wie die Radetzkys. Wie gegenwärtig ist mir die unbezwingbare gute Laune desjenigen, der in der Kampflinie bei Ball's Bluff fiel; die ruhige Standhaftigkeit des milden Gelehrten, der in Fair Oaks seine endgültige Verletzung erlitt; die Begeisterung des Gentleman bei der Offensive, der, mit der tödlichen Wunde in der Brust, seiner Brigade am Cedar Creek vorausstürmte.* Wie dies in der Erinnerung alles wiederkehrt und doch niemals zurückkommt! Ich kann nie wieder der Festungs-Vauban** sein, dabei sehe ich nie Kinder ihre ungelenken Giganten formen, ohne daß es mich gelüstet mitzuhelfen. Es war ein schöner Einfall des jungen Bildhauers aus Vermont***, die erste Probe seiner Kunst aus diesem vergäng-

* Schlachten in der Umgebung von Richmond, Virginia, während des Sezessionskrieges.

** Sébastien Le Prestre de Vauban (1633–1707), franz. Kriegsbaumeister.

*** Gemeint ist Joseph Mozier (1812–1870). Zu seinen bleibendsten Skulpturen gehören Allegorien.

lichen Material zu schaffen. War es wohl eine Allegorie der Jugend? Wäre es nicht von Gutem, alle Künstler könnten mit solch flüchtigem Werkstoff beginnen, der dahinschmilzt, wenn die Sonne des Gedeihs allmählich herabscheint und keine Spuren hinterläßt außer den Lohn geübter Hände? Es ist ein reizvoller Gedanke, daß Shakespeare auf diesem Gebiet seine Erfahrungen gesammelt hat und ihnen diesen inbrünstigsten aller verzweifelten Wünsche verdankt:

«Wäre ich ein Possenkönig doch aus Schnee
Und stünde vor der Sonne Bolingbrokes,
Um mich in Wassertropfen wegzuschmelzen!»*

Ich habe die exquisiten Rundungen der Schneeflächen erwähnt. Ebenso einmalig sind die Farbtöne, die sie annehmen können: das fahle Blau in den Senken (Schatten im Schnee wirkt immer blau) und das zarte Rosa, wenn man mit dem Rücken zur Abendsonne steht und über die weichen Anhöhen hinweg zu den Hügelkuppen aufschaut. Ich habe, keine Meile von der eigenen Haustür entfernt, Farbeffekte beobachtet, so schön wie jene irisierenden Schattierungen am Silberhorn nach Sonnenuntergang. Charles II., der nie albern daherredete, erteilte dem englischen Klima ein uneingeschränktes Lob, als er sagte, daß es den Menschen erlaube, mehr Stunden im Freien zu verbringen als jedes andere, und meiner Meinung nach darf unser Winter sich im Vergleich zu den übrigen Jahreszeiten des gleichen Vorzugs rühmen. Spaziergänge an

* *Richard II.* 4,1,260–263.

stillen Morgen, bei Temperaturen um null Grad*, werden mit einem besonderen Preis belohnt. Mag sein, daß in der Scholle mehr Gefühl liegt, auch ist sie elastisch unter dem Fuß: jene Stille eignet sich zum Meditieren beinahe ebensogut wie mit Tannennadeln bedeckter Waldboden. Zu unserer Stimulierung jedoch gibt es nichts Geeigneteres als harten Schnee, der bei jedem Tritt girrt wie eine Grille und die eigene Lebhaftigkeit auf unsere Sinne überträgt. Die Luft, die man dabei einatmet, ist *frappé,* die gröberen Partikel haben sich gesetzt, desgleichen der Satz im Blut. Ein reinerer Strom steigt ins Gehirn, durchfließt es und entschlackt es gründlich von aller Niedergeschlagenheit und Trübsal. Nichts bleibt zurück, was Übellaunigkeit oder Freudlosigkeit hervorbringen könnte. Es heißt, daß diese dünnere Luft die Kapazität unserer Lungen verringere. Sei's drum! Quartflaschen sind auch für trüberen Trunk als Nektar!

Der Winter in der Stadt wirkt auf mich unendlich deprimierend – die scharfen Straßenecken sind so kühl und teilnahmslos, und der Schnee verliert nach kürzester Zeit seine Jungfräulichkeit, wird schmutzig und «tut schamlose Dinge», wie Steele vom Politiker sagt, «ohne sich zu schämen». Da lob' ich mir die quäkerhafte Sauberkeit meiner ländlichen Umgebung. Natürlich spreche ich von Wintern, die mit Schnee nicht geizen wie die unsern allzuoft und uns lediglich feinkörnigen Staub bescheren. Nichts ist häßlicher als die gescheckten Felder, wenn die dunkle Haut der Erde durch die

* In Fahrenheit gerechnet, was −18 Grad Celsius ergibt.

Löcher ihres verschlissenen Hermelins zum Vorschein kommt. Aber selbst wenn wir reichlich Schnee haben, finde ich, daß die guten Eiskrusten, seit ich älter geworden bin, nicht mehr so zahlreich sind wie früher. Als mir dies zum erstenmal auffiel, schrieb ich es kurzerhand der allgemeinen Degenerierung in der Natur zu (Schritt haltend mit den gleichen traurigen Anzeichen bei den Menschen), die sich den Beobachtungen und philosophischen Überlegungen des reiferen Lebensalters aufdrängt. Als ich eines Tages gewogen wurde, begriff ich, daß eine Eisdecke, die einer Belastung von fünfzig Pfund standhielt, kaum Schuld traf, wenn sie unter dem dreifachen Gewicht nachgab. Ich habe oft gedacht, es wäre für alle Beteiligten besser, wenn Geistliche sich bei ihren Kanzelreden daran erinnerten und berücksichtigten, daß der Erwachsene schuldlos absinken kann, wo das Kind über die Oberfläche hinweggleitet. Hast du aber eine Eisdecke, die tragfähig *ist,* und ein Bächlein, das über einen Wiesenhang gurgelt, mußt du es dir unbedingt ansehen, vor allem, wenn diese Eiskruste, wie es meist der Fall ist, durch einen plötzlichen Kälteeinbruch nach Tauwetter entstand. Du wirst den Bach niemals munterer antreffen. Als er sich nach der vorangehenden Schmelze wieder zurückgebildet hatte, baute er sich zauberische Höhlen, durch die er fließt. Wenn sie auch nicht «unermeßlich für den Menschen» sind, wie jene von Alph, dem heiligen Fluß*, so sind sie vielleicht wegen ihrer Begrenztheit reizvoller als jene in ihrer gan-

* Coleridge, «Kubla Khan».

zen *grandezza*. Und was ist der Frost für ein meisterlicher Silberschmied! Die auserlesenste Handwerkskunst von Genua oder Delhi ist im Vergleich nur eine unbeholfene Kopie, als hätten alle andern Künstler ausschließlich Daumen als Finger. Gefiederte Farne, Spitzen und Filigran in unendlichen Variationen; und unten ist das Wasser zu hören, hell klingend wie eine ferne Gitarre, oder leise trommelnd wie ein Tamburin, oder gurgelnd wie der Tokaier im Traum eines Anachoreten. Zweifellos marschiert eine Schar Feen, Elfen und Kobolde diesen feingewirkten Arkaden und von Licht durchleuchteten Korridoren entlang.

> «Ihre Pfeifen aus Haferhalmen klingen wunderlich [schrill,
> Der Hemlock klein, aber hell.»

Horch! Sind es etwa Titanias rasselnde Zügel oder die Schellen von Oberons winzig kleinem Falken, der ihm auf dem Handgelenk sitzt? Solche prachtvollen Handarbeiten von Herrn Frost können jeden Winter bestaunt werden, aber er kann sich noch überbieten, allerdings habe ich es erst einmal in meinem Leben gesehen. Es taute damals, ohne zu winden oder zu regnen, so daß die Luft von grauem Dunst erfüllt war. Gegen Abend, nach Sonnenuntergang, brach eisige Temperatur herein, der Vorbote des Nordweststurmes. Darauf, obwohl sich noch kein Lüftchen spürbar zu regen begonnen hatte, klammerte sich der Nebel als Würzelchen und Staubfäden auf der nach Süden gerichteten Seite an jeden Zweig und Grashalm. Auf jeden Pfosten hatte dieser stumme Dichter sorgfältig ein Gedicht geschrieben. Wo immer sich ein Kristallkorn festsetzen konnte, wuchs zentimeterlanges, spinnwebenfeines Moos, ein zartes Korallenriff – silbern, glänzend, delikat wie in einem stillen See auf dem Mond, den Agassiz* in seinen Träumen erforscht. Der Frost versteht außerdem, eine feine Radiernadel zu führen, und was die Phantasie anbelangt, so übertrifft er Piranesi bei weitem. Er überzieht die Fenster mit Stichen, Berglandschaften, wie zum Gedenken an jenes Sanktuarium, wo er noch mitten im Sommer Schutz genießt.

Nun bitte ich dich, lieber Leser, dein Auge über das Tal schweifen zu lassen: Die Bäume stehen zwar ohne Blätter da, aber jetzt ist die Zeit gekommen, um ihre Anatomie zu studieren. Ist dir bereits aufgefallen, wie farbig die Zweiglein mancher Bäume sind? Und der Rauch aus den Schornsteinen ist so blau, man glaubt, er sei der Belieferer der Himmelsbläue, in die er übergeht. Der Winter veredelt den Rauch und läßt uns angenehme Vorstellungen damit verknüpfen. Im Sommer verbindet man ihn mit dem Kochen oder der Schwerarbeit der Dampfmaschine, aber jetzt läßt er dich (vergißt man für einen Augenblick das traurige Vordringen des Stubenofens) an ein offenes Kaminfeuer denken und an strahlende Kindergesichter. Thoreau ist der einzige Dichter, der darüber ein Gedicht geschrieben hat. Der Bauer, der Holz spalten will, steht vor Tagesanbruch auf und

* Schweizer Naturwissenschaftler und Tiefseeforscher. Lehrte in Cambridge, Mass.

«Als erster im Zwielicht des Morgengrauens
schickt er
Seinen Abgesandten, seinen Emissär, den Rauch,
Den frühesten, ersten Pilger von seinem Dach, aus,
Die kalte Luft zu erkunden;

Und, noch während er sich um das Herdfeuer
drückt,
Noch nicht den Mut gefaßt hat, die Türe
aufzuschließen,
Ist der Rauch mit dem leichten Wind das Tal
hinaufgeschwebt,
Hat weit über die Ebene seine kühne Girlande
gewunden,
Die Baumwipfel umhüllt, auf der Anhöhe etwas
verweilt,
Und die Federn des frühen Vogels gewärmt;
Und jetzt, vielleicht, hoch in der eisigen Luft hat er
Den Tag über dem Rand der Erde ausgemacht:
Und er grüßt seinen Herrn und Meister vor der
niedrigen Tür
Als stillglänzendes Wölklein am Himmelszelt.»*

Dies ist schlechte Dichtung und gute Erfindungsgabe. Thoreau hat mit Sicherheit Wordsworth gelesen, er hätte sonst Baumwipfel nicht zu einem Jambus** gemacht. Im «Moretum» von Vergil (oder, wenn nicht sein Gedicht, besser als die meisten von ihm***) findet sich das schöne Bild eines

* Thoreau hat dieses Gedicht in den Essay «A Winter Walk» eingefügt.

** Im Original lautet die 9. Zeile: «Draped the tree-tops,/ loitered upon the hill».

*** «Moretum» («Das Mörsergedicht»). Es wurde angenommen, daß diese Idylle nicht von Vergil stammt, sondern

Hirten, der an einem Wintermorgen sein Feuer anfacht. Im Morgengrauen steht er auf

«Und mit geschäftiger Hand die dunkeln Schatten durchtastet,
Suchend den Herd, den endlich nach manchem Stoß er herausfühlt.
Nur ein Restchen des Rauchs entstieg dem verglimmenden Löschbrand,
Und es umzog Flockasche der düsteren Kohle Gefunkel.
Vorwärts beuget er nun, mit gesenkter Stirne, das Lämpchen,
Rückt hervor mit der Nadel den Docht des trockenen Hanfes,
Bläst mit häufigem Hauch, und erweckt das schlummernde Feuer.
Endlich der hell aufleuchtenden Flamm' entweichen die Schatten.
Jetzt mit gebogener Hand bedeckt er das Licht vor der Zugluft.»*

Ovid erhöht das Bild noch durch einen einzigen Streich:

«Hingekniet, belebt er mit seinem Atem das Feuer zu neuem Leben.»

Gehst du nun in den Wald, kannst du vielleicht ein Rotkehlchen oder einen tiefblauen Hüttensänger in einem Riesenthuja beobachten oder eine Spechtmeise, die, spähenden Auges, am Stamm eines

daß es sich um die Vergilsche Übersetzung eines unbekannten Dichters handelt.

* «Moretum», 6–14. Übersetzung von Voß.

Hartholzbaumes auf und ab klettert, wie ein französischer Soldat auf der Suche nach dem *pot-au-feu* seiner Messe. Vielleicht schrillt ein Blauhäher in rabenartigem Diskant, oder eine Meise

> «Zeigt ein Glanzstück ihres turnerischen Könnens,
> Kopf voran sich am Zweiglein haltend».*

Die Meise wie die Schneeammer, kleine Bausche gefiederten Lebens, gefallen mir besser, wenn sie im Schneegestöber umhertrippeln, als in dieser friedlichen Stimmung. Coleridge hat eine der schönsten Naturerscheinungen eines Winterspazierganges in Verse gefaßt:

> «Der Holzfäller westwärts das Tal hinaufzieht
> Im winterlichen Morgendämmer, wo über das
> Labyrinth von Schafspuren
> Der unsichtbare Schneeduft einen funkelnden
> Nebel webt,
> Sieht vor sich gleitend ohne Spur
> Eine Erscheinung, den Kopf von einem
> Strahlenkranz umgeben.»**

Aber solche Aureolen sind nicht ausschließlich dem Winter eigen. Ich habe sie des öftern an Sommermorgen gesehen, wenn das Gras voller Tauperlen war, und sogar später am Tag, wenn das taufrische Gras noch feucht genug war, um einen eigenen Schimmer zu bewahren.

Ich selber ziehe einen Winterspaziergang in den

---

* Emerson, «The Titmouse».
** «Constancy to an Ideal Object».

Abend hinein und die tiefe Stille vor, die binnen kurzem folgt. Die Lampen wirken im Kontrast zum Schnee golden und geben den Fenstern das Trauliche, das unsere Stubenöfen mit den eingeschlossenen Feuern ihnen beinahe genommen hatten. Die Sterne scheinen

> «Zu hangen, wie blinkende Abendlaternen,
> In den Ästen der nackten Bäume»*,

und steht man auf einem Hügel (von wo es schön zu schauen ist, wie die Lichter der Häuser eins nach dem andern zu leuchten beginnnen), so glaubt man sie näher als im Sommer, und sie scheinen beim Winterwetter ihre Rolle bewußt zu spielen. Besonders bei völliger Windstille, die einen Wetterwechsel ankündigt, ist der Himmel überglitzert, wie es der Sommerwanderer sich nicht vorstellen kann. Überhaupt ist der Winter auch die glorreiche Jahreszeit des Mondes, eines Mondes sozusagen ohne Gefühlsüberschwang, aber mit einem belebenden, klareren intellektuellen Licht – es ist das kühlere Gestirn der fortgeschrittenen Jahre. Wer hat je etwas gesehen, das jenem Schimmer, den man eher erahnt als mit den Augen wahrnimmt, vergleichbar wäre, der dem Mond über den Schneeflächen vorangeht, ein Lichthauch, wenn er über der unendlichen Stille der Winternacht aufgeht? Hoch am Himmel scheint er mit seinem bleichen Glanz den Eindruck der Kälte noch hervorzuheben. Die

---

* Wordsworth, «If thou indeed derive thy Light from Heaven».

Dichter haben dies unwillkürlich festgehalten. Wenn Goody Blake einen Fluch der ewigen Kälte gegen Harry Gill ausstößt, hat sie

«Den kalten, kalten Mond über ihrem Haupt»*,

und bei Coleridge heißt es:

«Stumme Eiszapfen,
Die still zum stillen Mond hin glänzen.»**

Auf dem Heimweg – es ist Zeit, daß wir unsern Spaziergang beenden – wirst du vielleicht den eindrücklichsten Laut in der Natur vernehmen, ausgenommen das Ächzen eines stürzenden Baumes im Walde in der trägen Stille eines Sommernachmittags: das erstickte schrille Kreischen des Sees in einiger Entfernung, wenn ihn die Kälte zu erdrosseln scheint. Wordsworth hat es beschrieben (leider, wie ich fürchte, allzusehr in der Manier des Dr. Armstrong***):

«Und oft das lebhafte Spiel unterbrechend,
Da unter Esthwaites berstenden Eisfeldern
Die zurückgehaltene Luft, darum ringend, sich zu befreien,
Über Auen und Hügel hinweg Laute sandte,
Gedehnte Schreie wie Wölfe,
Die in Rudeln dem Bottnischen Meerbusen entlang heulen.»****

---

* Wordsworth, «Goody Blake and Harry Gill».
** «Frost at Midnight».
*** John Armstrong (1709–1779), engl. Arzt und Dichter.
**** «The Prelude or, Growth of a Poet's Mind».

Thoreau (außer die englischen Seen sprechen einen andern Dialekt) nannte es ein «Brüllen». Es sind unvergleichliche Laute, als klage Demogorgon Unverständliches aus der Tiefe der Erde. So wollen wir nun ins Haus gehen, daß wir es nicht ein weiteres Mal hören, denn es hat etwas Unheilvolles und Ungeheuerliches an sich.

L'Hyver

Aus Vierjahreszeitenzyklus.
Kupferstich von Jean Audran (1667–1756)
nach Jean-Antoine Watteau

Anhang

Aiken, Conrad
Leiser Schnee, heimlicher Schnee. Aus: «Amerikanische Erzähler, von F. Scott Fitzgerald bis William Goyen», Manesse Verlag, Zürich 1957. © Mohrbooks, Zürich.

Andersen, Hans Christian
Der Schneemann. Aus: Andersen, «Gesammelte Märchen», Bd. 2, Manesse Verlag, Zürich 1949.

Anonym
Das Schneekind (Modus Liebinc; Sequenzteil der Carmina Cantabrigiensia). Aus: «Deutsches Mittelalter», © Insel Verlag, Frankfurt am Main 1980.

D'Aubigné, Agrippa
Der Winter des Herrn von Aubigné. Aus: Schalk, «Französische Gedichte aus sechs Jahrhunderten», Bremen 1958. © Friedhelm Kemp, München.

Blake, William
An den Winter. Aus: «Lyrik der englischen Romantik», © Winkler Verlag, München 1967.

Brockes, Barthold Heinrich
Winter-Vergnügen im Zimmer. Aus: «Irdische Vergnügen in Gott», Hamburg 1738.

Campion, Thomas
Winternächte. Aus: Hans Feist, «Ewiges England», Zürich 1944.

Čapek, Karel
Die Fußspur. Aus: «Boží muka», Prag 1967.

Cecchi, Emilio
Winter. Aus: Cecchi, «Goldfische», Manesse Verlag, Zürich 1973. © Dario Cecchi, Rom.

Claudius, Matthias
Ein Lied, hinterm Ofen zu singen. Aus: Claudius, «Sämtliche Werke», München 1968.
Davalos, Juan
Der weiße Wind der Anden. Aus: «Story – Erzählungen des Auslands», © Rowohlt Verlag, Hamburg 1986.
Fan Chengda
Winterlandschaft. «Sishi tianyuan zaxing liushi shou». Aus: «Shihu jushi shiji, juan 27», Hongkong 1974.
Frost, Robert
Eines alten Mannes Winternacht. Aus: Frost, «Gesammelte Gedichte», © Kessler Verlag, Mannheim o.J.
Gautier, Théophile
Winterphantasie. Aus: «Das französische Gedicht von André Chénier bis zur Gegenwart», Konstanz 1948, © Gesellschaft für Verlagswerte, Kreuzlingen.
Goll, Yvan
Schnee-Masken. Aus: «Traumkraut», Wiesbaden 1951. © Limes Verlag, München.
Haanpää, Pentti
Die Hofalte. Aus: «Moderne Erzähler der Welt, Finnland», © Horst Erdmann Verlag, Tübingen und Basel 1974.
Hawthorne, Nathaniel
Das Schneekind. Aus: Hawthorne, «Rappaccinis Tochter», Manesse Verlag, Zürich 1966.
Hemingway, Ernest
Schnee überm Land. Aus: Hemingway, «49 Stories», © Rowohlt Verlag, Hamburg 1950.
Hohenfels, Burkhart von
Wir wollen den Winter. Aus: «Deutsche Lyrik des Mittelalters», Manesse Verlag, Zürich 1955.

Horváth, Ödön von

Wintersportlegendchen. Aus: Horváth, «Gesammelte Werke», Bd. 3, Frankfurt am Main, 1970. © Elisabeth von Horváth, Pressbaum.

Inglin, Meinrad

Unverhofftes Tauwetter. Aus: Inglin, «Gesamtausgabe», Bd. 8, © Amman Verlag, Zürich 1981, und mit der freundlichen Genehmigung der Meinrad-Inglin-Stiftung, Zürich.

Keller, Gottfried

Winternacht. Aus: Keller, «Sämtliche Werke», Bd. 1, Bern und Leipzig 1931.

Liu Zongyuan

Fluß im Schnee. «Jiangxue». Aus: «Tang shi sanbai shou».

Loerke, Oskar

Winterstille. Aus: Loerke, «Die Gedichte», © Suhrkamp Verlag, Frankfurt am Main 1983.

Lowell, James Russell

Ein Wort zu Ehren des Winters. Aus: «My Study Windows», New York 1891.

Maupassant, Guy de

Das Berghaus. Aus: Maupassant, «Contes et nouvelles», Paris 1979.

Michaux, Henri

Eisberge. Aus: Paul Celan, «Gesammelte Werke», Bd. 4, © Suhrkamp Verlag, Frankfurt am Main 1983.

Monelli, Paolo

Die Lawine. Aus: Monelli, «Nessuna nuvole in cielo», Mailand 1957. © Erben Paolo Monelli c/o Literarische Agentur Niedieck Linder, Zürich.

Moser, Hans Albrecht

Der Tote. Aus: Moser, «Aus dem Tagebuch eines

Weltungläubigen. Aphorismen und Erzählungen», St. Gallen 1954. © Artemis Verlag, Zürich und München.

Nabokov, Vladimir
Schnee. Aus: Efim Etkind, «Russische Lyrik», © R. Piper & Co. Verlag, München 1981.

Neruda, Jan
Wintermotiv. Aus: «Ve lví stopě», Prag 1984.

Paustowskij, Konstantin
Schnee. Aus: Paustowskij, «Erzählungen vom Leben», © Suhrkamp Verlag, Frankfurt am Main 1978.

Puschkin, Alexander
Der Schneesturm. Aus: «Russische Liebesgeschichten», Manesse Verlag 1961.

Puschkin, Alexander
Die Lawine. Aus: Puschkin, «Gesammelte Werke», Bd. 1, Berlin und Weimar 1964.

Raddall, Thomas H.
Das Hochzeitsgeschenk. Aus: «Kanadische Erzähler», Manesse Verlag, Zürich 1967.

Reverdy, Pierre
Zähes Leben. Aus: Reverdy, «Quellen des Windes», © Kösel Verlag, München 1970.

Roy, Pierre-Charles
Über Kristall so dünn. Aus: «Œuvres Diverses», Paris 1727.

Saint-Amant, Antoine Gérard de
Der Winter in den Alpen. Aus: «Französische Gedichte aus neun Jahrhunderten», © Winkler Verlag, München 1977.

Stifter, Adalbert
Bergkristall. Aus: Stifter, «Sämtliche Werke», Bd. 5, Prag 1908.

Tabidse, Galaktion

Schnee. Aus: Tabidse, «Rtscheuli», Sabtschota Sakartwelo Verlag, Tbilissi 1973.

Tetmajer, Kazimierz

Von der Tatra. Aus: «Das junge Polen», © Suhrkamp Verlag, Frankfurt am Main 1982.

Vigny, Alfred de

Der Schnee. Aus: «Das trunkene Schiff», Freiburg/München 1950. © Erben Wilhelm Hausenstein.

Villaurrutia, Xavier

Sehnsucht nach dem Schnee. Aus: «Schwan im Schatten. Lateinamerikanische Lyrik von heute», München 1955.

Vrchlický, Jaroslav

Schnee. Aus: «Před branami Eldoráda», Prag 1983.

Walser, Robert

Die kleine Schneelandschaft. Aus: Walser, «Das Gesamtwerk», © Suhrkamp Verlag, Zürich/Frankfurt am Main 1978. Abdruck mit Genehmigung der Inhaberin der Rechte, der Carl-Seelig-Stiftung, Zürich.

Zeyer, Julius

Florenz im Schnee. Aus: Zeyer, «Florenz im Schnee», Wien 1922.

Zollinger, Albin

Schneedunkel. Aus: Zollinger, «Gedichte», © Artemis Verlag, Zürich und München 1983.

Zollinger, Albin

Wintergewitter. Aus: Zollinger, «Gedichte», © Artemis Verlag, Zürich und München 1983.

Der Manesse Verlag dankt für die Nachdruckgenehmigungen; in einigen Fällen waren die Rechtsinhaber nicht zu ermitteln. Der Verlag ist hier bereit, allfällige rechtmäßige Ansprüche abzugelten.

BILDNACHWEIS

Diözesanbibliothek Münster: Seite 238
Eidgenössische Technische Hochschule Zürich, Grafik-Sammlung: Seite 7, 36, 111, 135, 160, 181, 222, 263, 349, 364, 383
Stadtmuseum Düsseldorf: Seite 437
Zentralbibliothek Zürich, Graphische Sammlung: Seite 59, 81, 102, 320, 344

INHALT

ROBERT WALSER
Die kleine Schneelandschaft 8

THOMAS CAMPION
Winter Nights 10
Winternächte 11
Aus dem Englischen übersetzt von Hans Feist

BURKHART VON HOHENFELS
Wir sun den winder 12
Wir wollen den Winter 13
Aus dem Mittelhochdeutschen übersetzt von Max Wehrli

BARTHOLD HEINRICH BROCKES
Winter-Vergnügen im Zimmer 14

CONRAD AIKEN
Leiser Schnee, heimlicher Schnee 18
Aus dem Amerikanischen übersetzt von Elisabeth Schnack

ALBIN ZOLLINGER
Schneedunkel 49

VLADIMIR NABOKOV
Schnee 50
Aus dem Russischen übersetzt von Peter Engel

XAVIER VILLAURRUTIA
Sehnsucht nach dem Schnee 51
Aus dem Spanischen übersetzt von Albert Theile

JUAN DAVALOS
Der weiße Wind der Anden 52
Aus dem Spanischen übersetzt von G. H. Neuendorff

ALEXANDER PUSCHKIN
Der Schneesturm 71
Aus dem Russischen übersetzt von Alexander Eliasberg

GALAKTION TABIDSE
Schnee 92
Aus dem Georgischen übersetzt von Ruth Neukomm

JAROSLAV VRCHLICKÝ
Schnee 94
Aus dem Tschechischen übersetzt von Peter Sacher

KONSTANTIN PAUSTOWSKIJ
Schnee 95
Aus dem Russischen übersetzt von Wolfgang Kasack

EMILIO CECCHI
Winter 109
Aus dem Italienischen übersetzt von Federico Hindermann

AGRIPPA D'AUBIGNÉ
L'hyver 116
Der Winter des Herrn von Aubigné 117
Aus dem Französischen übersetzt von Friedhelm Kemp

PENTTI HAANPÄÄ
Die Hofalte 122
Aus dem Finnischen übersetzt von Manfred Peter Hein

ROBERT FROST
An Old Man's Winter Night 128
Eines alten Mannes Winternacht 129
Aus dem Amerikanischen übersetzt von Alexander von Bernus

YVAN GOLL
Schnee-Masken 132

JAN NERUDA
Wintermotiv 133
Aus dem Tschechischen übersetzt von Peter Sacher

PIERRE REVERDY
Zähes Leben 134
Aus dem Französischen übersetzt von Max Hölzer

MATTHIAS CLAUDIUS
Ein Lied, hinterm Ofen zu singen 136

HANS ALBRECHT MOSER
Der Tote 138

THOMAS H. RADDALL
Das Hochzeitsgeschenk 145
Aus dem Englischen übersetzt von Armin Arnold

MEINRAD INGLIN
Unverhofftes Tauwetter 171

ANONYM
[Das Schneekind] 187

NATHANIEL HAWTHORNE
Das Schneekind 194
Aus dem Amerikanischen übersetzt von Ilse Krämer

ALBIN ZOLLINGER
Wintergewitter 219

ANTOINE GÉRARD DE SAINT-AMANT
L'hiver des Alpes 220
Der Winter in den Alpen 221
Aus dem Französischen übersetzt von Manfred Gsteiger

ALEXANDER PUSCHKIN
Die Lawine 223
Aus dem Russischen von Sigismund von Radecki

PAOLO MONELLI
Die Lawine 225
Aus dem Italienischen übersetzt von Susanne Hurni

ADALBERT STIFTER
Bergkristall 239

KAZIMIERZ TETMAJER
Von der Tatra 313
Aus dem Polnischen übersetzt von Carl von Pentz

GUY DE MAUPASSANT
Das Berghaus 314
Aus dem Französischen übersetzt von Irene Riesen

ERNEST HEMINGWAY
Schnee überm Land 335
Aus dem Amerikanischen übersetzt von Annemarie Horschitz-Horst

ÖDÖN VON HORVÁTH
Wintersportlegendchen 345

LIU ZONGYUAN
Fluß im Schnee 346
Aus dem Chinesischen übersetzt von Brigitte Kölla

FAN CHENGDA
Winterlandschaft 347
Aus dem Chinesischen übersetzt von Brigitte Kölla

PIERRE-CHARLES ROY
Sur un mince cristal 348
Über Kristall so dünn 348
Aus dem Französischen übersetzt von Federico Hindermann

HANS CHRISTIAN ANDERSEN
Der Schneemann 350
Aus dem Dänischen übersetzt von Floriana Storrer-Madelung

ALFRED DE VIGNY
La Neige 358
Der Schnee 359
Aus dem Französischen übersetzt von Wilhelm Hausenstein

OSKAR LOERKE
Winterstille 360

GOTTFRIED KELLER
Winternacht 361

THÉOPHILE GAUTIER
Fantaisies d'Hiver 362
Winterphantasie 363
Aus dem Französischen übersetzt von Max Rieple

JULIUS ZEYER
Florenz im Schnee 365
Aus dem Tschechischen übersetzt von René Wellek

WILLIAM BLAKE
To Winter 386
An den Winter 387
Aus dem Englischen übersetzt von Siegfried Schmitz

HENRI MICHAUX
Icebergs 388
Eisberge 389
Aus dem Französischen übersetzt von Paul Celan

KAREL ČAPEK
Die Fußspur 390
Aus dem Tschechischen übersetzt von Peter Sacher

JAMES RUSSELL LOWELL
Ein Wort zu Ehren des Winters 399
Aus dem Amerikanischen übersetzt von Anne Marie Fröhlich

Anhang

Quellennachweis 441
Bildnachweis 446

MANESSE BIBLIOTHEK DER WELTLITERATUR

Thematische Anthologien

«Sag' ich's euch, geliebte Bäume..»
Texte aus der Weltliteratur
Auswahl von Federico Hindermann

Engel
Texte aus der Weltliteratur
Herausgegeben von
Anne Marie Fröhlich

Europäische Volksmärchen
Herausgegeben von Max Lüthi

Gärten
Texte aus der Weltliteratur
Herausgegeben von
Anne Marie Fröhlich

Legenden
des 19. und 20. Jahrhunderts
Herausgegeben von René Strasser